Margit Schneider

ENNIO – Rückfahrkarte ins Leben
… eigentlich wollten wir zum Nordkap …

Margit Schneider

# ENNIO – Rückfahrkarte ins Leben

... eigentlich wollten wir zum Nordkap ...

Rediroma-Verlag

Bibliografische Information der Deutschen Nationalbibliothek:
Die Deutsche Nationalbibliothek verzeichnet diese Publikation in der Deutschen Nationalbibliografie; detaillierte bibliografische Daten sind im Internet über http://dnb.ddb.de abrufbar.

ISBN 978-3-96103-077-4



www.rediroma-verlag.de
12,95 Euro (D)

*1. Kapitel:*

# ***Das Versprechen***

***21. März 2016:***

*Saisonbeginn!!! Heute habe ich eine neue Batterie und eine Autobahn-Jahresvignette bekommen. Die alte Batterie, die ich im vergangenen Jahr bekommen hatte, ist leider hinüber. Offensichtlich hat man meiner Margit eine alte Batterie, erzeugt 2011, angedreht. Das ist gemein!*

*Gestatten Sie bitte, daß ich mich vorstelle: Ich bin Ennio. Eigentlich bin ich 'nur' ein Kawasaki-Motorrad Type EN500A. Im Jahre 1990 wurde ich beziehungsweise meine Gattung typisiert, ich selbst gelte als 'Baujahr 1994'. Im vergangenen Jahr, genau am 19. Juni, geschah etwas Wundervolles, Großartiges: Ich wurde zur Person erklärt! Jetzt kann ich denken, fühlen und über meine Gedanken sprechen. Vor allem aber kann und darf ich lieben...*

*Es gibt Leute, die behaupten, ich sei mit einer Sitzhöhe von 715 mm klein. Früher hat mich das sehr gestört, aber seit ich Margit zur Chefität bekommen habe, kratzt mich das gar nicht mehr! Ja, ich bin sogar froh darüber, denn meine Margit ist auch klein, sie mißt vom obersten Haardach bis zur Schuhsohle (oder umgekehrt) gerade mal 1.580 mm. Das ist ohnedies 865 mm länger als ich hoch bin. Dafür bin ich 2.280 mm lang, mit einem Radstand von 1.545 mm. Will man meine Länge mit der von Margit vergleichen, so bin ich genau 700 mm länger als Margit. (Da soll sich einer auskennen, mit Begriffen wie „Länge", „Höhe" und „Breite"!) Wo Margit ihren Radstand hat und wie groß der ist, konnte sie mir nicht beantworten.*

*Mit meinen 499 Kubik und 50 Pferdchen im Zylinder und meinen 209 kg bin ich ein Leichtgewicht und außerdem ein wirklich fescher Bursche! Im Gegensatz zu den meisten Menschen bin ich mit meinem Aussehen zufrieden.*

*Damit ich nicht heiß gehe, hat mein Zweizylinder-Viertakt-motorenherz eine Flüssigkeitskühlung, und dieses Motorenherz schlägt nur noch für meine Margit. Das war nicht immer so, und ich bin heilfroh, daß ich es damals nicht verbockt habe…*

*Meine Margit hat die Angewohnheit, unterwegs zu singen. Das gefällt mir. So lang sie nicht pfeift☹… Pfeifen kann sie nämlich nicht mehr, seit sie dritte Zähne hat. (Eins verstehe ich nicht: Im Norwegischen bedeutet das Wort 'dritt' schlicht und einfach Scheiße. Ich will jetzt nicht näher auf die norwegische Grammatik eingehen, aber die 'dritten' Zähne sind wörtlich übersetzt die Beschissenen. Meine Margit hat meines Wissens mehrere Garni-turen Ersatzzähne: Wieso nimmt sie nicht die vierten, fünften oder sechsten?)*

~ ❀ ~

*Als mir Anfang Juni 2015 schon mein zweiter Chef eröffnet hatte, daß er sich von mir scheiden lassen will, war ich stinksauer und sehr traurig: Warum trennten sich bloß alle Chefs von mir? Lag es an mir? War ich etwa minderwertig? War ich es nicht wert, einen Menschen für immer zu begleiten?*

*Dann kam dieser schicksalsträchtige 19. Juni. Es fing relativ harmlos an: mein zukünftiger Ex-Chef startete mich, fuhr die paar Meter bis zur Kirche, kokettierte mit einem roten Škoda Fabia, der Fabia kokettierte zurück und verfolgte uns bis nach Hause!*

*Oh Gott! Was war denn das für ein Urviech, das der Fabia ausspuckte?! Dieses ziemlich kurz geratene Urviech steckte in schwarzen Jeans, ihre schwarzen Schuhe wirkten, drücken wir es mal höflich aus, ziemlich ausgelatscht. Dann verhandelte das Urviech mit meinem Chef! Und als sei der Kalamitäten nicht schon genüge getan, erklärte das Urviech, sie wolle mich für sich und nicht für ihren nicht vorhandenen Mann haben! Da schieß doch einer alle Schrauben durch den Wind! Eine Frau! Wie schrecklich!*

*Mein Erschrecken und meine emotionale Verstimmung hatte der Fabia, der ein paar Meter entfernt von mir stand, bemerkt: „Hallo", rief er mir zu, „ich bin Tulačik - Du kannst aber gerne Strolchi zu mir sagen, das ist einfacher! Vor Margit brauchst Du Dich nicht zu fürchten, die fährt alles, was Räder hat - vorausgesetzt ihr Führerschein ist dafür geeignet! Motorrad fahren kann sie, sie ist nur ziemlich aus der Übung. Zweimal war sie mit ihrem Motorrad Charly und einmal mit mir am Nordkap. Aber Charly ist schon lange für immer ins Land jenseits der Mitternachtssonne gegangen." In aller Eile erzählte mir Strolchi - oder Tulačik - was ich über das Urviech, das er Margit nannte, auf die Schnelle wissen mußte: Mit den ganz großen Brummern soll sie per Du sein, und - ich konnte es gar nicht glauben - die Regler einiger Uralt-Straßenbahnen und Dampflokomotiven soll sie auch schon in den Fingern gehabt haben! „Waaaaas", staunte ich, „den Dampflok- und Tramwayführerschein hat sie auch?" „Nein, das war im Rahmen einiger Veranstaltungen", klärte Strolchi mich auf, „dazu brauchte sie keinen Führerschein. Aber wenn es solche Veranstaltungen gibt, ist sie hundert pro dabei!"*

*Nanu? Sollte ich mich in diesem Urviech so getäuscht haben?*

*Strolchi lobte seine Chefität in den höchsten Tönen und wollte mich ganz offensichtlich als Freund und Helfer gewinnen. „Und fluchen kann sie", grinste Strolchi, „frag mich nicht, in wieviel Sprachen! Ein rumänischer Brummifahrer, der beim Schmuggeln erwischt wird, klingt dagegen wie der Pfarrer bei der Morgenandacht! Was meinst Du, woher ich meine herrlich-schamesrote Farbe habe? Unschuldsweiß war ich, als wir in der Verkaufshalle zum ersten Mal zusammengetroffen sind, aber kaum waren wir in meinem neuen zu Hause angekommen, hatte ich diese wunderschöne Farbe!"*

*Ich hab zwar gewußt, daß Autos, speziell die Škodas, gerne grinsen, aber so wie Strolchi - das hatte ich noch nie gesehen!*

*Sowas von frech! Sowas von - einfach unnachahmlich! Allmählich legte sich mein Frust. Warum sollte ich es zur Abwechslung nicht mit einer Frau zu tun bekommen? „Ein netter Kumpel, der Strolchi", dachte ich bei mir.*

~ * ~

*Unsere erste Proberunde war recht interessant. Ziemlich ungelenk und ungeübt hängte sie ihr rechtes Bein über meine Sitzbank und schob ihren Hintern nach. Sie achtete darauf, daß sie mit beiden Füßen den Boden berührte, zog meinen Kupplungshebel und drückte - mir erschien es etwas zaghaft - meinen Startknopf. Ich ließ es geschehen und wehrte mich nicht. Wenn ich sie abwerfe, stürze ich auch und tue mir womöglich weh.*

*Ein paar Meter schlichen wir im ersten Gang... Aber dann! Nach diesen paar Metern schaltete sie, ohne meine Kupplung unnötig lange schleifen zu lassen, in die Zweite. Nach weiteren 20 Metern begann sie zwar leise, dafür grauenhaft mißtönend zu pfeifen. „Kannst Du bitte aufhören", bat ich, „von Deinem Pfeifen wird mir das Öl sauer und der Sprit flockt aus! Was pfeifst Du da überhaupt?"*

*„So schlimm? Das sollte das Thema aus dem Film 'Für eine Handvoll Dollar' sein", erklärte sie, „Geschrieben hat diese Musik der italienische Komponist und Dirigent Ennio Morricone im Jahre 1964. Ennio Morricone ist für seine Musik in Western-Filmen bekannt. Wieso mir diese Melodie gerade jetzt einfällt, kann ich mir nicht erklären. Mit dem Pfeifen klappt es nicht mehr, seit ich keinen einzigen Zahn im Mund habe."*

*„Entschuldige bitte", sagte ich etwas kleinlaut, „das wußte ich nicht! Aber man sieht es auch nicht!" Das war gerade noch einmal gut gegangen! Über körperliche Gebrechen abzulästern ist ein absolutes No-Go! Zum Glück war sie nicht sauer auf mich, hörte aber trotzdem mit dem Pfeifen auf.*

*Als sie mich nach einer gemächlichen Runde durch die Ortschaft vor dem Haus auf meinen Seitenständer stellte, ebenso ungelenk von mir abstieg wie sie auf mich aufgestiegen war, zart über meinen Tank streichelte und fragte: „Magst Du mich?" hätte ich vor Überraschung beinahe meine Zahnräder verschluckt: Sie betrachtete mich nicht als Handelsware, sondern fragte mich, ob ich sie mochte! Aber was sollte, nein, was durfte ich denn dann für sie sein?*

*Sie hatte meine Überraschung richtig gedeutet: „Dann", sprach sie, „erkläre ich Dich zur Person und gebe Dir den Namen Ennio. Dein Namenspate soll Ennio Morricone sein, der Komponist der Melodie, die mir bei unserer ersten Fahrt zuerst in den Sinn gekommen ist! Wir werden Sonnenschein schlucken, Mütchen kühlen und vor allem Landstreichen! Niemals wollen wir ein Lebewesen gefährden und niemandem, sei es Freund oder Feind, die Hilfe verweigern. Das wollen wir durchziehen, bis das Unaussprechliche geschieht."*

*Kaum war sie mit meinem zukünftigen Ex-Chef im Haus verschwunden, erklärte Strolchi: „Du wirst ihr Freund sein, wie ich ihr Freund bin. Sie hat Dir einen Namen gegeben und die Zauberformel gesprochen, das ist der Beweis, daß sie es ernst mit Dir meint. Alles, was Du über sie wissen mußt, erzähle ich Dir, wenn Du für immer zu uns nach Wien kommst! Glaube mir, Du wirst bald ein Wiener sein...."*

*Nach einiger Zeit der Verhandlungen mit meinem zukünftigen Ex-Chef ließ sie sich wieder blicken. Als sie sich von mir verabschiedete, legte sie eine Hand auf meinen Tank, lächelte mich an und sprach: „Eins weiß ich, Ennio: Dir zeige ich nächstes Jahr das Nordkap!"*

*Nordkap? Sagte sie wirklich: Nordkap? Ich glaube, in diesem Augenblick habe ich begonnen, sie zu lieben...*

***15. Mai 2016***

*Auch wenn ich ein Motorrad japanischen Ursprungs bin, habe ich österreichische Papiere und bin somit Österreicher. Deshalb möchte ich über das Land, das mir Heimat ist, Bescheid wissen. Natürlich weiß ich, daß der 15. Mai für Österreich ein sehr geschichtsträchtiger Tag ist: Heute vor 61 Jahren bekam Österreich den Staatsvertrag!*

*Der Österreichische Staatsvertrag, im Langtitel 'Staatsvertrag betreffend die Wiederherstellung eines unabhängigen und demokratischen Österreich, gegeben zu Wien am 15. Mai 1955', wurde am 15. Mai 1955 in Wien im Schloß Belvedere von Vertretern der alliierten Besatzungsmächte USA, Sowjetunion, Frankreich und Großbritannien sowie der österreichischen Bundesregierung unterzeichnet und trat am 27. Juli 1955 offiziell in Kraft.*

*Gegenstand dieses Vertrages ist die Wiederherstellung der souveränen und demokratischen Republik Österreich nach der nationalsozialistischen Herrschaft in Österreich von 1938 bis 1945, dem Ende des Zweiten Weltkrieges und der darauffolgenden Besatzungszeit von 1945 bis 1955. Während dieser Besatzungszeit war Österreich zwar formal wiederhergestellt, aber noch kein selbständiger Staat. Dieser Staatsvertrag gilt auch als ein wesentlicher Faktor für die Entwicklung eines eigenständigen Österreich-Bewußtseins.*

*Damit ein Vertrag gültig ist, muß er bekanntlich unterschrieben werden. Der Österreichische Staatsvertrag trägt die Unterschriften folgender neun Personen:*

1. *Wjatscheslaw Michailowitsch **MOLOTOW**, Außenminister der Sowjetunion,*
2. *Iwan Iwanowitsch **ILJITSCHOW**, Hochkommissar und Gesandter der Sowjetunion,*
3. *Harold **MACMILLAN**, Außenminister von Großbritannien,*

*4. Geoffrey Arnold **WALLINGER**, Hochkommissar und Botschafter Großbritanniens,*
*5. John Foster **DULLES**, Außenminister der USA,*
*6. Llewellyn E. **THOMPSON** jr., Hochkommissar und Botschafter der USA,*
*7. Antoine **PINAY**, Außenminister von Frankreich,*
*8. Roger **LALOUETTE**, Stellvertretender Hochkommissar und Gesandter von Frankreich,*
*9. Leopold **FIGL**, Außenminister von Österreich.*

*Durch den Staatsvertrag war Österreich der einzige europäische Staat, der nach 1945 bis zur samtenen Revolution 1989 (auf die ich später noch zu sprechen komme) auf friedlichem Weg frei von allen Besatzungsmächten wurde.*

*In der Zeit des Kalten Krieges wurden das Anschlußverbot und die immerwährende Neutralität dahingehend interpretiert, daß Österreich der Beitritt zur EWG nicht erlaubt sei. So trat Österreich 1959 mit Wirkung vom 1. Jänner 1960 der Europäischen Freihandelsassoziation (EFTA) bei, der damals auch Norwegen, Schweden, Dänemark, Großbritannien, Portugal und die Schweiz angehörten. Erst 1995 wurde Österreich Mitglied der Europäischen Union.*

*Zu den Zeugnissen des besonderen Stellenwerts des Staatsvertrags zählt nicht nur der Umstand, daß Bundeskanzler Julius Raab das Attribut Staatsvertragskanzler erhielt; dazu zählen auch volksnahe Geschichten im Zusammenhang mit der Unterzeichnung des Vertrags, die von einem politischen Mythos des Dokuments zeugen.*

*Außenminister Figl, der auch bei politischen Gegnern beliebt war, wurde vom Volk, sagen wir mal, eine gewisse Trinkfestigkeit zugeschrieben. Daher war lange Zeit die Legende verbreitet worden, Raab und Figl hätten den russischen Außenminister Molotow in Heurigenstimmung von der Streichung des Hinweises auf Österreichs NS-Vergangenheit aus der Präambel überzeugen können. In einer Karikatur von Hanns Erich Köhler für die*

*Münchner Zeitschrift Simplicissimus mit dem Titel Wiener Charme in Moskau wurde der Zither spielende Raab dargestellt, dem Figl, während die russischen Gesprächspartner bereits in Tränen ausbrechen, etwas ins Ohr flüstert:*

*"Und jetzt, Raab – jetzt noch **d' Reblaus**, dann sans waach!"*

*(Die Reblaus ist ein beliebtes Heurigenlied – siehe Anhang; sans waach = sind sie weich = sind sie milde gestimmt und bereit nachzugeben.)*

*Die Zither Raabs sowie die Noten, auf denen sich auch Notizen der Russen befinden, tauchte 2011 wieder auf und wird im Julius-Saal der Hypo NOE in St. Pölten ausgestellt.*

*Bei der Vertragsunterzeichnung im Schloß Belvedere fielen als Abschlußsatz der Dankesrede Figls auch seine berühmten Worte: "Österreich ist frei!", eines der bekanntesten politischen Zitate der jüngeren Geschichte Österreichs. Der Satz wurde im Marmorsaal gesprochen und nicht, wie oft kolportiert, auf dem Balkon bei der Präsentation des Vertrages. Dieses bis heute festgefahrene Mißverständnis hat seinen Ursprung in der medialen Berichterstattung, denn in einer Dokumentation der Austria Wochenschau sind die Bilder, die Figl auf dem Balkon bei der Präsentation des Vertrages zeigen, mit den nämlichen Worten seiner Rede unterlegt worden. Diese öffentliche Präsentation auf dem Balkon soll laut Berichten von Augenzeugen im Protokoll der Unterzeichnungszeremonie nicht vorgesehen gewesen, sondern von Figl spontan initiiert worden sein.*

*Lange Zeit war der Allgemeinheit kaum bekannt, daß sich das Original des Staatsvertrags im Staatsarchiv des Außenministeriums in Moskau und nicht in Österreich befindet. Im österreichischen Staatsarchiv ist nur eine Abschrift vorhanden. Im so genannten Jubiläumsjahr 2005 - 50 Jahre Staatsvertrag - wurde diese Tatsache deutlich, als die Vertragsurkunde aus Moskau nach Österreich geholt und auf der Schallaburg in Niederösterreich sowie im Wiener Belvedere der Öffentlichkeit im Rahmen von Ausstellungen erstmals gezeigt werden konnte.*

***06. Juni 2016***

*Heute früh hatte mich meine Margit doch tatsächlich zur Gesundenuntersuchung beim ÖAMTC geschleppt! Sittenhalber hatte ich mich nach besten Kräften dagegen gewehrt, eine 'Gesundenuntersuchung' erschien mir höchst suspekt! „Du meidest sowas wie die Pest, und ich soll da hingehen", hatte ich gestern noch geschimpft, „wie kommst Du überhaupt auf so eine hirnverbrannte Idee?" Gegen eine 'Gesundenuntersuchung', wie sie die Krankenkasse vorschreibt, wehrte ich mich entschieden, schließlich bin ich ein Motorrad und kein Mensch, der vor der Krankenkasse buckeln muß!*

*„Reg Dich nicht auf, Ennio", hatte sich Strolchi zu Wort gemeldet, „Margit meint mit der Gesundenuntersuchung die §57-Überprüfung, das Pickerl. Sie sagt bei mir auch immer Gesundenuntersuchung, und Du bist ja, soviel ich weiß, auch im Juli dran!"*

*"Im Juli sind wir doch schon längst über alle Berge!" argumentierte ich. Aber das nützte alles herzlich wenig.*

*Nun war der Tag gekommen: Meine Margit schleppte mich in die Donaustadt, in die Breitenleer Straße. „Wieso schleppst Du mich in den 22. Bezirk", versuchte ich einen letzten Trick, „die Breitenseer Straße ist doch im 14.!" (Breitensee ist ein Bezirksteil im Westen Wiens, der gemeinsam mit den Bezirksteilen Penzing, Baumgarten, Hütteldorf und Hadersdorf-Weidlingau {'Ha-Wei'} den 14. Wiener Gemeindebezirk namens Penzing bildet.)*

*„Da hast Du zwar Recht, mein Schatzerl", entgegnete meine Margit, „aber wir müssen nicht nach Breitensee, wir müssen nach BreitenLEE, in die Breitenleer Straße! Breitenlee war bis 1938 eine eigenständige Gemeinde in Niederösterreich und ist heute ein Bezirksteil des 22. Wiener Gemeindebezirks, Donaustadt! Breitenlee liegt im Marchfeld und grenzt im Norden an den Bezirksteil Süßenbrunn und an die niederösterreichische Gemeinde Aderklaa, im Osten an Essling, im Süden an Aspern und im Westen an Hirschstetten. Bitte glaub mir, Ennio, hier sind wir genau richtig!"*

*Ich gab meinen Widerstand auf. Leider hatte meine Margit die besseren Argumente.*

*Die Überprüfung durch Herrn Greth war nicht schlimm, im Gegenteil. Hauptsache, er hat meine Margit darüber aufgeklärt, daß ich in meinen Reifen vorne und hinten einen Druck von 2,5 brauche! Ja, und meine Bremsflüssigkeit hat er auch gleich in Ordnung gebracht! Danke, Herr Greth! Herr Greth ist ganz lieb mit mir umgegangen. Ich hätte ihn gerne auf ein Privathatzerl eingeladen, aber leider – dazu hatte Herr Greth keine Zeit, wir mußten uns mit der üblichen Probefahrt begnügen.*

*Aber dann hat Herr Sabeditsch dafür gesorgt, daß meine Margit kein technisches Nackerpatzl, Nachtkasterl oder ähnliches ist! Meine Margit weiß jetzt, wie sie mir ein kaputtes Lämpchen tauschen kann, sie weiß auch, wie sie meinen Riemen kontrolliert, notfalls meine Kupplung nachstellt und wie sie mir frisches Öl spendiert – bitte: ÖL, ins Skandinavische übersetzt: OLJE. Øl, skandinavisch für Bier, brauch ich nicht in meinem Getriebe. Øl trinkt meine Margit ganz gerne in der ALKOHOLFREIEN Version. Und sollte mich jemand auf ein Stamperl Motoröl einladen: Ich trink SAE 10W-40. Das ist am besten für mich.*

*Naja, ich hab's ja gleich gesagt: Ich bin ein servicearmes, bedienerfreundliches Motorrad!*

***Samstag, 11.6.2016:***

*Morgen ist es so weit! Morgen beginnt unsere große Reise!*

*Was für meine Margit eine Zeit der schönen Erinnerung mit massenhaft akuten Anfällen ihrer chronischen Nostalgitis wird, ist für mich etwas ganz Neues, Wunderbares! Es ist die Erfüllung einer Sehnsucht, die jedes Motorrad in sich trägt: Jedes Motorrad träumt davon, einmal in seinem Leben das Ende seines Kontinents, seiner Welt, zu sehen: Motorräder in Afrika träumen von der äußersten Spitze im Süden Afrikas, dem Kap der guten Hoffnung. Amerikanische Motorräder möchten gerne zum Cap Barrow in Alaska oder zum Cap Horn in Südamerika. Für Motorräder, die in Europa leben und arbeiten, ist das Nordkap das Ziel ihrer Sehnsüchte. Und morgen beginnt unsere Reise zum Nordkap...*

*Ich war bereits 21 Jahre alt, als ich meine Margit kennenlernte. Kurz zuvor hatte mir mein zweiter (mittlerweile Ex-)Chef im Juni 2015 eröffnet, daß er sich von mir scheiden lassen will. Und das war das Beste, was mir passieren konnte: Eine Margit trat in mein Leben, die mit meinesgleichen sprechen kann, die so ganz anders ist als alle anderen Menschen: Sie hat die Zauberformel gesprochen, gab mir den Namen Ennio und hat mir versprochen, mir im folgenden Jahr das Nordkap zu zeigen...*

*Jetzt sind Margit und ich schon fast ein Jahr lang ein Paar: Ein Jahr, in dem sich meine Margit nach 15 Jahren trauriger Motorrad-Abstinenz wieder an das Reisen mit meinesgleichen gewöhnen und ihre Kurventechnik verbessern mußte, ein Jahr, in dem wir gemeinsam viel erlebt haben.*

*Mann, oh Mann, wie habe ich Reisefieber…*

***Ennio***

2. Kapitel - 1. Reisetag:

# In die 'Goldene Stadt'

**Restaurant 'U Fleků'**

## *Sonntag, 12. Juni*

| | |
|---|---|
| *Geplante Strecke:* | *Zu Hause - Stockerau Ost - Hollabrunn - Znojmo (20 Min. Aufenthalt) - Jihlava - D1 bis km 88 (20 Min. Aufenthalt), Praha, Arpacay Backpackers Hostel, Nerudová 40, 11800 Prag 1 (tel./fax: +420 / 251 552 297 E-Mail: michal.vesely@arpacayhostel.com www.arpacayhostel.com)* |
| *Aktivitäten:* | *Margit hat das Restaurant 'U Fleků' besucht. Da sie ein paar Bier eingeplant hatte, ist sie sowieso brav mit dem Taxi gefahren!* |

~ ❀ ~

*Am Morgen des 12. Juni herrschte ein Mistwetter sondergleichen: Es regnete, zwar nicht in Strömen, aber doch unaufhörlich und kontinuierlich, und meine Margit schien krank zu sein: Sie schimpfte nicht ein einziges Mal 'kurwa pogoda' über das Wetter, sondern montierte den Tankrucksack auf meinen Tank und sang nebenbei die Trucker-Hymne 'Country Roads' vor sich hin.*

*Norbert und Claudia, natürlich auch Shi-Tsu-Hündchen Sebi, waren gekommen, um sich von meiner Margit zu verabschieden. Norbert half Margit, meine Tasche sicher auf der Sissy-Bar zu befestigen, Schlafsack, Zelt und den Sack mit den Hunde- und Katzen-Leckerli für Charly und Winnie auf dem Soziussitz zu befestigen, dann konnte es losgehen.*

*Sobald wir über den Verteilerkreis Favoriten die Autobahn A23 erreicht hatten, waren wir auf unserer ersten Europastraße, der E59, gelandet. Die würde uns wie schon so oft von Wien über Stockerau und Znojmo begleiten, und danach von Znojmo bis Jihlava. (In der Gegenrichtung führt die E59 über Wiener Neustadt,*

*Graz, Maribor und Ptui in die kroatische Hauptstadt Zagreb.) Bis Jihlava war ich allerdings noch nie gekommen.*

*Bei der Autobahnabfahrt Stockerau belächelte ich wie schon so oft ein Gebilde, das meine Margit den 'Blechstrauch' nennt.*

*Am letzten Kreisverkehr der S3, etwa einen Kilometer vor der Grenze, hörte der Regen allmählich auf. Beim WC der ehemaligen österreichischen Grenzstation hielt Margit eine dringend notwendige Pause.*

*„Margit", wollte ich etwas klarstellen, sobald sie sich erleichtert hatte, „wir waren schon ziemlich oft in Tschechien, aber ich weiß rein gar nichts über dieses Land! Wenn ich mich zu Hause mit den anderen Motorrädern über unsere Reise unterhalte, möchte ich etwas über die Länder erzählen können, die wir bereist haben!"*

„Das verstehe ich, Ennio. Ich bin ja auch nicht anders! Hör gut zu: Die Tschechische Republik, tschechisch Česká republika beziehungsweise Česko, ist ein Binnenstaat in Mitteleuropa mit rund 10,5 Millionen Einwohnern…"

*„Margit – was ist das: ein Binnenstaat?" Diese Formulierung hatte ich noch nie gehört!*

„Als Binnenstaat", erklärte ich meinem zweirädrigen Lebensgefährten, „bezeichnet man einen Staat, der keine direkte Verbindung zum Meer hat. Also: Tschechien grenzt im Westen an Deutschland, im Norden an Polen, im Osten an die Slowakei, im Süden an Österreich und hat keine direkte Verbindung zum Meer.

*„Aber wie ist das jetzt mit Österreich", wollte ich es genau wissen, „den Neusiedler See nennt man 'das Meer der Wiener', und vom Bodensee sagt man, er sei 'das Schwäbische Meer'? Ist Österreich jetzt ein Binnenstaat oder nicht?"*

„Ennio, Österreich ist, seit die Österreichisch-Ungarische Monarchie nach dem Ende des Ersten Weltkrieges im Jahre 1918 in ihre Einzelteile zerfiel, sehr wohl ein Binnenstaat, aber wenn ich Dir jetzt auch den Begriff 'Binnenmeer' erkläre, stehen wir morgen noch immer hier. Nur so viel: Ein Binnenmeer hat keine direkte Verbindung zum Meer.“ Ich konnte mich nur wundern, wie schlau mein Ennio doch ist und wie logisch er denkt! „Aber Du wolltest doch, daß ich Dir etwas über Tschechien erkläre: Tschechien ist genau wie Österreich eine Republik, das Regierungssystem die Demokratie.

Die Tschechische Republik, wie sie jetzt ist, entstand am 1. Jänner 1993, als sich die Slowakei von der Tschechoslowakei scheiden ließ. So entstanden die beiden Staaten Tschechische Republik und Slowakei. 1999 wurde die Tschechische Republik Mitglied der NATO und am 1. Mai 2004 Mitglied der Europäischen Union.

Die tschechische Währung, die Tschechische Krone, kennst Du schon. Ich hab immer genug davon einstecken, aber zahlen kann ich nur in Tschechien damit.

Das KFZ-Kennzeichen der Kraftfahrzeuge ist CZ, da erzähl ich Dir nichts Neues. Eine tschechische Mail-Adresse endet immer mit .cz, und die Telefonvorwahl ist +420.

Die Tschechische Republik setzt sich aus den drei historischen Ländern Böhmen (tschechisch: Čechy), Mähren (tschechisch: Morava) und Schlesien (tschechisch: Slezsko) zusammen. Hauptstadt und größte Stadt des Landes ist Prag: hlavni mesto Praha. Und diese interessante Stadt werden wir heute vielleicht noch ein bißchen, gleich morgen aber gründlich besichtigen, ok?

Durch die Vereinigung des Herzogtums Böhmen mit der Markgrafschaft Mähren entstand im späten 9. Jahrhundert ein Staatsgebilde. Aus diesen beiden Ländern wurde 1085 das Königreich Böhmen geformt. Das hatte eine erhebliche Sonderstellung im Heiligen Römischen Reich und beherrschte unter Dynastien wie den Přemysliden und den Luxemburgern große Teile Kontinentaleuropas. Im Zuge des Aufstiegs der Habsburger und dem Dreißigjährigen Krieg wurde das Gebiet bis zum Ende des Ersten Weltkrieges Teil der Habsburgermonarchie.

Von 1918 bis inklusive 1992 bestand die Tschechoslowakische Republik unter mehreren Namen. Ich persönlich kann mich an Bezeichnungen wie 'ČSSR' und 'ČSFR' erinnern, es gab aber bestimmt noch andere Namen.

Im Frühjahr 1939 wurde das Land von Nazi-Deutschland besetzt und 1945 durch die Rote Armee mit Unterstützung der Tschechoslowakischen Exilarmee befreit. 1948 übernahm die Kommunistische Partei (KSČ) die Macht. Als Satellitenstaat der UdSSR wurde das Land Teil des Ostblocks und Mitglied des Warschauer Pakts.

Eine erste Reformbewegung, der Prager Frühling, wurde 1968 von Truppen des Warschauer Pakts niedergeschlagen. 1989 kam es mit der Samtenen Revolution unter Václav Havel zur Wiedererrichtung der Demokratie.

Reicht Dir das fürs erste, mein Schatz?"

*„Danke", antwortete ich, „fürs erste reicht es. Über den Prager Frühling hat mir Strolchi schon viel erzählt. Meine Kumpels zu Hause werden sich wundern, was ich alles weiß! Ich sag ihnen aber, daß Du mir das erklärt hast!" „Ennio, das muß nicht unbedingt sein", entgegnete meine Margit und rümpfte die Nase, „sag es bitte nur, wenn man Dich danach fragt, ok? Ich möchte nicht jeden Tag Vorträge halten." Sprach's, startete meinen Motor, und ab ging's die paar Kilometer nach Znojmo - selbstverständlich nicht ohne Zwischenstop an den Resten der ehemaligen tschechischen Grenzstation. Wenn mir ein Polizeiauto schon so freundlich zuwinkt, ist ein Plausch angesagt. „Na, wie hab ich das gemacht", grinste Herr Polizeiauto vergnügt über alle Scheinwerfer, „ich hab dem Regen die Einreise verweigert! Gestatten: Oberinspektor Václav!"*

*„Ich heiß' Ennio – wie der berühmte italienische Komponist und Dirigent Ennio Morricone", antwortete ich, „weil die erste Melodie, die meiner Margit bei unserem ersten Kennenlernen eingefallen ist, von ihm stammt. Dienstgrad hab ich keinen. Ich war weder beim*

*Militär, noch habe ich sonst ein Amt. Ich bin nur Margits geliebtes Motorrad, und das ist ganz schön viel. Herr Oberinspektor, kannst Du mir bitte ein paar Fragen beantworten? Meine Margit will mir einige berühmte Plätze in Praha zeigen. Aber weder meine Margit noch ich wissen, ob ich in die Fußgängerzonen hinein darf!"*

*„Ennio, sag mir, was Du Dir anschauen möchtest", schlug der nette Herr Polizeiauto vor, „dann kann ich Dir sagen, ob das, was Du sehen möchtest, eine Fußgängerzone ist, und ob Du Dir eine Sondergenehmigung organisieren kannst und ausnahmsweise hineinfahren darfst!"*

*Ich begann aufzuzählen:*

*„Die Karlsbrücke?" - „Karlův most ist Fußgängerzone. Und alles voll mit Ausstellern, vielen Musikanten und Verkaufsbuden - wie heißt das auf Wienerisch? - Standerln! Da hat selbst Deine Chefität allein Schwierigkeiten, sich durchzuquetschen! Und überall gibt es Stufen! Ich möchte keinen Einsatz haben, bei dem ich über Karlův most fahren muß."*

*„Wenn Du das sagst, ist es für mich erst recht indiskutabel. Und wie schaut's mit Václavske Naměstí aus?" – „Der Wenzelsplatz ist auch Fußgängerzone. Wenn ich richtig informiert bin, gibt es auch dort vor den Sehenswürdigkeiten ein ziemliches Gedränge. Sowieso nicht empfehlenswert."*

*„Und die Rathausuhr am Altstädter Rathaus?" – „Pražský orloj, Du kannst auch Staroměstský orloj sagen, liegt am Atstädter Ring in einer Fußgängerzone. Übrigens, Ennio, magst Du Kopfsteinpflaster?"*

*„Nein, Herr Oberinspektor, sowas mag ich überhaupt nicht!" Ich schüttelte mich. „Dann habe ich einen guten Tip für Dich", flüsterte mir der nette Herr Polizeiauto verschwörerisch zu, „rede mit Deiner Margit, sie soll allein auf Entdeckungsreisen gehen und Dir morgen einen Ruhetag vergönnen. Wie ich Euch beide einschätze, erzählt sie*

*Dir sowieso alles, als wärest Du selbst dort gewesen!" Das konnte ich dem Herrn Polizeiauto vollinhaltlich bestätigen.*

*Auch meine Margit hatte ihr Gespräch mit den beiden Polizisten beendet: „Ennio, in Tschechien brauchen wir keine Autobahnvignette!" war die positive Nachricht. Wir konnten weiterfahren.*

~ ❀ ~

*55 km von Brno (Brünn), 75 km von der Wiener Stadtgrenze und 95 km von meinem Wohnort entfernt, unweit der Grenze zu Niederösterreich, liegt in Jihomoravský kraj, der Südmährischen Region, auf einer Felszunge am linken, steil abfallenden Ufer der Thaya, die auf Tschechisch Dyje heißt, die Stadt Znojmo. Das historische Stadtzentrum wurde bereits 1971 zum städtischen Denkmalreservat erklärt. Die alte Burg- und Königsstadt hat einen sehr gut erhaltenen mittelalterlichen Stadtkern. Alle Sehenswürdigkeiten von Znojmo aufzuzählen würde zu weit führen. Und heute würde sowieso nichts mit einer Stadtbesichtigung laufen, heute wollten wir in Znojmo schnell etwas erledigen, um irgendwann die tschechische Hauptstadt Prag zu erreichen. Sogar der Thaya winkten wir nur kurz ein 'Dobrý rano!' zu, und das will was heißen! Schließlich rief das Nordkap mit aller Kraft nach uns!*

*Beim Albert plünderte Margit den Bankomaten und lief gleich danach in den Supermarkt, weil sie noch eine Stange Viceroy's mitnehmen wollte. Sobald sie wieder genug Zigaretten im Sack hatte, würde sich meine Margit erfahrungsgemäß noch eine gute Zigarette gönnen, dann konnten wir die nächste Etappe in Angriff nehmen.*

*In der Zwischenzeit hatte sich ein wunderschönes Mädel zu mir gesetzt. Donnerwetter! Diese fesche Dame - sie war gebürtige Chinesin, eine Darker - hatte ein Kennzeichen, das mit 6B beginnt! Und mehr noch: Ihr war mein Kennzeichen aufgefallen. Frau Darker sprach genau wie ihr Chef perfekt Deutsch! Den Chef fragte meine Margit, ob sie die schöne Dame fotografieren dürfe - inklusive des Kennzeichens, das so wie meines mit 6B beginnt. Ein Kennzeichen zu fotografieren ist rechtlich sehr bedenklich, wenn man nicht vorher die Erlaubnis des jeweiligen Chefs erbittet und vor allem erklärt, daß dieses Kennzeichen sogar in einem Buch zu sehen ist. Schließlich ist meine Margit Schriftstellerin und hat bereits mein Tagebuch von unserem ersten Kennenlernen bis zum Beginn dieser Motorradsaison veröffentlicht! Über unsere Nordkapreise will sie auch ein Buch schreiben.*

*„Meine Markenkollegen und ich", erklärte Frau Darker, „können ausschließlich nach Tschechien ausreisen, weil wir für dieses Land erzeugt werden. Mein Asylverfahren wurde sehr schnell abgeschlossen, sobald mein Chef meine Ausreisepapiere unterzeichnet hatte."*

~ ❃ ~

*Normalerweise hätte sich meine Margit vor der Abfahrt noch ihre übliche gute Viceroy's genehmigt, aber heute war alles anders! Statt eine Viceroy's aus der Schachtel zu nehmen, faßte sie sich so ein komisches Dings und ein paar andere Utensilien aus der Hosentasche. Ich staunte: „Waaas? Was ist denn das? Warum nimmst Du Dir keine Viceroy's?" „Ennio, mein Schatz", antwortete meine Margit, „ich muß üben, daß ich in Norwegen möglichst schnell wieder die norwegische Sprache in meinen Schädel bekomme!" „Das verstehe ich wirklich nicht!" Ein Mensch hätte jetzt verwundert den Kopf geschüttelt, vielleicht auch mit dem Mittelfinger an die Stirn getippt: „Was hat dieses Dings mit der norwegischen Sprache zu tun?"*

*In der Zwischenzeit hatte meine Margit nicht nur dieses komische Dings, sondern auch ein Säckchen, dessen Inhalt mich verdächtig an Zigarettenfilter erinnerte, und ein selbstgefülltes Doserl Tabak aus dem Sack gezogen und auf meine Sitzbank gelegt. Bedächtig und konzentriert legte sie einen Filter in das Dings, stopfte Tabak nach, wuzzelte den Tabak in das Dings, nahm aus einem Behälter, der unter dem komischen Dings angebracht ist, ein längliches, schmales Papierchen, legte es ein, drehte nochmal an dem Dings und leckte an dem Papierchen. Dann dauerte es nur noch Sekunden, bis Margit sich eine fertige Selbstgedrehte unter die Nase werfen konnte.*

*„Bitte was hat das Zigaretten wuzzeln mit der norwegischen Sprache zu tun?“ Jetzt wollte ich es aber genau wissen!*

*„Ennio, in Norwegen sind Zigaretten sauteuer“, erklärte meine Margit, „deshalb drehen die meisten Norweger ihre Zigaretten selbst. Wenn ich jetzt auch wuzzel', hält mich jeder für eine Einheimische und redet mich, wenn überhaupt, auf Norwegisch an. Wenn ich aber eine Zigarette, womöglich eine ausländische, aus der Packung nehme, werde ich auf Deutsch oder Englisch angequatscht. In diesen Sprachen brauch ich keine Übungsstunden. Meinen norwegischen Lieblingstabak gibt es sowieso nur als Tabak und nicht als fertige Zigarette. Außerdem gilt es in Norwegen als noble Geste, eine Zigarette anzubieten. Deshalb heb ich mir meine Viceroy's für besondere Anlässe auf.“*

*Das war wieder einmal Margit-Logik vom Feinsten.*

~ ❃ ~

*Auch wenn der nette Herr Polizeiauto dem Regen die Einreise verweigert hatte, die zwöfundsiebzig Baustellen zwischen Znojmo und dem Autobahnzubringer Jihlava hatte er nicht wegzaubern können. Und just in so einem Baustellenbereich neigte sich mein Futtervorrat dem Ende zu. „Mach Dir nichts draus, Ennio“, beruhigte mich meine Margit und lenkte mich ein paar Kilometer später an eine Tankstelle in Vesnice, wo ich bei 46.380 km Tachostand bei bestem Appetit 9,45 Liter feinen 95er-Sprit genoß. Seit ich gestern an meiner Stammkneipe - pardon, Tankstelle - einen gehoben hatte, hatte ich 140 km geschafft.*

*Bevor wir weiterfuhren, führte mich meine Margit zu einem Bankerl und ging in den Tankstellen-Shop, wo sie meine Zeche bezahlte. Wieder bei dem Bankerl angekommen, wuzzelte sie sich eine Zigarette und führte sich ihren unvermeidlichen Kaffee zu Gemüte. 'Coffee to go' stand auf dem beschichteten Pappbecher. „Coffee to go? Kann ein Coffee to go selbst gehen, bekommt der Füße", wollte ich von meiner Margit wissen. Bitte was ist an meiner Frage so komisch, daß meine Margit schon wieder einen gewaltigen Lachkrampf bekam? „Nein, Ennio", erklärte sie mir, sobald sie wieder schnaufen konnte, „mit einem Coffee to go kann man, sobald man ihn bezahlt hat, einfach weggehen! Tragen muß man ihn schon selber, und Füße bekommt er nur, wenn ihn jemand klaut." „Und darf man sich mit einem Coffee to go auch hinsetzen?" Wenn schon, dann wollte ich alles über einen Kaffee wissen, der gehen kann. „Ennio, mein Schatzerl", erklärte mir meine Margit, „mit einem Coffee to go kann man alles machen, was man mit einem anderen Kaffee auch macht: Vor allem kann man ihn trinken. Zdravi - prost!"*

*„Wird mein Essen eigentlich auch gekocht?" Kaffee gehört zu Margits Hauptnahrungsmitteln. Der wird gekocht. Also lag die Vermutung nahe, daß sowohl mein Hauptnahrungsmittel als auch das für Strolchi gleichfalls gekocht wird.*

„Nein, Ennio, das ist ein bisserl komplizierter", versuchte ich meinem zweirädrigen Lebensgefährten etwas zu erklären, worüber ich selbst erst vor kurzer Zeit informiert worden war, „Dein Essen und das von Strolchi wird aus Erdöl gemacht, aber Erdöl kannst Du nicht roh essen wie ich mein Thunfisch-Sashimi. Bis es Dir und Strolchi schmeckt, muß das Rohöl viele Prozesse durchlaufen, die man 'raffinieren' nennt. Ich versuch mal, es Dir zu erklären. Du kannst mich ruhig unterbrechen, wenn Du etwas nicht verstanden hast, auch dann, wenn Du das Gefühl hast, ich fange an klugzuscheißen.

Der erste und wichtigste Schritt ist die Destillation, bei der das Rohöl durch Erhitzen in seine unterschiedlichen Bestandteile aufgespalten wird. Der Fachmann spricht von Fraktionierung. Dazu pumpt man es zuerst aus den Lagertanks über einen Entsalzer und mehrere Wärmetauscher in einen Röhrenofen. Hier wird es auf ca. 380°C erhitzt. Je nach Siedepunkt der einzelnen Bestandteile verdampft dabei ein Großteil des Erdöls."

*„Wärmetauscher? Entsalzer?" Diese Begriffe hatte ich schon mal irgendwo gehört, konnte sie aber im Augenblick nicht zuordnen. „Was ist das?"*

„Ennio, aus dem Stegreif kann ich Dir nicht beantworten", bekannte meine Margit, „was ein Wärmetauscher ist und wie der funktioniert. Aber ich werde heute Abend nachschauen, dann wissen wir beide mehr! Und ein Entsalzer muß sein, weil das Erdöl unter dem Meer gelagert war, und Meerwasser ist nun mal salzig.

Jedenfalls gelangt heiße Gemisch aus Dampf und Flüssigkeit in einen Destillationsturm, den man auch Kolonne nennt. Hier steigen die gasförmigen Anteile bei normalem atmosphärischem Druck langsam hoch. In der Kolonne ändert sich von unten nach oben durch Entzug von Wärme die Temperatur. Das heißt, nach oben wird es kälter. Die Gase verflüssigen sich nach der für sie charakteristischen Siedetemperatur.

Jeder Destillationsturm verfügt über eine beträchtliche Anzahl von Zwischenböden. Auf ihnen sammeln sich die verflüssigten Gase und können seitlich zur weiteren Verarbeitung abgeleitet werden. Leicht siedende Stoffe wie Methan, Ethan, Propan oder Butan strömen so immer höher, bis sie am Kolonnenkopf angelangt sind. Schwere Rohölbestandteile hingegen werden auf halber Höhe oder am Kolonnensumpf abgezogen. Die Fraktionen, die in der Destillation gewonnen werden, unterscheiden sich demnach in ihrem Siedetemperaturbereich. Im oberen Teil der Kolonne werden Raffineriegas, Flüssiggas und Naphtha..."

*„Naphtha", staunte ich, „das ist doch das tschechische Wort für Diesel?"*

„Ennio, mein Schatz", antwortete ich, „das Naphtha, von dem hier die Rede ist, schreibt man anders als das tschechische Wort nafta, das man heute nur noch selten an den Zapfsäulen sieht. Strolchis Futter wird auch in Tschechien allgemein als Diesel angeschrieben. Das tschechische Wort nafta kann auch mit Steinöl, Erdöl, Naphtha oder Rohöl übersetzt werden. Das Naphtha, von dem hier die Rede ist, ist der Fachbegriff für Rohbenzin, das aus der Destillation von Rohöl gewonnen wird. Man unterscheidet drei Klassen: das sogenannte 'full range naphtha' hat eine Siedelage zwischen 30 und 200°C, 'light naphtha' von 30 bis 90°C und 'heavy naphtha' von 90 bis 200°C.

*„Wow", staunte eine BMW, die sich zu uns gesellt hatte, „Čestina - die tschechische Sprache - kann sie auch!"* „Ennio", flüsterte ich grinsend, „wenn Du noch größer wirst, kann ich mit meinen kurzen Haxen bald nicht mehr auf Dich aufsteigen! Ich bin kein Wundertier, kein Universitätsprofessor, ich bin ein ganz gewöhnlicher Mensch, und mein Hobby ist das Klugscheißen!

Also", setzte ich in normaler Lautstärke fort, „im oberen Teil der Kolonne werden Raffineriegas, Flüssiggas und Naphtha, im mittleren Teil Mitteldestillate wie leichtes Heizöl, Diesel- und Flugturbinenkraftstoff gewonnen. Im Sumpf setzt sich dann der Rückstand ab. Nach der Destillation werden die einzelnen Zwischenprodukte abhängig von ihrer Beschaffenheit und Bestimmung in verschiedenen Prozeßanlagen weiterverarbeitet."

*Margit hatte ihren Coffee to go ausgetrunken. Sie warf den Becher in die dafür vorgesehene Mülltonne, kam wieder zu mir und hängte ihr rechtes Bein in gewohnt ungelenker Manier über meine Sitzbank. Dann konnten wir unseren Weg fortsetzen.*

~ * ~

*Ungefähr 75 km nördlich von Znojmo, in der Böhmisch-Mährischen Höhe an der Einmündung der Jihlávka in den Fluß Jihlava, liegt die Stadt Jihlava. Jihlava ist mittelgroß und ein Zentrum des Kraj Vysočina, also der Region Hochland. Das KFZ-Kennzeichen J steht für Jihlava - Region Hochland. Der Fluß Jihlávka bildete die alte Grenze zwischen Böhmen und Mähren. Zu einer Zeit, als Jihlava offiziell noch Iglau hieß und Kaiser Franz Josef I regierte, kam Margits Babička mit Dědeček nach Österreich. Folglich hat meine Margit tschechische Wurzeln.*

*Jihlava ist die älteste Bergstadt in den böhmischen Ländern. Einer Legende zufolge wurde bereits im Jahre 799 Silber gefördert. König Ottokar I richtete eine Bergkanzlei und ein Münzamt ein. Schon sehr früh genoß Jihlava weitgehende Privilegien und wurde um 1250 von Wenzel I Přemysl zur Königsstadt erhoben.*

*Nach Jihlava hineinfahren wollten wir nicht. Wir fuhren über den Zubringer direkt auf die D1 auf. Bei Kilometer 88 machten wir Pause. Meine Margit genehmigte sich an der Tanke einen Becher Kaffee und sagte diesmal nicht 'zdravi', sondern 'skål'. Das fiel mir auf. „Margit – ich habe gehört, daß man zdravi oder prost nur sagt, wenn man Alkohol trinkt! Ist in Deinem Kaffee etwa...?" „Keine Angst, Ennio, das ist ganz normaler Kaffee. Das erinnert mich an eine Episode auf meiner ersten Nordkapreise. Eine Beifahrerin - ich kenne ihren Namen nicht, und auch ihr Aussehen ist mir entfallen - feierte ihren 22. Geburtstag. Darauf muß man anstoßen. Da ich mit den damaligen norwegischen Gepflogenheiten schon sehr vertraut war, organisierte ich eine Riesenkanne Kaffee, und alle Motorradfahrer ließen die Beifahrerin hochleben. Seither sag ich auch jedes Mal, wenn ich Kaffee im Becher trinke, prost, zdravi oder auch skål. Und jetzt komm, ich zeig Dir was!"*

*Ein Denkmal, das an einen Grabstein gemahnt, erinnert an Herrn Alexander Dubček. Wie oft mir mein Freund und Benzinbruder Strolchi von diesem Platz erzählt hat, weiß ich nicht mehr so genau.*

*Tatsache ist, daß hier das Leben des tschechoslowakischen Politikers Alexander Dubček am 1. September 1992 zum Teil endete. Zwei Monate und sieben Tage kämpfte er, unterstützt von den besten Ärzten seines Landes, um sein Leben - doch der Oberste Verkehrsrichter, der unser aller Leben in seinen Händen hält, hatte es anders beschlossen...*

~ ❃ ~

*Alexander Dubček wurde am 27.11.1921 in Uhrovec in der Westslowakei geboren, wanderte 1925 mit seinen Eltern nach Rußland aus, kehrte 1938 in die Tschechoslowakei zurück und lernte Maschinenschlosser. Von 1941 an war er Facharbeiter in den Škoda-Werken im slowakischen Dubnica. (Mein bester Freund und Benzinbruder Strolchi ist übrigens ganz begeistert, weil Herr Dubček bei den Škoda-Werken gearbeitet hat.) Ab 1945 war Herr Dubček Schlosser in einer Hefefabrik in Trenčin, das auch in der heutigen Slowakei liegt. Ab 1949 ging's mit ihm politisch bergauf, er wurde zuerst Erster Sekretär des Bezirksparteikomitees von Trenčin, und so ging es weiter auf der Karriereleiter. Herr Dubček wurde der mächtigste Mann des Landes.*

*Im Jänner 1968 wurden Reformprozesse eingeleitet: Die Gesellschaft sollte liberalisiert werden, 'damit der Sozialismus ein menschliches Antlitz bekommt'. Unter anderem wurde die Zensur abgeschafft und den Bürgern Versammlungsfreiheit garantiert. Der Prager Frühling hatte begonnen! Alexander Dubček wurde weltweit zur berühmten, leider tragischen Leitfigur des Prager Frühlings: In der Nacht vom 20. zum 21. August 1968 besetzten Truppen des Warschauer Paktes das Land und beendeten den Prager Frühling gewaltsam. Klar, daß Alexander Dubček für den Versuch, dem Kommunismus in den Ostblock-Ländern ein menschliches Gesicht zu geben, in Ungnade fiel. (Detail am Rande: Meine Margit war damals 18 Jahre alt und demonstrierte gemeinsam mit vielen anderen jungen Menschen, die das Vorgehen der Warschauer Pakt-Truppen zum Kotzen fanden, vor der Botschaft der Tschechoslowakei in Wien. Es war lediglich eine Sympathiekundgebung für die Tschechoslowakei, ohne Haßtiraden gegen die Warschauer Pakt-Staaten, aber die Demo wurde trotzdem, warum auch immer, von der Polizei aufgelöst. Ich kann mir sehr gut vorstellen, wie meine Margit ihr scharfes Maul gewetzt hat, rotzfrech wurde und daraufhin mit etlichen anderen Aktivisten die Arrestzelle teilen mußte! Aktivisten werden immer erkennungsdienstlich behandelt und, wenn nichts gegen die jeweiligen Personen vorliegt, wie meine Margit wieder freigelassen.)*

*Im Dezember 1989, als es in allen kommunistischen Ländern zur sanften Revolution gekommen war, als Menschen auf dem Václavske Náměsti in Praha die schwerbewaffneten Soldaten mit den Blumen in ihren Händen besiegten, wurde auch Alexander Dubček rehabilitiert. Doch irdische Macht schützt nicht gegen das, was der Oberste Verkehrsrichter beschließt: Am 1. September 1992 passierte dieser schreckliche Unfall: Es regnete in Strömen, die Straße war naß und glitschig, große Aquaplaning-Gefahr! Doch Dubčeks Chauffeur scherte sich einen blauen Teufel um die Sicherheit, stieg voll aufs Gas - bumm! Auto in tausend Fetzen, was mit der Wildsau von Chauffeur passiert ist, wußte Margit nicht mehr. Alexander Dubček wurde in das beste Krankenhaus in Prag eingeliefert. Daß die besten Ärzte des Landes um sein Leben kämpften, drauf kannst Du einen lassen. Aber es war vergebens, der große, alte Herr da oben hatte beschlossen, Alexander Dubček zu sich zu nehmen. Alexander Dubček starb am 7. November 1992 an den Folgen dieses Unfalls...*

*Das alles passierte lange vor meiner Zeit. Aber nur wer die Vergangenheit kennt, kann die Gegenwart verstehen und vielleicht die Zukunft verbessern.*

*Wir fuhren weiter die D1 entlang. Die Landschaft zog an uns vorbei. Der Regen hatte doch noch eine Möglichkeit gefunden, nach Tschechien einzureisen. Wir konnten es nicht ändern...*

*Zentral im westlichen Tschechien, rund 40 km vor der Einmündung der Moldau bei Mělnik in die Elbe, die in Tschechien 'Labe' heißt, liegt die goldene Stadt Prag. Der Name 'Goldene Stadt' bezieht sich auf die Sandsteintürme, die bei Sonneneinstrahlung in Goldtönen schimmern. Eine weitere Erklärung ist, daß Kaiser Karl IV. die Türme der Prager Burg vergolden ließ. Außerdem unterstützte Rudolf II. mehrere Alchimisten bei der Suche nach Gold.*

*Prag, in der Landessprache 'Hlavní město Praha', ist die Hauptstadt und gleichzeitig die bevölkerungsreichste Stadt der Tschechischen Republik. Das KFZ-Kennzeichen ist A und die übliche Buchstaben-Nummern-Kombination.*

*Die Besiedlung des Gebietes von Prag und Umgebung reicht bis in die Altsteinzeit (Paläolithikum) zurück. Das Prager Becken gehörte während der gesamten Ur- und Frühgeschichte zu den am dichtesten und fast durchgängig besiedelten Landschaften Böhmens. Bis 50 v.Chr. siedelten hier die keltischen Boier, danach mehr als 500 Jahre die germanischen Markomannen. Erste slawische Gruppen stießen ab der zweiten Hälfte des 6. Jahrhunderts in das Gebiet vor.*

*Für die Namensherkunft von Praha, Prag oder lateinisch Praga gibt es mehrere Theorien: Die erste, eine mythologische, besagt, daß die Stadtgründerin Libuše ihr Gefolge in einen Wald schickte, um aus einem Baum eine Türschwelle zu schlagen. An dieser Stelle soll dann durch Libuše Prag gegründet worden sein: Das tschechische Wort für (Tür-)Schwelle ist 'práh'. Der Chronist Cosmas übernahm diese Theorie in einer seiner Chroniken.*

*Die älteste schriftliche Überlieferung liegt mit der Christianslegende vor, die zwischen 992 und 994, möglicherweise im Kloster*

*Břevnov, entstand. Nach ihr lebte das heidnische Volk der Tschechen ohne Gesetz und ohne Stadt, wie ein ‘unverständiges Tier‘, bis eine Seuche ausbrach. Auf den Rat einer namenlosen Wahrsagerin gründeten sie die Prager Burg und fanden mit Přemysl einen Mann, der mit nichts als dem Pflügen der Felder beschäftigt war. Diesen setzten sie als Herrscher ein und gaben ihm die Wahrsagerin zur Frau. Diese beiden Maßnahmen befreiten das Land von der Seuche, und alle nachfolgenden Herrscher stammten aus dem Geschlecht des Pflügers.*

*In der Chronica Boemorum des Cosmas von Prag vom Beginn des 12. Jahrhunderts ist die nun Libuše genannte Wahrsagerin Tochter des Richters Krok (des Nachfolgers vom Urvater Čech), jüngste Schwester der Heilkundigen Kazi und der Priesterin Tĕta. Sie wird von ihrem Vater als Nachfolgerin im Richteramt bestimmt. Die Hochzeit mit Přemysl ist laut Cosmas die Folge eines mißglückten Schiedsspruchs, weil sich der Unterlegene beschwert, daß er sich der Macht einer Frau beugen muß. Die beleidigte Richterin teilt daraufhin dem Volk mit, wo es den neuen Herrscher zu suchen hat und wie er heißt. Nach der Hochzeit mit Přemysl fordert Libuše das Volk auf, Prag zu gründen. Die endgültige Unterwerfung der Frauen findet aber erst nach dem Tod von Libuše im Krieg der Geschlechter statt.*

*Wissenschaftliche Versuche, den Stadtnamen zu erklären, gehen in eine ähnliche Richtung. Sie beziehen sich auf den Fluß Moldau, der durch Holzbalken (oder Schwellen) begradigt wurde.*

*Einer weiteren, eher als unwahrscheinlich angesehenen Theorie nach besteht ein Zusammenhang mit dem Wort 'pražit' (=brennen) brennen bzw. 'vyprahlý' (vertrocknet). Entweder wurde der Wald, an dessen Stelle Prag entstand, vorher durch Feuer gerodet oder die Sonne brannte dort besonders stark.*

*Im 9. Jahrhundert wurde die Prager Burg mit der Vorstadt im Bereich der heutigen Malá Strana, der Kleinseite, im 10. Jahr-*

*hundert eine zweite Burg auf dem Vyšehrad als Sitz der Přemysliden angelegt. Nach Errichtung von zwei Burgen durch die Přemysliden im 9. und 10. Jahrhundert kamen jüdische und deutsche Kaufleute ins Land. Um 1230 wurde Prag zur Residenzstadt des Königreiches Böhmen, im 14. Jahrhundert als Residenzstadt des Heiligen Römischen Reiches zu einem politisch-kulturellen Zentrum Mitteleuropas.*

*Im Schutz der beiden Burgen entwickelten sich auf beiden Seiten der Moldau Ansiedlungen einheimischer Handwerker sowie deutscher und jüdischer Kaufleute. Um 1230/1234 ließ Wenzel I die größte dieser Siedlungen an der Moldaubiegung befestigen und erteilte ihr das Stadtrecht. Damit wurde Prag zur königlichen Residenzstadt der böhmischen Herrscher. Sein Sohn Přemysl Ottkokar II vertrieb die am anderen Moldauufer unterhalb der Burg ansässige tschechische Bevölkerung und gründete 1257 die erste Prager Neustadt, die Kleinseite - heute Malá Strana.*

*Als dritte Prager Stadt wurde vor 1320 die von den Burggrafen abhängige 'Hradschin-Stadt', auch Burgstadt, Hradčany, unmittelbar westlich der Burg angelegt. Der an die Burg angrenzende Stadtteil Hradčany (Hradschin) wurde wahrscheinlich 1320 vom Burggrafen Hynek Berka als dritte Prager Stadt nach der Altstadt und der Kleinseite gegründet. Anders als die übrigen Prager Städte war sie jedoch keine freie Stadt, sondern unterstand bis 1597 dem Burggrafen.*

*Am 26.3.1348 wurde in Prag der Grundstein für die Stadtmauer gelegt; im gleichen Jahr wurde gleichfalls in Prag die erste Universität Mittel- und Osteuropas gegründet. Über Jahrhunderte hinweg war Prag eine Multi-Kulti-Stadt, in der sich böhmische, deutsche und jüdische Kultur begegneten und gegenseitig inspirierten.*

*Heute zeigt die 'Goldene Stadt' ein geschlossenes, von Gotik und Barock geprägtes Stadtbild.*

*Bis wir im Arpacay Backpackers Hostel (Rucksacktouristen-Herberge) einchecken konnten, sollte noch eine Menge Zeit vergehen. Margit war nämlich bei der Ausfahrt 'Centrum' abgefahren. Welche Abfahrt meine Margit wirklich hätte nehmen müssen, konnte ich nicht in Erfahrung bringen, 'Centrum' war jedenfalls der falsche Weg. Ich überlege ernsthaft, ob ich meiner Margit zu ihrem 67. Geburtstag ein Navi schenken soll.*

*Mittlerweile hatte es wieder zu regnen begonnen. Nach mehr als einer Stunde wurde es Margit zu blöd: Sie ersuchte eine junge Dame, für sie ein Taxi zu rufen. Dieses Taxi sollte uns in die Nerudová Ulice, also in die Neruda-Straße, lotsen.*

*Wie perfekt Margits Tschechisch geworden ist, kann ich nicht beurteilen. Tatsache ist, die junge Dame hatte sofort verstanden, was meine Margit wollte, und die beiden Frauen hatten nur tschechisch miteinander gesprochen! Auch dem Taxifahrer hat meine Margit ihre Wünsche auf Tschechisch erklärt. Ich staunte: Der Taxifahrer lächelte übers ganze Gesicht und erklärte meiner Margit, er würde besonders langsam fahren, die Straße sei naß, und in der gesamten Kleinseite gibt es nur Kopfsteinpflaster. Dann startete meine Margit meinen Motor an und wir düsten im rasenden Tempo von 30 km/h durch Prag. Einige Taxis begegneten uns, die uns freundlich zublinzelten. Nun dauerte es nur noch knappe 10 Minuten, dann tasteten wir uns vorsichtig hinter dem freundlichen Taxi die steile Nerudová hinauf. Zwei Häuser oberhalb des Arpacay Backpacker Hostel hielt das Taxi an.*

*Margit tat das, was getan werden mußte: Sie bezahlte den Taxifahrer und legte, wie es sich gehört, aber in Tschechien nicht üblich ist, ein ordentliches Trinkgeld drauf. Schließlich waren wir dem Taxler sehr dankbar, und in Tschechien richtet sich der Fuhrlohn nicht nach der FahrZEIT, sondern nach der gefahrenen STRECKE.*

*Der Taxi-Fuhrlohn in Österreich hingegen wird unter anderem nach Zeit berechnet.*

*Nun war aber ein neues Problem aufgetaucht: Wir standen zwei Häuser oberhalb der Unterkunft. Die Straße war naß und so steil, daß man schon verdammt steil sagen muß, das Kopfsteinpflaster war der blanke Horror und ich fühlte Margits Müdigkeit. Das hatte auch ein Rudel junger Tschechen mitbekommen, die mein österreichisches Kennzeichen gesehen hatten. Ich bin froh, daß sie in Augenblick nichts Wichtigeres zu tun hatten, als Margit auf Deutsch zu fragen, ob sie Hilfe brauche. „Ja, bitte“, freute sich meine Margit, „ich habe bei Arpacay ein Bett gebucht, aber von Wien herauf ist es weit, und ich fühle mich einigermaßen müde.“ „Das war nicht zu übersehen“, erklärte einer der jungen Männer in jenem wunderbar 'behmisch' eingefärbten Deutsch, das Margit sehr mag, weil es sie an ihre Babička erinnert und das die Wiener so schätzen, wenn Fritz Muliar im Theater den braven Soldaten Schwejk gespielt hatte.*

*So schnell konnte ich gar nicht schauen, hatten mich zwei der jungen Männer geschnappt, gewendet und in den Durchgang des Arpacay gestellt. Margit hätte die jungen Männer quasi als Dankeschön noch gerne auf etwas eingeladen, aber plötzlich hatten sie es eilig...*

*„Margit“, wollte ich mich noch schnell vergewissern, “ist die Nerudová nach Pablo Neruda benannt?“ „Ennio, Schatz, das kann ich mir nicht vorstellen. Aber schau'n wir mal!“ Mit diesen Worten schnappte sich meine Margit unseren Laptop, schloß das Internet an und begann zu suchen. Schon bald wurde sie fündig:*

„Der chilenische Nobelpreisträger für Literatur, Neftali Ricardo Reyes Basualto, soll einer Legende nach den Nachnamen seines Pseudonyms Pablo Neruda in Anlehnung an den tschechischen Schriftsteller Jan Neruda gewählt haben“, las ich meinem zweirädrigen Lebensgefährten vor. „Neueren Forschungen nach ehrte er mit der Wahl des Pseudonyms die aus Brünn stammende

Violinistin Wilhelmine Neruda, Schwester des Musikers Franz Xaver Neruda (1843–1915)." Hoppla, da kann was nicht stimmen, fiel mir auf, eine Frau heißt sowieso Nerudová. OK, dann unter 'Nerudová' schauen, dachte ich laut.

„Ja, da haben wir's! Die steile Nerudová ist nach dem tschechischen Dichter Jan Neruda bekannt. Der wurde am 9. Juli 1834 auf der Prager Kleinseite (Malá Strana) in der steil ansteigenden Spornergasse Nr. 233, die später nach ihm in Nerudová ulice umbenannt wurde, im Haus zu den zwei Sonnen als Sohn eines Kleinhändlers geboren. Zu seiner Mutter ist nichts bekannt. Neruda war ein böhmischer Journalist und Schriftsteller von internationalem Rang.

Im Haus 'Zu den zwei Sonnen' verbrachte Jan Neruda mit Unterbrechungen fast sein gesamtes Leben.

Obwohl er aus einfachen Verhältnissen stammte, absolvierte Jan Neruda ab 1845 ein Akademisches Gymnasium und studierte einige Semester an der philosophischen Fakultät der Karls-Universität Prag, die bekanntlich die älteste Universität Mitteleuropas ist. Vorübergehend arbeitete er als Lehrer und bei Tageszeitungen. Ab 1856 war Neruda Mitarbeiter des deutsch-sprachigen Tagesboten aus Böhmen, ab 1865 bis 1891 Redakteur der bedeutenden liberalen tschechischen Zeitung Národní listy. Später arbeitete er bei Obrazy domova (Bilder der Heimat) und Čas (Zeit). Auch war Neruda Mitbegründer der literarischen Zeitschriften Kvety und Lumir sowie der Lyrikreihe Poeticke besedy. Seit Ende der 1850er-Jahre stand er im Zentrum des tschechischen kulturellen Lebens, geriet aber in den 1880er Jahren, schwer erkrankt, zunehmend in Vereinsamung und wirtschaftliche Not.

Im Lauf seines Lebens schrieb Jan Neruda über 2000 Feuilletons, veröffentlichte Gedichte, Dramen, Reisebeschreibungen, Kunstkritiken, sympathisierte mit der Künstlergruppe Májovci, fühlte sich der Aufgabe der tschechischen nationalen Wiedergeburt verbunden und schätzte die Romane seines Zeitgenossen Jules Verne. 1871 wurde er von nicht näher bekannten Institutionen als Verräter der Nation bezeichnet. Daraufhin verließ er Prag und reiste durch andere Länder der Österreichisch-Ungarischen Monarchie, kam nach Wien und Graz und war, wie seinen Reiseberichten aus dieser Zeit zu entnehmen ist, auch in Deutschland, Frankreich, Ungarn, Italien, Griechenland und Ägypten. Diese Reiseberichte stellen ein interessantes Zeugnis über sein Leben und die zeitgenössische Gesellschaft dar.

Jan Neruda blieb unverheiratet, widmete jedoch seiner ersten Jugendliebe Anna Holinová viele seiner Liebesgedichte. Eine weitere Liebe war die verheiratete Schriftstellerin Karolína Světlá, die er als ideale Frau bezeichnete. Die dritte von ihm geliebte Frau, der er mehrere seiner Publikationen widmete, war Terezie Marie Macháčková (1847–1863), Tochter des Beamten und Politikers Josef Macháček, die nach kurzer Bekanntschaft im Alter von 16 Jahren starb. Mit 50 Jahren soll er sich in ein junges Mädchen namens Božena verliebt haben.

Da sich Neruda Zeit seines Lebens verkannt fühlte, entwickelte er eine ablehnende Haltung gegenüber seinen Mitmenschen. Die wurde durch eine schwere Erkrankung verstärkt. Er hatte Alkoholprobleme und lebte sein ganzes Leben lang in wirtschaftlich bedrängten Verhältnissen.

Die Armut ist in allen Publikationen des Jan Neruda ein wiederkehrendes Motiv. Nostalgisch verklärende Elemente wechseln sich hierbei mit dem Gefühl von Bedrückung, Entfremdung und Lebendig-Begrabenseins ab. Ab den 1860er Jahren veröffentlichte er mehrere antijüdische Texte. In der (an Richard Wagners Aufsatz 'Das Judenthum in der Musik' angelehnten) Publikation 'Die Angst vor dem Judentum' (Pro strach židovský) (1869) unterstellte Neruda den Juden eine aufgrund ihrer angeblichen Affinität zum Geld gefährliche, die ganze Welt bedrohende Macht, forderte die Völker auf, sich gegen diese 'Gefahr' (vor allem wirtschaftlich) enger zusammenzuschließen, und vertrat eine 'Emanzipation weg vom Judentum'.

„Scheiß-Antisemit", knurrte ich unwillig vor mich hin.

Durch Jan Neruda wurde eine besondere Art von Realismus in die tschechischsprachige Literatur des 19. Jahrhunderts eingeführt. Sein selbstbewußtes journalistisches Engagement drückte er durchaus modern und allgemeingültig mit den Worten aus: „Es ist vor allem notwendig, daß wir lernen, die Menschen zu verstehen, daß wir ihre Nöte, Ihre Freuden und Leiden studieren. Wir brauchen also zum Beispiel in der Hauptsache getreue Erzählungen aus dem Leben, Bilder von Menschen aller Schichten, Sammlungen wahrhaftiger Beispiele einer nicht erdachten und wirklichen Erfahrung."

Jan Neruda starb am 22. August 1891.

Also, nicht Pablo, sondern Jan Neruda", lächelte ich Ennio an, „A propos: Hast Du was dagegen, wenn ich mir heute Abend im Restaurant U Fleků ein Bierchen genehmige?"

„Liebste Margit, wenn Du mir morgen frei gibst, genehmige ich Dir heute Abend drei Bier", grinste Ennio frech, „aber laß Dir genau erklären, wie der Aufzug funktioniert."

Mein geliebter Ennio hatte recht: Mit drei Bier in Bauch und Hirn schaffe ich die zwei Stockwerke nie, oder nur auf allen Vieren... So nahm ich ein paar Sachen aus Ennios Tasche und schaute, daß ich mich zuerst ins Zimmer, danach unter die Dusche verfrachten konnte, um mich stadtfein zu machen.

Zuvor mußte ich aber noch einchecken. Das war keine Hexerei, da mein Name auf der Gästeliste stand und ich dieses Bett in einem Schlafsaal schon lange vor unserer Reise gebucht hatte. Eine Stunde später konnte ich, geduscht, geschnäuzt und gekämmt, das Abenteuer 'U Fleků' in Angriff nehmen. Ich bat die junge Dame, die am Eingang Dienst machte, mir ein Taxi ‚zum Fleck' zu rufen.

~ ❀ ~

*Ich wußte genau, wo meine Margit den heutigen Abend verbringen wollte. U Fleků, auf Deutsch 'Zum Fleck', ist ein im Jahre 1499 gegründetes Prager Brauhaus in der Neustadt, Křemencová 11. Wäre Margit zu Fuß unterwegs gewesen, hätte sie nur auf die historische Uhr vor dem Eingang achten müssen, um das Lokal nicht zu verfehlen. Aber da meine Margit sowieso auch auf dem Weg zum Fleck mit dem Taxi unterwegs war, war die Sorge illusorisch, daß sie sich in Prag verlaufen könnte.*

*An und für sich bin ich dagegen, daß Margit Alkohol trinkt, und sie tut es für gewöhnlich auch nicht. Aber heute machte sie eine Ausnahme. Ein Besuch beim Fleck, ohne Bier zu trinken, ist sowieso sinnlos. Das Bier, genannt Flekovský Tmavý Ležák 13°, ist ein dunkles Lagerbier mit 13° Stammwürze und angeblich 4 Vol% Alkohol. Es wird ausschließlich im Fleck gebraut und größtenteils auch dort getrunken.*

*Zum Mitnehmen sind meines Wissens auch Flaschen erhältlich. Aber das würde meine Margit heute bestimmt nicht machen. Nun, vielleicht würde sie auf dem Rückweg ein oder zwei Flaschen als Mitbringsel für gute Freunde mitnehmen, aber selbst eine einzige Flasche Flekovský Tmavý Ležák 13° macht am Nordkap wenig Sinn.*

*Soweit mir bekannt ist, werden kalte und warme Speisen serviert. Wenn es keinen Räucherlachs gibt (was ich stark vermute), wird sich meine Margit bestimmt eine Portion Prager Schinken (Pražská Šunka) zwischen die Kiemen schieben.*

*Im Fleck gibt es zwei rechts und links vom Eingang liegende Gasträume, und hinter dem Haus im Innenhof befindet sich ein Biergarten, der ausschließlich in den warmen Monaten geöffnet ist. In den kalten Monaten müssen die Sünder (Raucher) vor dem Haus stehen. Neuesten Erkenntnissen zufolge sterben Raucher sowieso nicht an Krebs; sie erfrieren vor der Kneipe.*

~ ❋ ~

Zur musikalischen Unterhaltung, so hatte ich erfahren, wird tschechische und deutsche volkstümliche Musik gespielt. Als der Akkordeonspieler 'Lustig ist das Zigeunerleben' intonierte, war es mir unmöglich, den Mund zu halten! Und dann – ich konnte es nicht glauben – folgte 'When the saints go marching in' – Gospel war angesagt! Mir taugte die Tonlage, mir taugte einfach alles! Zwischendurch nahm ich den einen oder anderen Schluck von meinem Flekovský Tmavý Ležák 13°. Meinen Pražská Šunka hatte ich schließlich schon verputzt. Dann hatte der Akkordeonspieler noch 'Kum ba ya' in einer überdrübersupermäßigen Tonart, die mir ermöglichte, die Oktaven zu wechseln wie eine dreckige Unterhose, im Programm! Ich fühlte mich rundherum glücklich…

Dann machte der erste Akkordeonspieler Pause. Wenig später kam ein anderer Musikant mit einer diatonischen Harmonika. Daß er sofort zu meinem Tisch kam und 'La Paloma' spielte, war höchstwahrscheinlich kein Zufall, er mußte mit seinem Kollegen gesprochen haben. Offensichtlich wollte der Musikant eine Sängerin dabei haben. Er spielte 'La Paloma', und mir persönlich ist der Text á la Hans Albers am liebsten! Dieses Lied hatten Papschi und ich oft gesungen, wenn wir auf dem Bock gesessen hatten und die Landschaft an uns vorbeigezogen war…

Nach ungefähr drei Stunden und insgesamt drei Bier bekam ich die Bettschwere. Drei Bier sind, wenn man es nicht gewöhnt ist und für gewöhnlich nur alkoholfreies Bier trinkt, ganz schön viel. Ich verabschiedete mich von den Musikanten, zahlte und bat die Dame an der Rezeption, für mich ein Taxi zu rufen. Ich muß zugeben, ich war nicht mehr sehr trittsicher und hatte ganz schön einen sitzen…

~ ❋ ~

Zu meinem Entschluß, mit dem Taxi in mein Quartier zu fahren, konnte ich mir nur gratulieren: Mein Schritt war mehr als unsicher, was bei Kopfsteinpflaster und steilen Straßen á la Nerudová sicher und heilig dazu geführt hätte, daß ich bestenfalls auf allen Vieren die Nerudová hochgekrochen wäre. Im schlechtesten Fall führt ‘sowas‘ zu Gipshaxen…

Ennio feixte über den ganzen Scheinwerfer, als er mich daherwackeln sah: „Jetzt aber husch-husch ins Bett“, meinte mein zweirädriger Lebensgefährte, „und schlaf Deinen Rausch aus! Himmel, Donnerwetter, wie bin ich froh, daß Du sonst keinen Alkohol trinkst…!“ Und dann sagte er mehr zu sich: „Ich hätte ihr doch nur ein Bier erlauben sollen.“

*Den ‘Blechstrauch’ an der A22 hat Sonja Kramer fotografiert.*
*Danke, Sonja, daß Du meiner Margit dieses Foto zur Verfügung gestellt hast!*

*‘Oberinspektor Václav’ (Skoda Superb) und ich*

*‘Frau Darker’*

Erinnerung an ein tragisches Ende

Nerudová ist steil!

Arpacay Hostel

Ennio ist auch müde!

*Flekovský Tmavý Ležák 13°*
(Fleck's dunkles Bier)

*Pražská Šunka*
(Prager Schinken)

Der Innenhof

Die Theke

In Böhmen wohnt die Musik!

Er spielte 'La Paloma'
(und Margit hat bestimmt gesungen.)

*3. Kapitel - 2. Reisetag – Info-Tag:*

# Prag - eine Stadt zum Verlieben

***Pražský Orloj – Die Astronomische Uhr am Altstädter Rathaus***

## ***Montag, 13.6.:***

| | |
|---|---|
| *Geplante Strecke:* | *Quer durch Praha* |
| *Gefahren:* | *Überhaupt nicht, ich habe Ruhetag* |
| *Aktivitäten:* | *Stadtbesichtigung: Hradschin, Karlsbrücke, Rathausuhr; (Der Wenzelsplatz war Margit dann doch zu viel.)* |

~ ❃ ~

Am Montag, den 13.6., hatte ich keinerlei Nachwirkungen von meinen drei Bier vom Vorabend. Ennio schlief sich nach den Strapazen vom Vortag gründlich aus und genoß den tags zuvor versprochenen freien Tag. Mehr als 300 km an einem Tag zu fahren und dazu noch jede Menge Gepäck inklusive meiner 80 kg Lebendgewicht zu schleppen ist, wenn man es nicht gewohnt ist, ganz schön anstrengend. Daß Ennio einen ganzen Traumwald abgesägt hätte, ist natürlich Verleumdung und gelogen. So begann ich, Prag unsicher zu machen.

Zu allererst wollte ich die nächstgelegenste Sehenswürdigkeit begutäugeln, und das war der Hradschin – Hradčany - rund um die Prager Burg herum. Die lag noch ein paar Höhenmeter oberhalb der Nerudová.

Nach der Biegung in der Mitte des zweiten steilen Weges hatte ein Straßenmusikant mit seiner Gitarre Aufstellung genommen. Als ich in die Nähe kam, spielte er 'Country Roads'! Soll ich überhaupt noch erwähnen, daß ich mich einfach neben den Musikanten stellte und lauthals die Truckerhymne sang? Meine gute Laune kannte keine Grenzen mehr! Ich ließ ein 50-Kronen-Stück (ungefähr 2 Euro) auf seinen Gitarrensack fallen, sagte „Diky, nashledanou"

(Danke, auf Wiedersehen) und marschierte weiter das Kopfsteinpflaster entlang – Hradčany entgegen.

Am Ende des steilen Straßenstücks erwartete mich ein wunderschönes Panorama. Leider drohte der Himmel mit Wolken, die sich alsbald über Prag ergießen wollten. Aber was soll's, wer naß wird, trocknet auch wieder.

Hradčany (deutsch: Hradschin; Bedeutung: Burgstadt oder Ort bei der Burg), also, 'Hradčany' bezeichnete ursprünglich die westlich neben der Prager Burg (Pražský hrad) gelegene Stadt, die sich um die Burg bildete. Im Deutschen, speziell in Wien, hat sich im Unterschied zur tschechischen Sprache eingebürgert, als 'Hradschin' die Prager Burg zu bezeichnen.

Auf dem Platz vor der Prager Burg herrschte großer Trubel: Ströme von Touristen wollten die Prager Burg besichtigen, es herrschte ein Kommen und Gehen.

Als ich mich umwandte, sah ich zunächst drei, wenig später alle vier Musiker. Anders als andere Musikanten spielten sie zwar tschechische Volksmusik, aber mit großer Affinität zur so genannten Klassischen Musik.

Aber dann! Auf einmal intonierte der Klarinettist 'Die Moldau' (Vltava) von Bedřich (Friedrich) Smetana! Erinnerungen wurden wach: Als Sechsjährige durfte ich endlich nach langem Bitten und Betteln ein Musikinstrument, die Blockflöte, spielen lernen. Ob es vor meinem ersten Blockflötenunterricht oder danach gewesen war, kann ich heute, ungefähr 60 Jahre danach, nicht mehr sagen, ich hatte dieses wunderschöne Musikstück gehört und brachte die Melodie nicht mehr aus meinem Kopf. Tatsache ist, ich hatte bald darauf geradewegs auf krummen Wegen von einer Nachbarin, der 'Tante Toni', Leiterin einer Damenkapelle, die Noten der 'Moldau' von Friedrich Smetana erobert und übte fortan diese Melodie fleißig auf meiner Blockflöte – sehr zum Mißvergnügen meiner Mutter...

Die Moldau, gespielt vor der Prager Burg! Die Moldau, gespielt in der Stadt, in der die Moldau, auf gut Tschechisch Vltava, zu Hause ist! Bei diesen schönen Erinnerungen konnte ich nicht verhindern, daß mir Tränen der Freude übers Gesicht liefen. Irgendwann, das wußte ich, wollte ich zu Hause meine Blockflöte aus dem Etui nehmen, ölen und...

Der Spaß war noch nicht zu Ende. Als ich das Objektiv meines Fotoapparates suchend durch die Gegend bewegte, war mir etwas aufgefallen: Ein mit rotem Tuch verhüllter Sessel, daneben eine maskierte Gestalt, angetan mit einem Gewand, wie sich die kleine Margit in frühesten Kindertagen einen König vorgestellt hat.

Ich trat näher. Der Maskierte winkte mir einladend mit der Hand. Dieser schlaue Bursche hatte doch tatsächlich eine 'Marktlücke' entdeckt! Ich nahm Platz auf dem 'Königsthron', er drückte mir eine Krone aus Papier - koruna z papirou - auf mein ergrauendes Haupt, bat eine zufällig vorbeikommende Touristin, den Auslöser meines Fotoapparates zu drücken und arrangierte drei verschiedene Fotos.

Wie auch immer: An diesem Montag in Prag fühlte ich mich wahrhaftig königlich, die 50- bzw. 20-Kronen-Stücke - grob umgerechnet 2 Euro bzw. 70 Cent - saßen mir ziemlich locker in der Tasche. Hätte ich mich anders verhalten, wenn ich gewußt hätte, wie tief ich schon am nächsten Tag fallen sollte?

~ ❋ ~

Der an die Burg angrenzende Stadtteil Hradčany (Hradschin) wurde wahrscheinlich 1320 vom Burggrafen Hynek Berka von Dubá nach der Altstadt und der Kleinseite als dritte Prager Stadt gegründet. Anders als die übrigen Prager Städte war sie jedoch keine freie Stadt, sondern unterstand bis 1598 den Burggrafen. Anfangs hatte die Ansiedlung nur den Raum um den Hradschiner Platz, heute Hradčanské náměstí, eingenommen. Unter Karl VI. wurde die

Stadtanlage erweitert und in den gemeinsamen Mauerring mit der Kleinseite (Malá Strana) einbezogen.

Nach dem verheerenden Brand im Jahre 1541 erlebte die Stadt eine völlige Umgestaltung durch den Bau von Palästen für den Klerus (Erzbischof und Domherren) und den Adel. Wichtige böhmische Adelsfamilien wie die Salms, die Schwarzenbergs, die Czernins und Lobkowicz' errichteten hier ihre prachtvollen Paläste. Nur die Anlage des Marktes beziehungsweise Platzes selbst blieb weitgehend unverändert.

Im Jahre 1598 wurde die Hradschin-Stadt durch Rudolf II. zur königlichen Stadt erhoben.

Schon gestern waren mir in den Straßen Prags häufig Oldtimer aufgefallen. Das Kennzeichen machte einen sehr neuen, modernen Eindruck.

Wieso fahren diese Oldtimer an einem gewöhnlichen Tag durch Prag? Hatte ich etwa eine Oldtimer-Rallye versäumt? Soweit mir bekannt ist, dürfen echte, als Oldtimer angemeldete Kraftfahrzeuge in Tschechien nur zu besonderen Anlässen auf die Straße! Außerdem fiel mir auf, daß in diese Oldtimer ständig Touristen einstiegen. Oldtimer als Taxi? Das Taxigeschäft hält kein Oldtimer auf die Dauer aus! Meine Frage an einen der Oldtimer-Chauffeure klärte die Sache: Das Innenleben der Oldtimer ist das eines normalen, modernen Autos mit der Karosserie eines Oldtimers. Man erzeugt diese Oldtimer in Tschechien. Leider habe ich die Frage versäumt, wo die Karosserien hergestellt und welche Motoren verwendet werden.

~ ❃ ~

Nach einer gemütlichen Zigarette auf einer Bank inmitten des Hauptplatzes von Hradčany wandte ich mich zum Gehen. Schließlich wollte ich heute noch die Karlsbrücke, die Altstädter Rathausuhr und den Wenzelsplatz besuchen. Ich folgte dem

Wegweiser Richtung Karlův most und wackelte die Nerudová bergab. Obwohl ich heute stocknüchtern war, bereitete mir das Kopfsteinpflaster Schwierigkeiten.

Unterwegs begegnete mir der Touristenzug. Meine Überlegung, ob die Zugmaschine aus der gleichen Firma wie die Oldtimer stammte, war müßig. Ich wackelte und wackelte bis ans Ende der Nerudová, immer dem Wegweiser Karlův most folgend, während mir wieder und wieder diese komischen zweirädrigen Gefährte, Segways genannt, begegneten. Das sind elektrisch angetriebene Einpersonen-Transportmittel mit zwei auf derselben Achse liegenden Rädern, zwischen denen die beförderte Person steht. Durch die elektronische Antriebsregelung hält sich das Gefährt selbst in Balance. Der Fahrer steht auf einer Plattform zwischen zwei nebeneinander angeordneten Rädern und hält sich an einer Lenkstange fest. Jedes Rad, hat man mir erklärt, wird per Einzelantrieb von einem separaten Elektromotor angetrieben. Unterschiedliche Drehzahlen der Räder ermöglichen eine Kurvenfahrt wie bei Kettenfahrzeugen.

Ich fragte mich, ob es diese Gefährte auch in Ungarn gibt. Falls ja, so nahm ich an, dann bestimmt nicht unter dem Namen Segway! Segway hört sich sehr ähnlich wie das ungarische Wort 'seggfej' an, und das bedeutet schlicht und einfach Arschloch.

Das Fahrzeug, hab ich mir sagen lassen, ist selbstbalancierend. Ein elektronischer Regelkreis läßt den Segway automatisch in die Richtung fahren, in die sich der Fahrer lehnt. Sobald die Neigungssensoren registrieren, daß sich der Fahrer nach vorne oder hinten neigt, drehen die Räder in diese Richtung. Die Fortbewegung wird ausschließlich durch Gewichtsverlagerung gesteuert, es gibt keine Bedienelemente zum Bremsen oder Beschleunigen. Ein Schwenken der Lenkstange nach rechts oder links bewirkt die dementsprechende Kurvenfahrt. Sobald sich der Fahrer mit der Lenkstange zur Seite neigt, wird das von Sensoren wahrgenommen, das jeweilige Rad dreht sich langsamer. Ich bin sicher, mit einem Segway zu fahren benötigt einiges an Übung. Mich hatte die Funktionsweise interessiert, ausprobieren wollte ich es nicht, obwohl ich genau an der Verleihstation vorbeigekommen war.

Die Mauer, hinter der die Verleihfirma ihre Geräte aufbewahrte, war über und über mit Graffiti geschmückt, die einige Touristen asiatischer Herkunft mit allen zur Verfügung stehenden Kräften fotografierten.

Auf einem Platz an der Seite der Karlsbrücke pflanzte ich meinen Allerwertesten auf einen Sessel vor einem Restaurant und verputzte genüßlich eine Portion Lachstatar und zwei Halbe – aber Soda-Zitron. Dann machte ich mich auf, die Karlsbrücke zu betreten.

Ungefähr zehn Meter vor dem Stiegenaufgang zur Karlsbrücke behinderte mich ein Standerl mit Baumkuchen: Einen solchen Baumkuchen genehmigte ich mir zum Nachtisch. Himmel, Donnerwetter, schmeckte der gut! Dann kletterte ich die Stiegen zur Karlsbrücke hoch.

Karlův most - die Karlsbrücke - ist eine historisch bedeutsame Brücke über die Moldau. Sie verbindet die Altstadt mit der Kleinseite, wurde im 14. Jahrhundert errichtet und ist somit eine der ältesten Steinbrücken Europas. Ihren heutigen Namen erhielt sie erst im Jahre 1870. Die Karlsbrücke gilt als Wahrzeichen der Stadt und gehört zu den Nationalen Kulturdenkmälern. Über sie führte der Krönungsweg der böhmischen Könige.

Ursprünglich diente eine Furt als Übergang über die Moldau. Vermutlich seit dem 9. Jahrhundert wurde der Übergang durch Floßverkehr ergänzt. Eine hölzerne Brücke wurde erstmals im 10. Jahrhundert durch den Gesandten des Kalifen von Cordoba, Ibrahim ibn Yaqub, erwähnt. Nach wiederholten Beschädigungen wurde die Holzbrücke entweder 1157 oder 1158 durch ein Hochwasser endgültig zerstört. Zwischen 1158 und 1170 entstand die erste Prager Steinbrücke im Romanischen Stil, die Judithbrücke (Juditin most, benannt nach der Frau von Herzog Vladislav II., Judith von

Thüringen). Am 21. Juli 1342 wurde auch diese Brücke durch das Magdalenenhochwasser zerstört. (Die Bezeichnung geht auf die damals übliche Benennung der Tage nach dem Heiligenkalender zurück - hier auf den St.-Magdalenentag, den 22. Juli.) Beim Magdalenenhochwasser wurden weite Teile Mitteleuropas durch die Flüsse Rhein, Main, Donau, Mosel, Moldau, Elbe, Weser, Werra und Unstrut überschwemmt. Es handelt sich vermutlich um das schlimmste Hochwasser des 2. Jahrtausends im mitteleuropäischen Binnenland. Bei diesem Ereignis wurden an vielen Flüssen die höchsten jemals registrierten Wasserstände erreicht. Unzerstört blieben einer der beiden Brückentürme auf der Kleinseite, ein Torturm, der später in das Malteserkloster einbezogen wurde, sowie einige Pfeiler und Brückenbögen, die in Wohngebäude auf der Kleinseite integriert wurden.

Die Grundsteinlegung der Karlsbrücke erfolgte 1357 durch Kaiser Karl IV. Kleinere und größere Flutwellen und schwerer Eisgang bedrohten die Brücke immer wieder. Zuletzt wurden im Jahre 1872/74 fünf Pfeiler schwer beschädigt. 1890 stürzten zwei Pfeiler bei einer weiteren Flut durch treibende Baumstämme ein. Die Reparaturen standen unter der Leitung von Josef Hlávka und dem Wiener Professor Franz von Ržihou und zogen sich über zwei Jahre hin.

~ ❃ ~

Ich hatte den Torturm auf der Altstädter Seite der Karlsbrücke passiert und schickte mich an, die Prager Rathausuhr zu besichtigen. Allerdings hatte ich mich einige Zeit zuvor von meinem Smartphone, mit dem ich, nebenbei bemerkt, auch nach zwei Monaten nicht klar gekommen war, getrennt. Somit hatte ich auch keine Möglichkeit, im Smartphone nach dem Weg zu suchen. Die beste Alternative, die mir einfiel, war, ein Taxi aufzuhalten. Direkt zur Uhr hinfahren, erklärte mir der gute Mann, dürfe er nicht, ich müsse schon ein Stückchen gehen, während er im Auto warten wollte. Gesagt, getan. Daß es nicht 50, sondern geschätzte 250 Meter zum Objekt meiner Begierde waren, war mir, gelinde gesagt, schnuppe.

Die Prager Rathausuhr, auch Aposteluhr oder Altstädter Astronomische Uhr (Pražský orloj oder Staroměstský orloj) ist weltbekannt. Sie stammt aus dem Jahr 1410 und befindet sich an der Südmauer des Altstädter Rathauses. Dieses Meisterwerk gotischer Wissenschaft und Technik ist ein wertvolles Kulturdenkmal.

Im Jahre 1338 gestattete König Johann von Böhmen den Bürgern der Alten Stadt Prag die Errichtung eines Rathauses. Das finanzierten sie - die Bürger - aus der Weinsteuer. Der fast 70 Meter hohe Turm wurde 1364 fertiggestellt und bis ins 19. Jahrhundert erweitert und umgebaut.

Bis weit ins 20. Jahrhundert hinein nahm man an, daß die im Turm eingebaute Uhr im Jahre 1490 von einem Uhrmacher namens Jan Růže alias Meister Hanuš und seinem Gehilfen Jakub Čech gebaut worden war. Diese Information ging auf den Mechanikus Jan Táborský z Klokotské Hory (‘aus dem Klokotska-Gebirge‘) zurück, der ab 1552 eine umfangreiche Reparatur an der Uhr durchführte und Meister Hanuš in seinem Rechenschaftsbericht 'Beschreibung der Prager Turmuhr' im Jahre 1570 erwähnte. Das war wohl ein Irrtum, der in der Zwischenzeit berichtigt werden konnte: Jan Růže und Jakub Čech waren erst später am Umbau der Uhr beteiligt, nicht am Anfang als die eigentlichen Konstrukteure.

Zu den ältesten Teilen der Uhr zählt das mechanische Uhrwerk mit dem astronomischen Zifferblatt. Das Uhrwerk wurde im Jahre 1410 vom Uhrmacher Mikuláš z Kadaně nach Plänen von Jan Šindel gebaut. Steinmetzarbeiten und Skulpturen um das astronomische Zifferblatt stammen aus der Werkstatt von Peter Parler. Diese Werkstatt wurde 1419 geschlossen. In einer zweiten Phase, etwa 1490, kam unterhalb des Zifferblattes ein Kalender dazu - offenbar eine Arbeit der bereits erwähnten Uhrmacher Jan Růže und Jakub

Čech. Die gesamte Uhrenfassade wurde mit markanten Skulpturen reich im Stil der Vladislav-Gotik (die böhmische Version der Gothique flamboyant) verziert. Die Reste der Parlerschen Skulpturen dicht um das Zifferblatt herum blieben jedoch erhalten.

1551 wurde Jan Táborský z Klokotské Hory vom Prager Stadtrat zur Wartung und Wiederherstellung des Werkes der Rathausuhr berufen. Er baute den Kalendarium-Antrieb und die halbe Stunde ein und installierte zu beiden Seiten des Zifferblattes zwei Sonnenuhren, um die Uhr auch mechanisch unabhängig stellen zu können. Bedeutsam ist der Umstand, daß die Prager Uhr zu dieser Zeit ausschließlich astronomische Daten anzeigte. Das hatte Táborský bereits in seinem Bericht unterstrichen. Er lobte ausdrücklich, 'daß auf der Uhr sich keine überflüssigen mechanischen Figuren zur Belustigung des Fußvolkes befänden, sondern nur die reine astronomische Kunst vertreten sei'. Erst im 17. Jahrhundert wurde die Uhr beiderseits der Zifferblätter durch Figuren ergänzt. Der Zeitpunkt, zu dem die in den beiden Fensterchen oberhalb des astronomischen Zifferblattes ausgestellten astrologischen Tabellen gegen die Figuren der 12 Apostel ausgetauscht wurden, ist nicht eindeutig bekannt. Historisch belegt ist die Existenz der Apostel erst seit 1860. Die Figur des Hahnes kam 1882 hinzu. Die elektrischen Aufzüge für die Uhr wurden erst 1954 eingebaut. Die astronomische Uhr von Prag ist seit 600 Jahren an ihrem ursprünglichen Platz in Betrieb.

Ich hatte die Astronomische Uhr am Altstädter Rathaus gesehen, bewundert und fotografiert. Allerdings hatte es wieder ganz leicht zu regnen begonnen. Was ich zwischen meinen falschen Zähnen über das Wetter hervorknurrte, möchte ich lieber nicht wiederholen, es war verständlicher Weise nicht sehr wohlerzogen. Das Wetter war auch der Grund, warum ich auf einen Besuch auf dem Václavské náměstí verzichtete und dem Taxifahrer die Adresse 'Nerudová 40' angab. Den Wenzelsplatz, so dachte ich, konnte ich auf meinem Heimweg vom Nordkap besuchen.

Es sollte aber alles anders kommen.

~ ❀ ~

Der Wenzelsplatz! Nachdem er im Mittelalter und in der Neuzeit 'Roßmarkt' (Koňský trh) hieß, wurde der Platz in der Mitte der Prager Neustadt 1848 nach dem Heiligen Wenzel von Böhmen in Václavské náměstí umbenannt. Mit einer Breite von ca. 60 Metern und einer Länge von ca. 750 Metern gehört er zu den größten städtischen Plätzen in Europa.

Traurige Berühmtheit erlangte der Wenzelsplatz am 16. Jänner 1969, als sich der tschechoslowakische Student Jan Palach als Protest gegen den Einmarsch der Warschauer-Pakt-Truppen in die Tschechoslowakei im August 1968 hier selbst verbrannte. Im folgenden Monat wiederholte Jan Zajíč diesen öffentlichen Protest an der gleichen Stelle. Ein Denkmal an der Stelle unterhalb der Wenzel-Statue, wo Palach zusammengebrochen sein soll, erinnert an die Geschehnisse.

Im Jahre 1989 hingegen besiegten Menschen mit Blumen in ihren Händen die schwerbewaffneten Soldaten: Im November 1989 sprachen während einer Massenkundgebung am Wenzelsplatz Václav Havel und Alexander Dubček und forderten die politische Umgestaltung des ganzen Landes. Die Samtene Revolution war in vollem Gange!

Václav Havel, geboren am 5. Oktober 1936 in Prag, war ein tschechischer Dramatiker, Essayist, Menschenrechtler und Politiker, der während der Herrschaft der kommunistischen Partei einer der führenden Regimekritiker der Tschechoslowakei war und zu den Initiatoren der Charta 77 gehörte. Nach der Samtenen Revolution, an der er wesentlich beteiligt war, war er von 1989 bis 1992 Präsident der Tschechoslowakei und von 1993 bis 2003 Präsident der

Tschechischen Republik. Als Václav Havel am 18. Dezember 2011 in das Land ging, in dem es keine Krankheit und keine Schmerzen gibt, trauerten hier Tausende von Menschen um ihn.

~ ❋ ~

Das Taxi brachte mich gut und sicher in die Nerudová. Ich zahlte den Fuhrlohn und legte noch ein ordentliches Trinkgeld drauf. Schließlich hatte der gute Mann einige Zeit auf mich gewartet, während ich die Astronomische Uhr gesehen und fotografiert hatte.

Daß ich Ennio alles, aber auch wirklich alles, über diesen Tag erzählte, ist wohl klar. Irgendwann holte ich den Aufzug und verfrachtete mich ins Zimmer, wo ich fein säuberlich meine Fotos in den Laptop räumte.

Heute frage ich mich: Wäre ich umgekehrt, hätte ich gewußt was Ennio und mich am nächsten Tag erwartete?

Meine Antwort: Ich weiß es nicht…

~ ❋ ~

*Über die Nerudová …*

*… führt ein weiterer steiler Weg zum Hradschin.*

Die Prager Burg

Das Schwarzenberg-Palais

Vor der Karlsbrücke

Auf der Karlsbrücke

*Musikanten auf der Karlsbrücke*

*Blick von der Karlsbrücke auf die Moldau*

*Karlsbrücke, Torturm, Altstädter Seite*

<u>*4. Kapitel - 3. Reisetag:*</u>

# <u>***Die Geburtsstadt meines Freundes.***</u>

<u>***Die Gräber von Václav Laurin und Václav Klement auf dem Stadtfriedhof von Mladá Boleslav***</u>

## ***Dienstag, 14. Juni:***

| | |
|---|---|
| *Geplante Strecke:* | *Prag, Jugendherberge - Mladá Boleslav, Friedhof und Škoda-Museum (**12°° bis 15°°**) - Doksy - Česká Lípa - Pirna - Dresden* |
| *Gefahren:* | *Von Mladá Boleslav mit der Kirche ums Kreuz, bei Dresden Margit mit dem Sanka in die Uniklinik Dresden und ich zu einem Depot der Sächsischen Polizei* |
| *Aktivitäten:* | *Stadtfriedhof und Škoda-Museum Mladá Boleslav* |

~ ❀ ~

*Die vergangene Nacht hatte ich mit einer wunderschönen, weißen Honda CB (Heimathafen: Ukraine) verbracht, die mir zunächst ein bißchen über ihr Heimatland erzählt hatte und dann an meiner Seite eingeschlafen war:*

*„Die Ukraine, ukrainisch* ***Україна****, liegt in Osteuropa. Meine Heimat ist der größte Staat, dessen Grenzen vollständig in Europa liegen. Die Krim und Teile der Ostukraine befinden sich seit 2014 nicht mehr unter Kontrolle der Zentralregierung. Die Ukraine grenzt im Nordosten und Osten an Rußland, im Norden an Weißrußland und Polen, im Westen an die Slowakei und Ungarn, im Südwesten an Rumänien, Moldawien und an das Schwarze Meer. Das Asowsche Meer liegt im Süden der Ukraine. Die Hauptstadt des Landes, das mir Heimat geworden ist, heißt Kiew. Die Ukraine verfügt nach Rußland über das zweitgrößte Staatsgebiet in Europa. Seit der Auflösung der Sowjetunion im Jahr 1991 ist die Ukraine unabhängig. Reicht Dir das, Ennio? Ich bin nämlich sehr müde!“*

*„Ja, selbstverständlich reicht es, meine Schöne!" hatte ich geantwortet, „Mach es Dir gemütlich, daß Du morgen wieder fit bist!" Das hatte die schöne Dame aber nicht mehr gehört...*

*Natürlich war Frau Honda nicht an einem einzigen Tag von ihrer Heimat bis nach Tschechien gefahren, das hatte sie auch nie behauptet, aber ich hatte noch gut in Erinnerung, wie müde man nach lumpigen 322 km sein kann.*

~ ❃ ~

*Als meine Margit am Morgen des 14. Juni zu mir herunterkam, hatte sie schon ihren Zimmerschlüssel abgegeben und war reisefertig. Wie es sich gehört, wechselte sie noch ein paar Worte mit Frau Honda, die sich sehr über das Verhalten meiner Margit freute: "Wunderbar! Ein Mensch, der mit Motorrädern spricht! Ennio, Du mußt das glücklichste Motorrad auf der ganzen Welt sein..."*

*Heute wollten wir zunächst die Geburtsstadt meines besten Freundes und Benzinbruders Strolchi besuchen. Die heißt Mladá Boleslav; früher hieß die Stadt Jungbunzlau. Diese tschechische Stadt liegt 60 km nordöstlich von Prag in der Mittelböhmischen Region (Středočeský kraj) an der E65 bzw. an der Schnellstraße (rychlostní silnice) Nr.10. (Die E65 beginnt in Malmö/Schweden und endet nach unglaublichen 3.800 km in Chania/Griechenland.)*

*Mein Freund und Benzinbruder Strolchi - in Tschechien nennt er sich 'Tulačik', was wiederum einen niedlichen, kleinen Landstreicher, einen 'Strolchi' bezeichnet - hatte mir empfohlen, auf dem Weg zum Nordkap seine Geburtsstadt zu besuchen. „Das Škoda-Museum ist sehr interessant", hatte er gesagt, „Du weißt ja, was los ist, wenn Margit ein Museum besucht, das sie interessant findet!" (Ich hatte es zwar noch nicht selbst erlebt, aber Strolchi hatte erzählt, wie sich meine Margit vor einigen Jahren in Oslo aufgeführt hatte: Vier Museen hatte sie an einem Tag besucht und war enttäuscht, daß Museen nur begrenzte Öffnungszeiten haben.)*

*Sobald meine Margit von Strolchis Anregung erfahren hatte, begann sie fleißig ein Mail nach dem anderen auf die Reise schicken, und letztendlich konnte sie heute um 12.30 Uhr zum dritten Mal das Škoda-Museum besuchen, während ich es mir auf dem Parkplatz vor dem Škoda-Museum gemütlich machen und ausruhen wollte. Meine Margit erzählt mir sowieso alles, als sei ich selbst dabeigewesen!*

*Während meine Margit bereits zum dritten Mal Strolchis Geburtsstadt besucht, darf ich eine neue Stadt kennenlernen. Nun, vielleicht nicht die ganze Stadt, korrigierte ich mich selbst, aber über die wichtigste Sehenswürdigkeit, das Škoda-Museum und seine zwei- beziehungsweise vierrädrigen Bewohner, würde mir meine Margit genauestens berichten.*

*Verwaltungssitz der Mittelböhmischen Region und somit auch von Mladá Boleslav ist Prag. Das KFZ-Kennzeichen **S** steht für Středočeský kraj; danach folgt die übliche Nummernkombination.*

*Mladá Boleslav liegt am Fluß Jizera. Der Ort wurde in der zweiten Hälfte des 10. Jahrhunderts von Boleslav II als königliche Burg gegründet. Aus dieser Zeit stammt nämlich die Stadtburg auf einem Felsvorsprung an der Mündung der Klenice in die Jizera. Im Jahre 1255 wurde in dem Ort ein Kloster des Johanniterordens gegründet. Die Stadtrechte erhielt Mladá Boleslav zum Teil im Jahre 1334, zum anderen Teil mehr als 100 Jahre später, im Jahr 1436.*

*Aber bevor wir Mladá Boleslav erreichen und die Sehenswürdigkeiten ansehen konnten, mußten wir zuerst einmal auf die Autobahn kommen. Ich fragte mich, ob meine Margit auch heute ein Taxi engagieren würde, das uns zur Autobahn lotsen sollte. Meine Margit vertraut ihrem Orientierungssinn von Tag zu Tag weniger – und das mit Recht. Trotzdem organisierte sie heute kein Taxi, sie wollte zuerst gemeinsam mit mir die steile Nerudová bis zu ihrem Scheitelpunkt überwinden, wo sie eine bessere (asphaltierte) Straße vermutete.*

*Ein Lotse war nicht notwendig geworden. Kaum hatten wir die Nerudová mit ihrem schrecklichen Kopfsteinpflaster in ihrer gesamten Länge und Steilheit geschafft, sahen wir einen Wegweiser: Hradec Králové. Das ist die gleiche Strecke wie nach Mladá Boleslav, nur liegt Hradec Králové ungefähr 85 Kilometer hinter Strolchis Geburtsstadt. Das sollte kein Problem sein. Hauptsache, es ist die gleiche Strecke.*

*Margit folgte dem Wegweiser. Nach ungefähr einem Kilometer machten wir die erste Pause, wo ich an der Tankstelle ein ordentliches Frühstück, bestehend aus 95er-Sprit, und Margit ihren unvermeidlichen Coffee to go genießen konnte. Jetzt noch vom Tankstellengelände ab- und auf die Autobahn auffahren, und schon bewegten wir uns Richtung Mladá Boleslav.*

*Die Industrialisierung von Mladá Boleslav hatte im 19. Jahrhundert begonnen, als Václav Laurin und Václav Klement am 18. Dezember 1895 das Unternehmen L&K ursprünglich als Fahrradproduktion gründeten. Den Fahrrädern folgten zunächst Motorräder, aber sehr bald auch Autos. Nach Ausbruch des Ersten Weltkrieges stellte man die Produktion auf Rüstungsgüter um. Die Automobilproduktion konnte erst wieder 1919 aufgenommen werden.*

*Am 27. Juni 1925 erfolgte nach einigen harten Rückschlägen die Fusion mit Škoda-Maschinenbau in Pilsen, einem 1859 von Ernst Graf von Waldstein gegründeten Maschinenbauunternehmen, das Emil von Škoda 1869 gekauft und modernisiert hatte: Das Fabriksgebäude war abgebrannt, nun stellte sich die Frage: Einen Geldgeber finden und fusionieren, oder den Betrieb zur Gänze schließen? Für einen Wiederaufbau fehlte das Geld. Man entschied sich für die erstere Möglichkeit. Die zum Zeitpunkt der Übernahme von Laurin & Klement gebauten Automobilmodelle wurden von Škoda Auto, wie die neue Firma nun hieß, zunächst unter dem Namen 'Laurin & Klement - Škoda', dann nur unter dem Namen 'Škoda' weitergebaut.*

*Der Bau von Fahr- und Motorrädern hingegen wurde eingestellt. Die Fahrzeugmarke Laurin & Klement erlosch. Man arbeitete fortan nur noch unter dem Namen Škoda.*

*Nach dem zweiten Weltkrieg wurde der Automobilzweig als Staatsunternehmen ausgegliedert. 1990 wurde Škoda privatisiert und gehört seither als Škoda-Auto zum Volkswagenkonzern.*

~ ❀ ~

Es war gerade mal 10°° Uhr, als Ennio und ich in Mladá Boleslav eintrafen. Bis zum Beginn der Führung durch das Museum um 12.30 Uhr war noch sehr viel Zeit - Zeit genug, um auf dem Stadtfriedhof von Mladá Boleslav die Gräber von Václav Laurin und Václav Klement zu (be)suchen, die Grabmäler der beiden Menschen, die ich 'Gründerväter' nenne, anzusehen und zu fotografieren. (Seit ich einen süßen, kleinen Škoda Fabia mein Eigen nenne, bin ich zum Škoda-Spezialisten geworden. Oder zum Fanatiker. Wie man's sieht.)

Ich parkte Ennio gegenüber vom Friedhofstor: „Ruh Dich inzwischen aus, mein Schatz“, sagte ich zu meinem zweirädrigen Lebensgefährten, streichelte über seinen Tank und betrat die Ruhestätte. Ein Wegweiser sehr nahe am Eingang zeigte, nach Nummern geordnet, die Gräber der wichtigsten Persönlichkeiten, die in Mladá Boleslav gewirkt und hier ihre letzte Ruhe gefunden hatten. Das galt auch für die 'Gründervater' von Škoda-Auto. Die Gräber von Václav Klement und Václav Laurin waren mit den Nummern 6 und 7 im Plan vermerkt und lagen gar nicht weit vom Eingang entfernt. Normalerweise bin ich kein Friedhofsgeher, aber heute überkam mich eine friedvolle Ruhe - so, als hätte ich eine Art Ziel erreicht. Nur noch ein paar Schritte bis zur nächsten Wegkreuzung, einmal links abgebogen - dann stand ich zunächst vor der Grabstätte von Václav Klement und seiner Frau, Antonie Klementová, geborene Jakšová.

Frau Klementová war drei Jahre vor ihrem Mann in das Land gegangen, in dem es keine Krankheit und keine Schmerzen gibt. Über sie war mir, ausgenommen ihr Vorname, nichts bekannt.

Václav Klement: geboren am 16. Oktober 1868 in Velvary, nordwestlich von Prag, gestorben am 13. August 1938 in Mladá Boleslav. Nichts, aber auch gar nichts, wies am Anfang darauf hin, daß der Junge eine bessere Zukunft haben sollte als seine Eltern: Der Vater hatte viele verschiedene Jobs, die Mutter kümmerte sich zuerst um Václav, und als der zweite Sohn, Josef, zur Welt kam, auch um diesen.

Václav war 11 Jahre, als seine Mutter starb. Die Zukunft sah noch schlechter aus, ein Studium kam unter diesen Umständen nicht mehr in Frage. Die neue 'Mutter', die der Vater nach Hause brachte, kam auf die tolle Idee, den Jungen zum Schmied zu schicken: er solle bei ihm den Kuhkarren fahren! Was soll man auch sonst mit einem machen, der gerade mal die fünfte Klasse Allgemeinschule hinter sich gebracht hatte!

Wenn Václav Klement irgendjemandem im Leben dankbar sein durfte, dann seinem Lehrer: Der wußte, daß der Junge weitaus mehr konnte als Kühe am Halfter zu führen. Er verschaffte ihm eine Lehrstelle beim Buchhändler Jan Novotny, dem führenden Buchhändler von Mladá Boleslav. Das gefiel Václav, dem begeisterten Leser, außerordentlich! So nahm er die Schuhe, um sie zu schonen, in die Hand, und klopfte nach drei Stunden zügigen Laufs an die Tür des bärtigen Buchhändlers, dessen 'Markenzeichen' eine spezielle Zigarre, eine Virginier, war, die er stets zwischen den Zähnen trug…

Die einzige Schattenseite war das Lehrlingsbett: Eine Holzkiste im Vorraum. Tagsüber wurde die Pritsche an die Wand geklappt, um die Kunden nicht zu behindern, nachts wurde sie heruntergeklappt. Eine wahre Qual, vor allem im Winter, wenn eisiger Wind durch den Flur zog: Das war auch die Ursache für Klements späteren Rheumatismus.

Václav Klement war technisch interessiert, und seine Leidenschaft war das Fahrradfahren...

Der ehemalige Lehrling, dann Buchhändler, später Fabrikherr, Generaldirektor und schließlich Generalrat war schon zu Lebzeiten zur Legende geworden: Er war pedantisch und konsequent, auch sein Notizblock und seine Anmerkungen wurden Legende: Er verstand, sie für alle Debatten und Streitfragen zu nutzen. Er baute sich eine riesige private Registratur auf, die in der Fabrik sein gesamtes Arbeitszimmer einnahm…

Václav Klement erlitt mehrere Schlaganfälle, die physischen Kräfte verließen ihn; dennoch hörte er nicht auf, sich dort zu engagieren, wo er es für wichtig hielt. So spendete er für den Bau des Gebäudes des Prager Technischen Nationalmuseums 100.000 tschechische Kronen und schenkte dem Museum mehre Motorräder und Automobile der Marke Laurin & Klement. Vor allen Dingen erhielt das Museum die äußerst wertvolle Sammlung von Originalschriften, welche die Anfänge und die Entwicklung des Automobilwerks in Mladá Boleslav dokumentierten.

Am 8. August 1938 unterzeichnete Václav Klement vor drei Zeugen sein Testament, dessen Hauptgegenstand die Konstituierung der Stiftung der Eheleute Václav und Antonie Klement in Mladá Boleslav war. Die Stiftung sollte in Zukunft den Betrieb des Waisenhauses absichern und zahlreiche karitative und gemeinnützige Institutionen unterstützen.

„Meine Seele überantworte ich Gott und bitte, sie in Gnade aufzunehmen!" Mit diesen Worten schloß Václav Klement seinen letzten Willen.

Am 13. August 1938, zwei Monate und drei Tage vor seinem siebzigsten Geburtstag, ging Václav Klement in das Land auf der anderen Seite der Mitternachtssonne. Man bestattete ihn in der

Familiengruft, nur wenige Meter vom Grab der Eheleute Laurin entfernt...

~ ❋ ~

Václav Laurins Grabstätte und die seiner Frau Emilie Laurinová (geborene Béranová) liegt in der gleichen Reihe, nur wenige Gräber von Václav Klements Grab entfernt. (Zum Unterschied zu Frau Klementová hatte ich den Vornamen der Ehefrau des Herrn Laurin bis zum heutigen Tage nicht gekannt.)

Als ich die Geburts- und Sterbedaten der Eheleute Laurin sah und verglich, wurde ich nachdenklich: Frau Laurinová war nur wenige Tage vor ihrem Mann ins Licht gegangen – so, als hätte sie sich beizeiten auf den Weg gemacht, um im Land auf der anderen Seite der Mitternachtssonne das Quartier vorzubereiten…

Václav Laurin - geboren am 27. September 1865 in Kameni bei Pěnčín, gestorben am 3. Dezember 1930 in einem Sanatorium in Prag. Er wuchs in einer armen Umgebung auf, wo von Sonnenaufgang bis Sonnenuntergang gearbeitet wurde. Anders als bei Václav Klement sorgten seine Eltern für eine gute Ausbildung: Als sie ihn nach Turnov in eine Maschinenschlosserlehre gaben, war das für ihre finanziellen Möglichkeiten und wohl auch für ihre Vorstellungen der Höhepunkt an Ausbildung und die beste Vorbereitung auf das Leben. Der Grund für diese Berufswahl war die bemerkenswerte Geschicklichkeit, die Václav bereits im Kindesalter oft unter Beweis gestellt hatte. Nach der Gesellenprüfung machte sich Václav Laurin nach Jungbunzlau, wie Mladá Boleslav damals hieß, auf und besuchte dort von 1880 bis 1883 die Handwerkerschule. (Diese Handwerkerschule ist heutzutage mit einer Industrieberufsschule vergleichbar.) Später arbeitete Václav Laurin für verschiedene Meister und ging zuletzt bis Jänner 1889 nach Jablonec (Gablonz). Anfang April 1893 fuhr er nach Dresden, wo er vor der Fachkommission die Prüfung zur Bedienung von Dampfmaschinen mit Erfolg ablegte.

Wann und wo sich Václav Laurin und Josef Kraus aus Turnov begegneten, läßt sich heute nicht mehr rekonstruieren. Die Tatsache, daß er Josef Kraus' Partner wurde, zeigt, daß er sich in der Fahrradherstellung bestens auskannte. Václav Laurin baute sich ein gewisses Umfeld auf: Ein Veloziped, wie man Fahrräder damals nannte, kostete 110 Gulden: Das entsprach etwa zwei Monatslöhnen eines **guten** Handwerkers.

Zu Václav Laurins Charakter gehörte außer bemerkenswertem handwerklichem Geschick und technischem Erfindergeist auch eine manchmal fast krankhafte Bescheidenheit. Sein später aufsteigender Stern änderte nichts an seinem Charakter. Er war und blieb ein verschlossener, grüblerischer und scheuer Mensch...

Václav Laurin stand immer im Schatten seines Partners. Er füllte sein ganzes Leben mit Arbeit für sein Werk und blieb noch bis in den Tod bescheiden: Auf seiner Todesanzeige fand sich die holprig formulierte Bitte, anstelle von Blumen solle womöglich an wohltätige Zwecke gedacht werden...

Am 3. Dezember 1930, fast genau 35 Jahre, nachdem die Herren Laurin und Klement den Betrieb in der Werkstatt ‘U sedmi zlodeju‘ (Zu den sieben Spitzbuben) aufgenommen hatten, ging Václav Laurin in das Land, in dem es keine Schmerzen und keine Krankheit gibt. Seit 1928 hatte er gesundheitliche Probleme gehabt. Die letzten Monate seines Lebens verbrachte er in einem Prager Sanatorium, wo er gegen den Darmkrebs kämpfte - doch vergeblich...

Sein Freund Václav Klement ließ Václav Laurins Grabstein mit dem Relief des Motorrads vom Typ A aus dem Jahre 1899 schmücken - der Maschine, mit welcher die Marke L&K in die Geschichte eingegangen ist...

Ich erinnerte mich: Begonnen hatte die Erfolgsgeschichte der Firma Škoda mit einer Reklamation. Václav Klement hatte beim Erzeuger seines neuen Fahrrades, der Firma Seidel & Naumann aus Dresden, die geringe Haltbarkeit reklamiert. Er schrieb diesen Brief in seiner Muttersprache Tschechisch, was diese Firma nicht goutierte: „Wenn Sie eine Antwort haben wollen, dann schreiben Sie in einer uns verständlichen Sprache!"

Jedes Mal, wenn ich daran denke, werde ich wütend: Solche Chauvinisten! Wäre ich dabeigewesen, so hätte ich die Chefs der Firma Seidel & Naumann erbärmliche Betrüger genannt, ihre Fahrräder der Marke Germania verbal nach Strich und Faden zerrissen, ihnen geraten, bei ihren Nähmaschinen zu bleiben und ihnen den Rechtsanwalt auf den Hals gehetzt!

Erstens: Wenn ein Produkt fehlerhaft ist, muß es ohne Wenn und Aber ausgetauscht werden, ohne daß dem Kunden zusätzliche Kosten entstehen!

Zweitens: Das Fahrrad kam bereits beschädigt, das heißt, mit verzogenem Rahmen, bei Herrn Klement an! Es war somit ein TRANSPORTSCHADEN!

Drittens: Wenn mir jemand in einer Sprache schreibt, die ich nicht verstehe, finde ich sicher einen Menschen, der mir den Brief übersetzt und auch beantwortet! Notfalls tut es auch ein Übersetzungsbüro, das ist meiner Meinung nach im Zeitalter der Globalisierung unbedingt notwendige Höflichkeit! Nicht so diese Bagage! Mehr als 100 Jahre, mehr als ein Menschenalter, sind seither vergangen, aber obwohl ich gar nicht dabei war, kann ich mich über so viel Borniertheit aufregen! Die Muttersprache des Herrn Klement ist und war nun einmal Tschechisch, auch wenn er vielleicht perfekt die deutsche Sprache beherrschte! (Ob Václav Klement auch so niedlich gebemmakelt hat wie meine Babička, durchzuckte mich ein Gedanke.) Ich weiß nicht, ob es schon im 19. Jahrhundert ein Konsumentenschutzgesetz gegeben hat. Heute wäre das alles viel einfacher. Ob es allerdings unter diesen für den Konsumenten besseren Voraussetzungen eine Firma Laurin & Klement gegeben hätte, ist fraglich.

„Na, Du kannst Dich vielleicht aufregen, Vídeňačka!“ Ich fuhr herum - niemand befand sich in meiner Nähe, der zu mir gesprochen haben könnte. War diese wohlklingende, angenehme Männerstimme mit dem sympathischen böhmischen Akzent in meinem Kopf entstanden? „Wer spricht zu mir?“ Ich hatte eine Vermutung, deshalb wagte ich nicht, meinen Gesprächspartner einfach zu duzen.

„Jmenuji se Václav Klement – Václav Klement ist mein Name“, klang es aus der anderen Welt in meine Gegenwart herüber, „Du warst schon einige Male hier in Jungbunzlau. Wir freuen uns, daß Du heute unsere Gräber besuchst.“

„Zu meiner Schande muß ich gestehen“, bekannte ich, „daß ich erst kürzlich in Erfahrung gebracht habe, wo Eure Gräber zu finden sind.“

„Das ist nicht weiter schlimm“, beruhigte mich die Stimme in meinem Kopf, „eine alte Weisheit besagt, schenke Blumen während des Lebens, denn auf Gräbern blüh‘n sie vergebens. Ich lese noch immer gern, hab a bissal spioniert und muß sagen, Vídeňačka, was Du bereits über unser Lebenswerk zusammengetragen hast, gefällt sowohl mir als auch meinem Freund Václav außerordentlich gut! So betrachtet, streust Du uns mit Deinen Worten Blumen, obwohl wir einander zu unseren Lebzeiten nie begegnet sind.“

Vídeňačka - Wienerin. Daß mich viele meiner tschechischen Bekannten so nennen, ist Fakt. Diese freundschaftliche Anrede dürfte schon zu meinem Markenzeichen geworden sein.

Wie oft ich mir gewünscht hatte, Herrn Klement oder Herrn Laurin zu interviewen, über den Werdegang der Firma Laurin und Klement auszufragen, aus der letztendlich Škoda-Auto wurde, kann ich nicht mehr zählen. Stattdessen rutschte mir heraus: „Haben Sie eigentlich sehr geschimpft, als Ihnen diese inteligentni osel von Seidel und

Naumann so blöd geantwortet haben?“ Ein herzlich-schallendes Lachen klang aus dem Land jenseits der Mitternachtssonne zu mir herüber. „Genau dieses Wort hab ich auch gesagt - und ein paar andere Ungezogenheiten noch dazu, aber die werde ich Dir nicht verraten! Dein Alphabet ist, nun, sag' ma' mal, reichhaltig genug! Manchmal haben wir Dich belauscht, wenn Du mit Deinem Škoda Fabia, den Du Tulačik nennst, unterwegs bist und sämtliche - ich möchte das Z-Wort nicht aussprechen - Deine Wege kreuzen! Wie kommst Du eigentlich auf Tulačik - kleiner Landstreicher?“

„Es gab eine Musikformation, Brontosauři, die das Lied ‘Tulacki Rano‘ - der Morgen des Landstreichers - gesungen hat. Diese Melodie hatte ich im Kopf, als ich mein neues Auto in Besitz genommen habe. Vielleicht hätte ich ihn sonst Honza, Jaromir oder Václav genannt. Aber wie ging es dann weiter?“

„Es ist interessant, wie Dein Auto zu seinem Namen gekommen ist.“ Ich konnte mir gut vorstellen, daß Herr Klement bei diesen Worten lächelte. „Aber Du hast recht, anfangs konnte ich mich gar nicht beruhigen. Ich erinnere mich, als wär's erst gestern gewesen, als ich mit Václav bei einem guten Krug Bier am Wirtshaustisch saß und mir über die Firma Seidel und Naumann nicht sehr leise Luft machte. Zum Glück kannte sich mein Freund mit Fahrrädern aus wie kein Zweiter! Er hat mich so weit wie möglich beruhigt und mein Fahrrad am nächsten Tag repariert, trotzdem dürstete es mich nach Rache! Meine Rache an denen in Dresden waren die Fahrräder der Marke Slavia, und Václav ließ sich nicht lange bitten - aber diese Geschichte kennst Du sowieso. Stimmt's, Václav?“

„Stimmt, Václav, Du warst ganz schön wütend auf die aus Dresden!“ Mehr sagte der andere – ich nahm an, daß es Herr Laurin war – nicht.

„Bei einem guten tschechischen Bier muß einem ja etwas G’scheites einfallen“, warf ich ein, „vielleicht ist mir damals, als ich arbeitslos war, nichts eingefallen, weil ich kein tschechisches Bier hatte! – Herr Laurin?“

„Prosim?“ antwortete die andere Stimme auf Tschechisch.

Ich wußte, daß die beiden Herren zu Lebzeiten die deutsche Sprache beherrscht hatten. „Herr Laurin“, setzte ich unbeirrt auf Deutsch fort, „Ich hab da eine Frage. Bis Jänner 1889 waren Sie in Jablonec. Dann sind Sie Anfang 1893 in Dresden aufgetaucht und haben vor einer Fachkommission die Prüfung zur Bedienung von Dampfmaschinen abgelegt. Mich interessiert, wo Sie in der Zwischenzeit waren!“

„Vídeňačka, das soll auch mein Geheimnis bleiben. Der gütige alte Herr da oben weiß Bescheid. Das genügt.“ Herrn Laurins Stimme klang nicht irgendwie verärgert, aber mir war klar, ich sollte über dieses Thema keine weiteren Fragen stellen.

„Übrigens, Vídeňačka“, wandte sich Herr Laurin mir zu, „ich hab mir vorhin Dein Motorrad angesehen: Ein wunderschönes Motorrad, man sieht ihm an, daß es geliebt wird! Es sieht ganz anders aus als die Motorräder, die wir gebaut haben. Kein Kettenantrieb? Keine Kardanwelle? Wie wird Dein Motorrad angetrieben?“

„Entschuldigen Sie bitte, Herr Laurin, ich bin technisch eine Null bis Doppelnull“, erklärte ich, „ich weiß nur, daß anstelle eines Kettenantriebes ein elastischer Zahnriemen mit einer entsprechenden Scheibe verwendet wird. Das Material ist irgendein hochelastischer Kunststoff. Das weiß ich auch nur, weil der Antrieb von meinem Ennio einmal kaputt war und in der Werkstätte ausgetauscht werden mußte. Da hab ich die Teile gesehen, der Mechaniker hat sie mir erklärt. Aber meines Wissens wurden Ihre ersten Motorräder auch mit Keilriemen angetrieben?“

„Ennio?“ Ich fühlte förmlich, wie Herr Laurin den Kopf schüttelte. „Von einer Marke oder einer Type Ennio habe ich noch nie etwas gehört.“

„Ennio ist auch keine Marke oder Type“, erklärte ich, „Ennio ist sein Name, wie ich meinen Škoda Fabia 'Tulačik‘ nenne. Mein Ennio ist eine Kawasaki. Vielleicht haben Sie schon von einer Motorradmarke 'Kawasaki‘ gehört. Kawasaki Heavy Industries ist ein japanischer Schwerindustrie-Konzern mit Hauptsitz in Kobe, Japan. Der Kawasaki-Konzern beschäftigt sich mit Schiffbau, Luftfahrt- und Raumfahrttechnik, Hoch- und Tiefbau, Maschinen- und Energieanlagenbau und Fahrzeugbau, und hier speziell mit Eisenbahnen, Baufahrzeugen und nicht zuletzt mit dem Bau von Motorrädern. Außerhalb Japans ist Kawasaki vor allem durch Motorräder bekannt. Die Type meines Motorrades heißt EN500A, er hat 500 $cm^3$ und 50 PS.“

„Und wie kommst Du jetzt auf Ennio?“ Herr Laurin ließ nicht locker.

„Im vergangenen Jahr wollte ich nach 15 Jahren unbedingt wieder Motorrad fahren“, erzählte ich, „und habe mir im Internet einige gebrauchte Motorräder angesehen. Eine 500er-Kawasaki hat mir besonders gut gefallen. Bei der Probefahrt ist mir dann die Titelmelodie aus einem Western-Film mit dem Titel 'Für eine Handvoll Dollar‘ eingefallen. Der Komponist ist Ennio Morricone, ein italienischer Komponist und Dirigent. Der ist berühmt für Musik aus Western-Filmen. Sein Name wird vornehmlich mit dem Filmgenre des Italo-Western in Verbindung gebracht, obwohl er ‘nur’ für etwa 30 solcher Filme die Musik geschrieben hat. Ennio Morricone ist Ennios Namenspate.“

„Vídeňačka, mach Dir nichts draus, daß Du technisch kein Tausendsassa bist“, antwortete die freundliche Stimme aus dem Jenseits, „dafür hast Du andere Fähigkeiten. Und vor allem hast Du so eine große Phantasie, als hättest Du, als die Phantasie verteilt wurde, mehrmals ‘prodaj‘ gerufen. Entschuldige bitte, wenn ich Dein Alter anspreche, aber welche Frau wagt es, mit 66 Jahren noch allein zum Nordkap zu fahren?“

„Daß Sie mein Alter ansprechen macht gar nichts. Ich bin Baujahr 1950, davon beißt keine Maus einen Faden ab. Frauen, die ihr Alter verheimlichen, haben entweder nichts aufzuweisen als gutes Aussehen, oder sie haben sonst noch so einiges zu verheimlichen.

Aber jetzt wieder zu Ihnen! Was Sie beide auf die Beine gestellt haben, finde ich großartig. Zuerst die Fahrräder der Marke SLAVIA. Slavia bedeutet in allen mir bekannten slawischen Sprachen 'Ruhm'. Ein verheißungsvoller Name! Und dann ab 1899 die Motorräder! Ein Motorrad ist mir ganz besonders in Erinnerung, ein Motorrad Typ B, Fabrikat Laurin & Klement, das Ihr 1900 bis 1903 gebaut habt: Lange Jahre hatte er irgendwo in Böhmen oder in Mähren in einem Teich gelegen, bevor er herausgefischt und an das Škoda-Museum übergeben worden war. So wie der Vogel Phoenix sollte auch dieses Motorrad eines Tages wundervoll restauriert im Rampenlicht auferstehen: als eines der ersten praktisch verwendbaren Motorräder Europas. Aber bei meinem letzten Besuch im Škoda-Museum gab es diesen Saal der schlafenden Schönheiten nicht mehr. Schade! Ich hätte Phoenix aus dem Teich gerne wiedergesehen.

Zwei Monate nach meinem letzten Besuch im Škoda-Museum Mladá Boleslav geschah etwas Seltsames: Im Muzeum Motorismu in Znojmo traf ich (auf) ein ähnliches Motorrad von L&K. Im ersten Augenblick - noch bevor ich die Typenbezeichnung erkennen konnte - hatte ich geglaubt, den Phoenix aus dem Teich vor mir zu sehen…“

„Vídeňačka, wenn Du zur Führung im Škoda-Museum zurechtkommen willst, wird es Zeit“, mahnte Herr Klement, „aber wenn Du möchtest, bleiben wir in Verbindung!“

„Danke, Herr Klement, das wäre super“, freute ich mich, hob nach Motorradfahrer-Art die linke Hand zum Gruß und wandte mich zum Gehen. Ich hatte nicht gehört, daß Herr Laurin zu Herrn Klement - oder war es umgekehrt? - gesagt hatte: „Heute Nacht müssen wir sehr gut auf Vídeňačka aufpassen, sonst haben wir sie bald hier bei uns, und das ist zu früh!“

***Laurin & Klement L-80, Bj. 1904, Einzylinder, 502 cm³***

***Václav Klement – 16.10.1868 – 13.8.1938***
***Antonie Klementová – 23.8.1874 – 10.11.1935***

***Václav Laurin – 27.9.1865 – 3.12.1930***
***Emilie Laurinová – 12.2.1870 – 13.11.1930***

5. Kapitel - 3. Reisetag:

# Das Škoda-Museum

**Das Škoda-Fabriksgebäude in Mladá Boleslav...**

...sieht noch genauso aus wie zu Zeiten von Václav Laurin und Václav Klement

~ ❀ ~

*Der Weg vom Stadtfriedhof Mladá Boleslav bis zum Parkplatz des Škoda-Museums betrug nur 450 Meter. Meine Margit hatte mich soeben auf den Parkplatz hinter einem Kleinbus gesetzt, als der Nachbar des Busses wegfuhr. Mein Nachbar, ein schwarzer Škoda*

*Superb neuester Generation, meinte daraufhin, ich solle mich doch zwischen ihm und dem Bus durchschlängeln und mir den frei gewordenen Parkplatz unter den Nagel reißen, Platz sei genug, und ich könnte, sobald meine Chefität ihren Besuch im Museum beendet hätte, ohne langwieriges Reversieren besser wegfahren.*

*Natürlich hatte meine Margit mitgehört und - schwupps - standen wir auch schon auf dem angepriesenen Parkplatz. „Schlauer Busche!" lobte meine Margit den Superb, der daraufhin grinsend, wie nur ein Škoda grinsen kann, auf den Werbeslogan 'Škoda - simply clever!' hinwies: Škoda - einfach g'scheit. „Du bist wirklich ein cleverer und vor allem freundlicher Bursche", lobte meine Margit ihn weiter, worauf der Superb sanft unter seiner schwarzen Lackhaut errötete.*

*Genau meinem Sitzplatz gegenüber lockte der Außenbereich des Restaurants Václav.*

*Václav! Dieser Name zieht sich wie ein roter Faden durch die gesamte Geschichte der Firma Škoda. Beide 'Gründerväter' trugen den Vornamen Václav, und von einer weiteren Persönlichkeit dieses Namens hat mir meine Margit erzählt: Václav Vondřich, eine außergewöhnliche Persönlichkeit, die die Firma Laurin & Klement berühmt gemacht hatte.*

*Ich rekapitulierte: Das ganze Geschlecht der Vondřichs fühlte sich zunächst mit Fahrrädern verbunden, dank Václavs auch mit Motorrädern und später mit Automobilen.*

*Václavs Vater Josef kam in den 1860er-Jahren aus Horovice nach Prag. Bald folgte ihm auch sein Bruder August dorthin. Sie gründeten gemeinsam in Liben eine Feilenhauerei*) und begannen schon auf Knochenrüttlern zu fahren, bevor in Böhmen das Hochrad auftauchte.*

**) Feilenhauer, hab ich mir sagen lassen, ist ein ehemaliger Handwerksberuf, der sich mit der Herstellung neuer und der Wiederaufbereitung alter Feilen beschäftigt. Der Beruf entstand im* *späten Mittelalter als Spezialzweig des Schmiedehandwerks. Die Feilenhauer waren in Zünften organisiert. Einer mindestens dreijährigen Lehrzeit schloß sich eine mindestens ebensolange Wanderschaft als Geselle an, bevor ein Meistertitel durch das Anfertigen eines Meisterstücks (meistens in Form von drei verschiedenartigen Feilen) erworben werden konnte. Der Rohstoff, ein spezieller Stahl, war zur damaligen Zeit äußerst teuer, der angehende Meister mußte sowohl das Material, vor allem aber die Möglichkeit haben, diese zu fertigen. Ein guter Feilenhauer schaffte im 19. Jahrhundert bei 80 bis 220 Schlägen pro Minute bis zu 50 Feilen pro Tag.*

*Václav Vondřich wurde am 17. April 1874 in Liben geboren, begann als Schüler auf dem Hochrad und ab 1893 auf dem niederen sicheren Rad zu fahren. In dem Jahr, in dem er auf dem niederen Rad das Fahren gelernt hatte, nahm er unter anderem auch am Rennen Prag-Pardubice teil: Er schaffte die ungefähr 100 km lange Strecke in 3 Stunden 54 Minuten.*

*Václav Vondřich ging 69-jährig am 12. August 1943 weg von Prag, geradewegs in das Land jenseits der Mitternachtssonne...*

*Ich riß mich von meinen Rekapitulationen los und schaute wieder auf die feinen Dinge, die ich auf den Tischen vor den Nasen und Mündern der Gäste des Restaurants Václav sah. Das fand ich interessant: „Was meinst Du, Margit - kannst Du eine Jause vertragen? Du könntest Dich gemütlich auf einen Sessel setzen, ein Nealko trinken und wir plaudern noch ein bisserl."*

„Du hast recht, Ennio", bestätigte ich, „außerdem hatte ich zum Frühstück nur den Kaffee an der Tankstelle. Es ist zwar erst 11°° Uhr, aber ich habe trotzdem schon einen Bärenhunger. Mal sehen, was die Speisekarte zu bieten hat!"

Ich betrat das Restaurant, setzte mich so, daß mich Ennio im Blickfeld hatte, bestellte ein Nealko und studierte die Speisekarte. Schnell wurde ich fündig: Ich wählte das einzige Fischgericht, das

das Restaurant Václav zu bieten hatte: Gegrillter Lachs mit Couscous. Couscous ist gut, Lachs ist gut - wie gut muß erst Lachs mit Couscous (oder Couscous mit Lachs) sein!

Da alle Speisen - auch das Tagesmenü - im Restaurant Václav zur Gänze frisch zubereitet werden, dauerte es eine gewisse Zeit, bis die Delikatesse vor mir auf dem Tisch stand. Es sah appetitlich und einladend aus.

Ich legte den Fotoapparat zur Seite und wollte zum Besteck greifen. Wohl gemerkt: Wollte. Dummerweise fühlte ich genau in diesem Augenblick in meinem Gedärm ein starkes Rumoren, was aber, da ich heute noch keinen Bissen gegessen hatte, weder auf den Lachs noch auf den Couscous zurückzuführen war. Jetzt war Eile angesagt! Zum Glück wußte ich von meinen vorherigen Besuchen, wo 'dasjenige, welches' zu finden war. Ich mußte nur noch der Kellnerin sagen, daß ich gleich wiederkomme, ein paar Stufen hochlaufen, raus bei der Restauranttür, rein durch die automatische Türe vom Museumseingang, im Laufschritt 5 Meter geradeaus und ungefähr 10 Meter nach links bewältigen, die zweite Türe (die erste war für Herren) öffnen, Waschraum durchqueren, die Tür zum Allerheiligsten öffnen, hinein, Türe zu - zusperren nicht vergessen! Himmel, wie war ich froh, daß ich eine Hose gewählt hatte, die ich ohne Gürtel tragen kann!

Endlich hatte ich dort, wo man sich erleichtern darf, Platz genommen. Gott sei Dank! Es war sich auf die Sekunde genau ausgegangen! Hätte ich einen Hosenriemen öffnen müssen, der zusätzliche Zeitaufwand hätte mich in die größten Kalamitäten gebracht…

~ ❋ ~

Im Waschraum ließ ich mir genüßlich lauwarmes Wasser über die Hände rinnen, verließ den Waschraum und sah mich um. Plötzlich wollten mir die Augen aus dem Kopf springen: Am Ende dieses

Ganges sah ich den Škoda 1101 Cabrio und erinnerte mich an ein Foto, das mir mein Bikerkollege Andreas zur Verfügung gestellt hatte!

Hier ist er wundervoll restauriert, der Škoda 1101 Cabrio aus dem Škoda-Museum! Blitzblank poliert und glänzend stand er vor mir, als wolle er noch heute in der Stunde nördlich von Mitternacht zu einer Oldtimer-Rallye starten…

Vom Škoda 1101 Cabrio (im Bild Baujahr 1948) wurden zwischen 1946 und 1952 66.904 Stück produziert. Sein Viertakt-Reihen-vierzylindermotor mit OHV-Ventilsteuerung war längs hinter der Vorderachse angeordnet. Sein Hubraum betrug 1.089 $cm^3$, seine Leistung von 32 PS benennt man heute in 23,5 kW. Der Škoda 1101 hatte ein 4-Gang-Getriebe mit Rückwärtsgang und seine Höchst-geschwindigkeit betrug stolze 100 km/h.

Das Fahrzeug, das im Škoda-Museum zu sehen ist, wurde dem Kunden - in diesem Fall war es die Botschaft der Schweiz - am 16.4.1948 übergeben. Irgendwann nach 1950 wurde das Fahrzeug privat verkauft und wechselte mehrmals den Besitzer. 2005 wurde es Teil der Sammlung des Škoda-Museums. Hier erfolgte eine sensible Renovierung.

Dieser Škoda 1101 hingegen, dessen Foto mir mein Bikerkollege Andreas Hartl zur Verfügung gestellt hat, hatte nicht so viel Glück: Er rottete Jahrzehnte lang an einem Acker im Weinviertel vor sich hin. Im Laufe vieler Jahre wuchs neues Leben - ein Baum - aus dem Wrack. Ob es sowohl das Autowrack als auch den Baum heute noch gibt? Ich weiß es nicht…

Ich wandte mich um und machte, daß ich wieder ins Restaurant Václav kam, wo der gegrillte Lachs mit Couscous auf mich wartete.

~ * ~

Zum Unterschied zu meinem letzten Besuch im Škoda-Museum begrüßte heute ein Škoda 450 ‘Felicia’ die ankommenden Gäste.

Der Škoda 450 bzw. Škoda Felicia ist ein Cabriolet des Automobilherstellers AZNP Škoda. Basis für das Cabrio aus dem Jahre 1957 war der Škoda 440, volkstümlich auch Spartak genannt. Das Cabrio unterschied sich von Limousine und Kombi durch einen stärkeren Motor und durch ein Stoffdach. 1959 wurde das Modell 450 nach Modernisierung und Veränderung im Außenbereich in Škoda Felicia umbenannt. Ab ungefähr 1960 war auch ein Hardtop-Dach erhältlich, das den Felicia allwetterfest machen sollte.

Der Škoda 450 wurde von 1957 bis 1964 als Wagen der unteren Mittelklasse in der Karosserieversion Cabriolet produziert. Es gab ihn in zwei Stärken, jeweils mit Viertakt-Ottomotor 1,1 Liter mit 34 kW bzw. 46,23 PS, oder die 1,2- Liter-Version mit 40 kW bzw. 54,38 PS. Der Škoda 450 / Felicia war 4.065 mm lang, 1.600 mm breit und 1.380 mm hoch. Sein Vorgängermodell war der Škoda 1101 Tudor.

Von 1957 bis 1959 hatte der Škoda 450 die üblichen 4 Zylinder. Seine 1.089 cm³ brachten eine Leistung von 36,8 kW, was 50 PS entspricht. Er erreichte eine Höchstgeschwindigkeit von 128 km/h

1959 wurde der Škoda 450 endgültig in Škoda Felicia (Typ 994) umbenannt und von 1959 bis 1964 als Coupé und Cabrio gebaut. Es wurden insgesamt 14.863 Fahrzeuge dieses Typs produziert.

Ab 1961 bis 1964 gab es zusätzlich den Škoda Felicia Super (Typ 996) mit stärkerem Motor. In seinen 4 Zylindern steckten nunmehr 1221 cm³, die eine Leistung von 55 PS bzw. 40,4 kW brachten. Seine Höchstgeschwindigkeit wurde nun mit 130 km/h angegeben. Seine Abmessungen (4065 mm x 1600 mm x 1380 mm) waren gleich geblieben. 1964 wurde das Cabrio durch den heckmotor-getriebenen Škoda 1100 MBX ersetzt und 30 Jahre später, im Jahre 1994, wurde der Name Felicia für den Kompaktwagen Škoda Felicia wieder aufgegriffen.

~ ❃ ~

Im Dezember 2014 hatte ein weinroter Škoda Octavia, Baujahr 1964, die ankommenden Gäste begrüßt. Der hatte sich aber heute, warum auch immer, in die nächste Reihe verzogen. Genau den gleichen Škoda Octavia, aber Baujahr 1960 (oder war es 1959?) hatte mein Klassenvorstand besessen.

Ja, der Klassenvorstand! „Wenn der Dr.S. wüßte, daß ich heute einen süßen, kleinen Škoda Fabia fahre", schlichen sich die Gedanken in mein Hirn, „der auch schön langsam in die Jahre kommt! Und wenn der S. wüßte, daß ich in meinem Bekanntenkreis als Škoda-Fan berüchtigt bin… Meine Güte! Das war vor 56 Jahren! Ob der Dr.S. heute überhaupt noch lebt?"

„Na - was würde der Dr.S. sagen?" Ich konnte es nicht fassen: Der Škoda Octavia hatte zu mir gesprochen! „Ich weiß es nicht", beantwortete ich die Frage des Oldtimers wahrheitsgemäß, „mich hat damals niemand 'Lehrers Liebling' genannt, und Dr.S. würde mich heute, falls er noch lebt, nicht einmal ignorieren. Heute wäre ich bestimmt eine aufmerksame Schülerin, vor allem, wenn es um Kraftfahrzeuge geht, aber damals? Wie auch immer: Du könntest mir eigentlich ein bisserl was über Dich erzählen!"

„Ich hab schon befürchtet, Du fragst gar nicht!" Es klang, als wollte der alte Škoda Octavia lachen. „Meine Gattung war zunächst eine Weiterentwicklung und Umbenennung des Škoda 440, im Volksmund 'Spartak' genannt. Genaugenommen bin ich ein Urahn von Deinem Strolchi! Schließlich stammen von Urvater Škoda Spartak nicht nur meinesgleichen, sondern auch der Škoda Felicia und nicht zuletzt der Škoda Fabia ab! Meine Art wurde in dieser Version zwischen Frühjahr 1959 und Herbst 1971 von AZNP Škoda gebaut. Ich selbst bin, wie Du schon weißt, Baujahr 1964, also auch kein Jüngling mehr!

229.531 Exemplare wurden von meiner Art erzeugt. Mein Motor ist ein Viertakt-Vierzylinder OHV, und in diesen vier Zylindern stecken 1.089 cm³, die eine Leistung von stolzen 40 PS oder mickrigen 29,4 kW bringen. Mein Getriebe hat 4 Gänge, der Rückwärtsgang war schon lange vor meiner Zeit selbstverständlich. Meine Höchstgeschwindigkeit ist mit 110 km/h durchaus als vernünftig zu bezeichnen.

Na - wie ist das mit Deinem Latein?“ Der gute Oldtimer hatte offensichtlich beschlossen, meine Schulzeit aufs Korn zu nehmen. „Weißt Du, warum ich Octavia heiße?“ Ich wäre nicht ich gewesen, hätte ich jetzt geschwiegen: „Der Name Octavia stand für das achte Nachkriegsmodell der Marke Škoda“, grinste ich.

„Und wenn Du wirklich so eine aufmerksame Schülerin bist, hast Du Dir bestimmt gemerkt, daß ich einen Vierzylinder-Viertaktmotor OHV mit 1.089 $cm^3$ und 40 PS habe! Na, Du - weißt Du, was OHV bedeutet?“ „Du hast obenliegende Ventile!“ kam meine Antwort wie aus der Pistole geschossen.

„Sehr gut“, kehrte der gute alte Octavia den guten Lehrer heraus, „Setzen!“ (Ein guter Lehrer lobt seine Schüler, wenn sie es verdient haben.)

Es muß endlich einmal gesagt werden: Die OHV-Ventilsteuerung, hat mir ein Kumpel erklärt, ist eine Bauform des Ventiltriebs von Viertakt-Hubkolben-Verbrennungsmotoren, bei der die Einlaß- und Auslaßventile im Zylinderkopf angeordnet sind. Die Ventile werden von einer untenliegenden Nockenwelle über Stößel, Stoßstangen und Kipphebel betätigt. Mit Hilfe der Bewegungsrichtung der Ventilöffnung in Bezug auf die Kolbenbewegung definiert die DIN-Norm 1940 die Begriffe ‘obengesteuerter’ und ‘untengesteuerter’ Motor, enthält aber keine Definition für die OHV-Ventilsteuerung. Aus dem Begriff selbst geht die Lage der Nockenwelle nicht hervor. In der Regel benutzt man die Bezeichnung **OHV** für Motoren, bei denen die Nockenwelle im Kurbelgehäuse, also ‘untenliegend’, plaziert ist. Ist die Nockenwelle im Zylinderkopf, spricht man von einer OHC-Ventilsteuerung, bei zwei Nockenwellen von DOHC. DOHC bedeutet nicht automatisch vier Ventile pro Brennraum; grundsätzlich können mit den zwei obenliegenden Nockenwellen auch zwei Ventile je Brennraum betätigt werden.

Im Gegensatz zur OHV-Ventilsteuerung gibt es beim Viertakt-Motor noch die SV-Ventilsteuerung. Die bezeichnet eine Bauweise, bei der die Ventile seitlich neben den Zylindern angeordnet sind. Man nennt es auch ‘stehende Ventile‘. Im angelsächsischen Sprachraum dominiert die Bezeichnung Flathead (‘Flachkopf‘), wobei die besonders niedrige Bauform des Zylinderkopfes zum Ausdruck kommt. Charakteristisches Merkmal eines SV-Motors ist, daß der Zylinderkopf keine Teile des Ventiltriebs enthält. Deshalb können SV-Motoren auf den ersten Blick mit Zweitaktmotoren verwechselt werden.

~ ❀ ~

Noch einen weiteren ‘guten Bekannten‘ traf ich in der Eingangshalle: Als ich den 125er Škoda sah, mußte ich schmunzeln. Erinnerungen an die 1990er-Jahre kamen zu mir wie flüchtige Wolkenfetzen: Genau den gleichen 125er-Škoda, allerdings mit doppelter Bodenplatte, hatte mein ungarischer ‘Geschäftspartner‘ besessen. 42 Stangen Zigaretten hatten in diesen zusätzlichen ‘Laderaum‘ hineingepaßt…

Der Škoda 742 (die Modellbezeichnung war nur intern gebräuchlich) bezeichnet eine Modellreihe von Škoda, die von 1976 bis 1990 in verschiedenen Varianten gebaut wurde. Die Bezeichnungen der Modelle dieser Reihe leiteten sich vom Hubraum ab.

Das Modell Škoda 125 wurde 1976 auf der Brünner Messe vorgestellt und fiel durch das vergleichsweise moderne Erscheinungsbild auf. Es hatte einen wassergekühlten Heckmotor mit Heckantrieb. Wegen neuer Sicherheitsbestimmungen wurde der Tank von vorne unter die Rückbank verlegt. 1983 wurde die Modellreihe überarbeitet: Nicht nur die modernisierte Gestaltung von Front und Heck mit Breitscheinwerfern und voluminösen Stoßfängern aus Plastik, sondern auch die sparsameren Motoren erhöhte die Wirtschaftlichkeit der Fahrzeuge. Außerdem wurde das Fahrverhalten durch die verbreiterte Spur und die Zahnstangenlenkung verbessert.

1984 begann die Produktion der Modelle mit 130er-, 135er- und 136er-Motoren.

~ ❀ ~

Um 12.30 sollte ich mit Herrn Lukáš, der mich durch das Museum führen wollte, zusammentreffen. Ich hatte noch etwas Zeit, deshalb schaute ich vorher noch einmal in die Ecke, in welcher der Škoda 1101 Cabrio sehnsüchtig auf das Startsignal zur Oldtimer-Rallye in der Stunde nördlich von Mitternacht wartete. Ihm gegenüber hatte der Škoda Supersport Typ 996, Baujahr 1950, Platz genommen. Ich fand das Auto einfach nur schön. Dabei hatte ich mir noch nicht einmal über das Innenleben und die Vergangenheit dieses wunderschönen Stückes Gedanken gemacht, das aus dem Wegstaub der Vergangenheit gekommen war, um Augen und Herzen zu erfreuen!

Der Škoda Supersport Typ 996, las ich auf einem Schild, ist mit Viertakt-Reihenvierzylindermotor mit OHV-Ventilsteuerung ausgestattet. Aufladung durch den Kompressor Roots, links hinter der Vorderachse gelagert. 4-Gang-Getriebe mit Rückwärtsgang.

Ein Baujahr 1950 mit einem Hubraum von 1.089 cm³, einer Leistung von 88 kW bzw. 120 PS, Höchstgeschwindigkeit 170 km/h, dazu noch die Bezeichnung ‘Supersport‘? Das konnte nur ein Rennwagen sein!

Insgesamt drei Exemplare des Sondermodells Škoda 996 Supersport wurden im Jahr 1950 gefertigt, die durchgehend entwickelt und mit verschiedenen Motoren mit Hubräumen von 1.089, 1.221 und 1.490 cm³ bestückt wurden. Nur dieses einzige weltweit noch existierende Exemplar des außergewöhnlichen Škoda 996 Supersport aus dem Jahr 1950 ist als Zeugnis der Motorsportgeschichte von Škoda erhalten geblieben und vermittelt die

Atmosphäre der legendären Rundstreckenrennen in der Mitte des 20. Jahrhunderts.

Ich betrachtete das interessante Auto mit den Augen eines Menschen, der die Nostalgitis für sich entdeckt und bei der Verteilung der Phantasie mehrmals 'Hier' (oder im Hinblick auf meine Babička aus Jihlava: 'prodaj') gerufen hat: Im Jahre 1950, also in meinem Geburtsjahr, wurde der Škoda 996 Supersport mit Aluminiumkarosserie vorgestellt. Er war äußerst variabel: Mit Scheinwerfern und Kotflügeln startete er in der Sportwagen-Klasse, nach geringfügigen Anpassungen der Karosserie (Entfernung und Abdeckung des Beifahrersitzes, Demontage der Kotflügel) wurde er in der Rennwagen-Klasse eingesetzt. Zum ersten Mal kam ein Škoda 996 Supersport im Mai 1950 in Mlada Boleslav zum Einsatz, wurde jedoch nach zwei weiteren Rennen so stark beschädigt, daß er durch ein neues Fahrzeug ersetzt werden mußte. Das Ziel des Werkteams bestand darin, zwei Fahrzeuge einzusetzen; deshalb wurde gleich noch ein weiteres Fahrzeug, das dritte in Reihe, angefertigt. Er ist als letzter seiner Art erhalten geblieben. Seine Premiere feierte dieser Škoda 996 Supersport am 24. September 1950 beim Großen Preis der Tschechoslowakei. Rennfahrer Miroslav Fousek belegte mit ihm den zweiten Platz in der Klasse bis 1.100 $cm^3$.

Die Rennsaison 1951 begann mit dem Sieg in der Sportwagen-Klasse bei einem Rennen in Liberec. In den Folgejahren kamen beide Supersport, also Nummer zwei und Nummer drei, zu verschiedenen Renneinsätzen. Nach einer Verletzung wurde Miroslav Fousek durch Jaroslav Netušil abgelöst. Den anderen Wagen steuerte bis dahin Václav Bobek.

Im Herbst 1953 erreichte Václav Bobek mit einer Ausführung mit zwei Kompressoren einen neuen Geschwindigkeitsrekord von 197,8 km/h. Damit war der Škoda 996 Supersport das zu dieser Zeit schnellste tschechoslowakische Automobil. Die letzten Karosserieveränderungen gab es im Jahr 1954. Der Supersport erhielt infolge

Reglementänderungen große Kotflügel, die fest an der Karosserie befestigt wurden. Jaroslav Netušil ging 1955 mit dem nun restaurierten Exemplar an den Start. Ein Jahr später begann die Entwicklung eines Nachfolgers für den Supersport, des neuen Škoda 1100 Spezial OHC. In der Folgezeit wurden beide Fahrzeuge Škoda Supersport 996 für die Ausbildung junger Rennfahrer eingesetzt.

Miroslav Fousek, Václav Bobek sen. und Jaroslav Netušil, später Ivan Mičik, fuhren mit diesem Fahrzeug erfolgreich Rennen. Bis 1962 war der 996er Supersport auf der Rennstrecke im Einsatz. Danach befand sich der Supersport viele Jahre lang im Besitz des tschechischen Rennfahrers Ivan Mičik.

2007 erwarb das Škoda-Museum den Rennwagen und startete die umfangreiche, originalgetreue Restaurierung. Die Renovierung war nicht einfach; sie dauerte sieben Jahre und wurde 2014 erfolgreich fertiggestellt.

Jetzt erstrahlt der Škoda Supersport im wiederhergestellten Zustand der Saison von 1953 und ist als Einzelstück ein Highlight des Škoda-Museums.

Ganz heimlich streichelte ich den Kotflügel des Škoda Supersport. Daß er mir zugeblinzelt hätte, ist selbstverständlich gelogen. Dann wandte mich um, hängte meine Jacke in die Garderobe und ging zu Herrn Lukáš. Als ich ihm sagte, daß er mich bereits einmal im Dezember 2014 gemeinsam mit einer österreichischen Reisegruppe durch das Škoda-Museum geführt hatte, begrüßten wir einander wie alte Bekannte. Herr Lukáš reichte mir ein Empfangsgerät sowie den berühmten Knopf im Ohr, damit ich ihn besser verstehen könnte, falls es in einem Saal (zu) laut werden sollte. Seine nächste Frage: was mich denn als Motorradfahrer besonders interessiert. Alles, was es hier im Škoda-Museum zu sehen gibt, war meine Antwort. Ich möchte vorausschicken, ich bekam 'alles' von den Anfängen von L&K bis zu den Prototypen zu sehen, die zwar Teil der reichhaltigen

Sammlung des Škoda-Museums sind, aber sonst nicht ausgestellt werden.

Bekannte von mir behaupten, an mir wäre eine Historikerin verlorengegangen. Vielleicht erfuhr ich deshalb noch ein bißchen mehr, was nicht mit Škoda-Auto zu tun hatte, was mich aber trotzdem brennend interessierte.

***Škoda 450 (Felicia)***

***Škoda Octavia, Typ 985 Bj. 1964***

***Škoda 1101 Cabrio***

*Restauriert*

***Škoda 1101 Tudor***

*nicht restauriert*

*Foto: Andreas Hartl*

***Škoda 125, Bj. 1988***

***Škoda Supersport Typ 996, Baujahr 1950***

# *Das Škoda-Museum*

## *Zweiräder!*

## *L&K Motocykleta Slavia Typ C*

Im beginnenden 20. Jahrhundert begannen neue Verkehrsmittel, den Alltag der Menschen zu prägen und ihren Horizont zu erweitern. Wie erwähnt, war die Initiative zur Gründung des Unternehmens von

Václav Klement ausgegangen, der von den Germania-Fahrrädern der Firma Seidl & Naumann zutiefst enttäuscht war. Anfangs wurden Fahrräder der Marke SLAVIA gebaut und repariert - ein Verkaufsschlager im In- und Ausland!

SLAVIA - dieses Wort, gleichlautend in allen mir bekannten slawischen Sprachen, bedeutet auf Deutsch: RUHM. Diese Fahrräder haben den Namen SLAVIA verdient!

Die Entwicklung schritt weiter voran: Drei Jahre, nachdem die Fahrräder der Marke Slavia zum Verkaufsschlager geworden waren, folgten den Fahrrädern im Jahre 1899 Modelle mit Hilfsmotor. Die Gebrüder Michel und Eugéne Werner, die ursprünglich aus Rußland stammten, stellten in Frankreich Motorräder, motorisierte Dreiräder und Automobile her. Schon im Jahre 1896 hatten sie die Idee, ein Fahrrad mit einem kleinen Motor, der über dem Vorderrad montiert war, auszurüsten. Doch der hohe Schwerpunkt machte die Straßenlage miserabel!

Václav Laurin und Václav Klement verbesserten dieses Modell; es kam unter der Bezeichnung Motocyklett L&K Typ 1 auf den Markt. Das waren die ersten Motorräder in der Österreichisch-Ungarischen Monarchie!

1899 wurden die ersten Motorräder und ab 1905 auch Automobile hergestellt. Ende des Jahres 1902 verließ bereits das zweitausendste Motorrad die Fabrik. Václav Laurin, dieser wundervolle schlaue Fuchs, hatte ein wesentliches Konstruktionsprinzip für Motorräder entwickelt: Er konstruierte den Rahmen um den Antrieb herum! Auch wenn vielleicht nicht allen Bikern der Name Václav Laurin ein Begriff ist, so können wir Motorradfahrer gar nicht ermessen, was eben dieser Václav Laurin für unsereinen und unsere Bikes getan hat: Er konstruierte alle Bedienelemente am Lenker in Reichweite des Fahrers...

Aber alles schön der Reihe nach: Umtriebig und neugierig, wie Václav Klement nun einmal war, entdeckte er im Jahre 1887 in Paris ein motorisiertes Fahrrad. Er kaufte es sofort, um es in Mladá Boleslav seinem Partner Václav Laurin zu zeigen. Václav Laurin, seines Zeichens Technischer Direktor und akribischer Tüftler, betätigte sich umgehend als Testfahrer. Aber: Diese erbärmliche, miserable Straßenlage! Vermutlich geschah es gleich bei der ersten Kurve: Im Tausch gegen zwei seiner Vorderzähne gewann Václav Laurin viele wichtige Erkenntnisse, die bei der Konstruktion der ersten Motorfahrräder aus dem Hause L&K einflossen. Eine der wichtigsten Erkenntnisse: Ein zu hoher Schwerpunkt hat zwingend eine besch…eidene Straßenlage zur Folge…

Schon am 18. November 1899 wurden die motorisierten Zweiräder aus dem Hause L&K auf der Radrennbahn des Prager Stadtteils Bubenec erstmals der Öffentlichkeit präsentiert. Zwei Versionen standen zur Erprobung bereit: Die erste ‘Slavia‘, die mit 1,25 PS auftrumpfte, die zweite sogar mit 1,75 PS! Nach dem Jahreswechsel wurde die Maschine mit 1,25 PS als Typ A, mit 1,75 PS als Typ B verkauft.

Die Journalisten waren zwar begeistert, doch der Verkaufserfolg hielt sich trotzdem in Grenzen. Václav Klement, Kaufmann durch und durch, erkannte es richtig: Wenn genügend Menschen von den Motorfahrrädern aus Mladá Boleslav erfahren, werden auch die Verkaufszahlen steigen. Ein Weg dazu führte über die aufkommenden Wettrennen…

Es geschah im Jahre 1901, als Václav Laurin im Hinblick auf den erwachenden Motorsport den neuen Motorradtyp C entwickelt hatte: Sein Ein-Zylinder-Motor leistete unglaubliche 3 PS! Ideal für den Bahnsport….

Das Rennmotorrad Typ C hatte den doppelten Hubraum und deutlich mehr Leistung als der Typ B. Auffallend waren zwei Sättel, von denen der hintere nicht etwa für einen Mitfahrer gedacht war:

Der Fahrer kann während des Rennens in eine günstigere, flachere Sitzposition wechseln.

Noch im selben Jahr meldete Klement zum ersten Mal ein Motorrad zu einem Wettbewerb an: Aber nicht bei irgendeinem Wettbewerb, nein, die vielbeachtete Fernfahrt Paris - Berlin für Automobile und Motorräder mußte es sein! Mit seinem Obermeister Narcis Podsedniček reiste Klement nach Paris. Der als Fahrer vorgesehene Mitarbeiter glänzte zwar mit einer muskulösen, sportlichen Figur, hatte aber null Erfahrung mit Motorradrennen. Nicht einmal einen Ersatzreifen hatten die beiden dabei! Ersatzreifen zu besorgen scheiterte zwar am fehlenden Geld, aber der pfiffige Podsedniček hatte eine Idee: Er besuchte eine Schneiderin und vermittelte ihr trotz mangelnder Sprachkenntnisse - vermutlich mit Händen und Füßen - sein Anliegen: Die Frau nähte ihm Einlagen aus Stoff, die, zwischen Schlauch und Mantel gezogen, die Lebensdauer des Reifens wesentlich verlängern sollten. Und was beim Zustand der damaligen Straßen einer Sensation gleichkam: **DIE PNEUS HIELTEN!**

Nach drei Tagen Fahrt erreichte Podsedniček am 29. Juni 1901 um drei Uhr morgens Berlin. Der Vorsprung vor dem einzigen noch im Rennen verbliebenen Konkurrenten, dem Franzosen Rivier, war gewaltig, doch der Kontrollpunkt der Rennleitung war noch geschlossen! Mit einer so frühen Ankunft des verrückten Tschechen hatte nämlich niemand gerechnet.

Narcis Podsedniček ließ sich den Zeitpunkt seiner Ankunft bei der nächsten Polizeiwache schriftlich bestätigen und ging dann ins Hotel schlafen. Das war jedoch regelwidrig. Die Rennleitung disqualifizierte ihn zwar, aber für viele Motorsportfans war er dennoch der, wenn auch ungekrönte, Sieger! Unter tosendem Beifall trugen sie ihn auf ihren Schultern aus dem Hotel…

Zurück in der Heimat begann die Manöverkritik. Rennfahrer Podsedniček, Konstrukteur Laurin und Kaufmann Klement waren sich einig: Bei den nächsten Rennen wollte man sich wesentlich besser vorbereiten! Uneins hingegen waren sich die drei über Änderungen an der Konstruktion. Aufwändige Umbauten waren nicht zu finanzieren. Letztlich wurden nur dort Veränderungen vorgenommen, wo sie der Zuverlässigkeit und Sicherheit des Motorrades und dessen Piloten dienten. Es war, als hätte das Trio bereits damals eine Unternehmensphilosophie geprägt, die später ein Kernstück der Marke Škoda werden sollte: Zuverlässigkeit und Sicherheit.

In der Saison 1902 gab es erstmals mit dem Typ DB ein Damenmotorrad. Es folgten Zweisitzer für zwei Herren oder für den Herrn mit Dame im Damensattel, und sogar ein Prototyp mit einem Zwei-Zylinder-Motor.

Mit dem bewährten Typ B trat das Unternehmen am 24. Oktober 1902 zur harten Fernfahrt Paris - Wien an. Cenek Antonin Riegl fuhr eine der drei Werksmaschinen und erreichte nach 1.750 Kilometern das Ziel: den Wiener Prater! Seine Zeit betrug 33 Stunden, 49 Minuten und 12,6 Sekunden. Er hatte den Arlbergpaß als einziger Motorradfahrer ohne fremde Hilfe bewältigt und landete auf Platz drei, gefolgt von Narcis Podsedniček.

Die Erfolge im Motorsport brachten die erwünschte Wirkung: Plötzlich fanden sich Interessenten aus vielen Ländern, die Fabrikate mit dem Namen 'Slavia' aus dem Hause Laurin & Klement importieren wollten! 1903 wurde die Fabrik abermals erweitert: Eine Montagehalle für Motoren, eine Schmiede und eine Spenglerei entstanden. Das Unternehmen zählte nun 204 Mitarbeiter.

Die findigen Konstrukteure unter Václav Laurins Regie entwickelten mit großem Eifer neue Technik. Als eines der ersten Wettbewerbsfahrzeuge entstand eine Slavia-Rennmaschine mit zwei V-förmig angeordneten Zylindern.

Die L&K-Maschinen starteten bei 34 Motorradrennen und fuhren 32 Mal auf den ersten Platz. Zuverlässig waren sie obendrein: Bei 87 Starts gab es lediglich einen einzigen Ausfall.

1904 wurde die Modellpalette um das Modell CC erweitert: ein Motorrad mit einem Zweizylinder-V-Motor und einem halben Liter Hubraum. Es war das erste Motorrad in Europa, das tatsächlich in Serienfertigung hergestellt wurde. Laurin entwickelte außerdem eine Wasserkühlung für die Motoren und den ersten Vierzylinder. Der Name Slavia verschwand, einzig das Markenzeichen L&K zierte nun die Motorräder aus Mladá Boleslav. Im Ausland wurden sie meist unter dem Namen ‘Republik‘ verkauft, was beim legendären Exelberg-Rennen*) im monarchistischen Österreich fast einen Eklat auslöste.

*) Der Exelberg ist ein Berg in Niederösterreich im nördlichen Wienerwald nahe der Wiener Stadtgrenze. Über den Exelberg führt von Tulbing im Bezirk Tulln bis zur Wiener Höhenstraße eine Landesstraße, die auch heute noch eine beliebte Motorradstrecke ist. Motorsportfreunden ist der Exelberg durch das Exelberg-Rennen bekannt. Diese Konkurrenz war das älteste Motorwagen–Rennen in Österreich-Ungarn, wurde vom Österreichischen Automobil-Club veranstaltet und fand zum ersten Mal am 21. Mai 1899 statt. Als Autorennen wurde die Konkurrenz bis 1904 durchgeführt, im Jahre 1910 gab es noch einmal ein Motorradrennen.

1905 baute L&K 19 verschiedene Motorräder mit Ein- und Zweizylindermotoren sowie die Vierzylindermaschine CCCC 5HP. In diesem Jahr gewann Václav Vondřich das renommierte Rennen ‘Coupe International’ in Dourdan, Frankreich, auf einem Motorrad der Marke L&K.

Die Firma Laurin & Klement hat viele verschiedene Motorräder produziert. Typenbezeichnung? Immer dem Alphabet nach! Als sich dieses System dem Ende zuneigte, stieg man auf andere, phantasievollere Bezeichnungen um.

Im Frühjahr 1905 präsentierte die Firma L&K auf dem Prager Auto- und Motorrad-Salon die Siegermaschine aus dem vergangenen Jahr – und ein Aggregat. Nur Eingeweihte wußten, was der nun wassergekühlte V-Zweizylinder mit 14 PS Leistung wirklich bedeutete: In Mladá Boleslav bereitete man sich auf das Zeitalter des Automobils vor…

*Dieses 'Vollholz-Fahrrad' habe ich 2010 im Škoda-Museum gesehen. Es heißt tatsächlich*

***KLAPPERKASTEN***

*Leider war es schon im Dezember 2014 nicht mehr da.*

***Fahrrad 'SLAVIA' Laurin & Klement***

***Bj. 1895***

<u>***Motocyklett L&K, Typ 1, 0,25 PS***</u>

<u>***Motorrad, Typ L***</u> <u>***Laurin & Klement***</u>

<u>***Bj. 1904***</u>

*Viertakt Einzylinder SV* *452 cm³*

*4 PS = 2,94 kW* *60 km/h*

***Motordreirad L&K, ausschließlich für die Mexikanische Post erzeugt.***

<u>*Nutzlast: 200 kg*</u>

Dieses Motordreirad war in ganz Europa niemals erhältlich.

*7. Kapitel - 3. Reisetag:*

# Das Škoda-Museum Automobile

**Dieser Prototyp wurde nie produziert**

Nach ersten Prototypen um die Jahrhundertwende startete L&K die Fertigung von Automobilen. Die Voiturette war das erste Auto, das von der Firma Laurin & Klement erzeugt worden war. Sie wurde erstmals 1906 in Serie produziert.

Die Museumsbesucher rannten an ihr vorbei, bestaunten sie wohl, um sich sofort wieder anderen Ausstellungsstücken zuzuwenden. Daß hier ein Stück Automobilgeschichte vor ihnen stand, berührte sie nicht. Verständlich, daß die Voiturette, zu Deutsch 'kleiner Wagen', einen sehr gelangweilten Eindruck machte.

„Hallo, Du!“ quatschte ich die Voiturette an, „Kannst Du mir etwas über Dich erzählen?“

„Na, sicher kann ich das“, freute sich das schöne Prachtstück, „Gestatten: Je m’apelle **Voitourette, Typ A** - ich nenne mich Voitourette, Typ A! Voiturette ist französisch und bedeutet so viel wie ‘Kleiner Wagen‘. Erzeugt hat mich die Firma Laurin & Klement im Jahre 1906. Mein Motor ist ein wassergekühlter Zweizylinder-Viertakter mit 1.005 $cm^3$ Hubraum, und ich brachte die Leistung von 7 Pferden! Aber kannst Du mir erklären, was 5,1 Kilowatt bedeutet?“

„Es ist eine andere, moderne Art, die Leistung anzugeben“, antwortete ich, „wenn ich richtig informiert bin, entspricht 1 kW = 1,360 PS und 1 PS ist gleich 0,735 kW.“

„Merde! Da soll sich noch einer auskennen“, ärgerte sich die Voitourette, lächelte aber gleich darauf wieder: „Wie auch immer: Mein Dreigang-Getriebe hatte natürlich auch einen zusätzlichen Rückwärtsgang! Meine Höchstgeschwindigkeit von 40 km/h mag Dir heute langsam vorkommen; damals aber, als ich noch jung war, glaubten die Menschen, man blicke dem Tod ins Auge!

Auf der Industrieausstellung in Prag wurde ich erstmals gezeigt. Das war, glaub ich, 1905! Wenn ich ehrlich sein soll, auf dem Prager Autosalon wurde 1905 noch kein ganzes Automobil gezeigt, nur mein Aggregat! Aber bis Jahresende waren zwei Stück der Laurin & Klement Voiturette, Typ A, fertig! Ja, richtig, auf dem Prager Autosalon 1906 führte meinesgleichen schon die Ausstellung auf dem Podest gleich gegenüber dem Eingang an!

Weißt Du, ich hatte noch etwas Besonderes: Meine Kraftübertragung ging erstmals nicht über den damals üblichen Kettenantrieb, den Du von den Motorrädern kennst, sondern über eine Kardanwelle! Meine Art wurde zwei Jahre lang produziert. Ich hatte noch 43 Geschwister!“

~ ❀ ~

Herr Lukáš und ich wandten uns von der Voitourette ab, schließlich gab es noch viele andere Oldtimer zu bestaunen! Wieso wir plötzlich von den Škoda-Oldtimern auf das Ghetto Theresienstadt zu sprechen kamen - ich kann es heute nicht mehr sagen. Ich weiß nur, daß wir vor einem Škoda Felicia (oder war es der Rapid?) standen und Herr Lukáš anmerkte, daß während der kommunistischen Herrschaft alles, aber wirklich alles, einheitlich zu sein hatte - auch die Form der Autos. Andere Formen und Designs wurden nicht akzeptiert. Aber dann kam das Jahr der großen Wende: 1989!

Wie es kam, daß Herr Lukáš sein Smartphone an mein Kommunikationsgerät anschloß und mir ein Video zeigte - ich weiß es nicht: Aber dieses Video, aufgenommen von einer Sendung des ZDF, hatte es in sich:

„In der Dlouha-Straße 24 in Terezin steht ein unscheinbares Eckhaus. Im Erdgeschoß bietet eine Pizzeria Pasta, Pizza und frisches Budweiser vom Faß an. Oben auf dem Dachboden hat sich 70 Jahre lang ein gut gehütetes Geheimnis verborgen: Zwischen Müll und Gerümpel hat hier ein junger Mann namens Lukáš Lev im März 2014 Zeichnungen und Graffitis entdeckt. Zeichnungen von Kindern. Terezin - Theresienstadt. Dlouha 24. Einst Bahnhofstraße. Das zweistöckige Haus gehörte einmal zum Block L237. Mitten im Ghetto…

Die Bilder - Graffiti, Kinderzeichnungen, entstanden in einer schrecklichen Zeit - berührten mich zutiefst, drehten schmerzhaft mein Innerstes nach außen… Hilflose Wut packte mich: Dieser neunmal gottverdammte Wahnsinnige in Stiefeln! Vor nichts und niemand hatte er jemals Respekt gehabt, schon gar nicht vor dem Leben! Für seine Verbrechen möge dieser kleine Möchtegern-Künstler aus Braunau in der tiefsten Hölle schmoren! Vielleicht hat der Schwarze Gott des Sturmes ein Einsehen und tut dem Irren aus Braunau das gleiche an, was er Millionen Menschen angetan hat.

~ ❀ ~

Ich versuchte mich zu beruhigen. Nach außen hin tat ich ruhig, aber wie es in meinem Inneren aussah, war unbeschreiblich. Kurz schloß ich die Augen und betrachtete wenig später eingehend den Škoda Superb 4000, Typ 919 - hier Baujahr 1940. Er wollte mich wohl durch seine Schönheit und Eleganz auf andere, schönere Gedanken bringen.

Škoda Superb bezeichnet eine Fahrzeugreihe der gehobenen Klasse bis Luxusklasse, die Škoda zwischen 1934 und 1949 baute. Das erste Modell hieß Škoda 640 Superb, wobei Superb lediglich der Zusatz zur Typenbezeichnung (in diesem Fall: 640) war. Dann wurden Typen- und Verkaufsbezeichnungen umgestellt: Unter anderem wurde das nächste Modell nur Superb genannt.

Im Jahr 1935 erhielt der Superb einen Preis als 'elegantester Wagen'.

Der Škoda Superb 4000, Typ 919, Baujahr 1940 mit V8-Maschine (8-Zylinder-Motor) wurde als luxuriöses Flaggschiff der Modellpalette entworfen. Bevor der Zweite Weltkrieg ausbrach, wurden zehn Exemplare fertiggestellt.

Im Zweiten Weltkrieg produzierte Škoda den Superb 3000 (Typ 952) als Kübelwagen und Kommandeurswagen. Die 6-Zylinder-Variante Superb 3000 wurde in hoher Stückzahl als Militärfahrzeug gebaut. Während der NS-Zeit hatte er den Wert von 15 Häusern…

Nach dem Krieg stellte Škoda von 1946 bis 1949 nochmals 162 Fahrzeuge des Typs 924 mit leicht veränderter Karosserie her.

Ab Herbst 2001 griff Škoda den Namen Superb für ein Modell der oberen Mittelklasse wieder auf.

~ ❀ ~

Der Škoda Vision D lenkte mich endgültig von den Dingen ab, die während meiner Schulzeit tunlichst unter den Tisch gekehrt worden waren, über die man damals nicht sprechen durfte, und die trotzdem auch heute noch hochaktuell sind. Geschehnisse, die mich regelmäßig in einen Zustand hilfloser Wut versetzen.

Der Škoda Vision D ist eine Designstudie von Škoda Auto und wurde im Frühjahr 2011 auf dem Genfer Automobilsalon vorgestellt. Designer der Studie war der Slowake Jozef Kabaň, der auch maßgeblich für das neue Logo verantwortlich war.

Vision D ist nur ein 1:1-Modell und fährt heiße 20 km/h – aber auch nur dann, wenn er von einem Stehplatz zum anderen gebracht werden soll.

Das neue, vom Unternehmenslogo unterscheidbare Fahrzeuglogo wurde erstmals auf dieser Designstudie plaziert und vorgestellt. Das neue Logo wurde ab 2012 serienmäßig auf den neuen Modellen angebracht und zeigt mit Chromelementen den Škoda-Pfeil auf schwarzem Grund.

~ ❀ ~

Der Saal, in dem im September 2010 die ‘Schlafenden Schönheiten‘ auf ein neues Leben gewartet hatten, war nicht ungenutzt geblieben: Auf mehreren Hebebühnen warteten drei etwas desolate Oldtimer darauf, daß jemand die letzten Spuren ihres Verfalls beseitigte und ihnen neues Leben einhauchte. Die Oldtimer auf den Hebebühnen sahen nicht einmal mehr so schlimm aus. Bereit liegendes Spezialwerkzeug ließ ahnen, was den Autos bevorstand. Fachleute, wahre Künstler und vor allem Könner, vollbrachten oft wahre Wunder. Wieder streiften meine Gedanken an jenen Tag im September 2010 an, als ich den ‘Phoenix aus dem Teich’ gesehen hatte…

Abgetrennt durch einen Vorhang wartete eine Art Kinosaal auf Besucher. Ich nahm Platz, und Herr Lukáš ließ mich den Film über die Anfänge der Firma L&K, die L&K-Motorräder mit den Rennen, die L&K bekannt gemacht hatten, bis hin zu Škoda-Auto ansehen. Der Film dauerte eine gewisse Zeit - genau so viel Zeit, wie sie Herr Lukáš brauchte, um den nächsten Schritt meiner Museumsführung vorzubereiten.

Zum Abschluß der Führung durch das Škoda-Museum erwartete mich nämlich noch die Super-Überraschung schlechthin! Vorbei am Škoda 1101 Cabrio und dem Škoda Supersport Typ 996, Baujahr 1950 führte mich Herr Lukáš aus dem Hauptgebäude hinaus über ein paar Stiegen in einem Raum, der unter anderem Oldtimer und andere Rennwagen, die in dieser Saison nicht im Hauptgebäude gezeigt wurden, vorbehalten war, sowie jenen Prototypen die nie in Serie gegangen waren.

~ ❀ ~

Der Prototyp Škoda 989 sah zwar alles andere als fabriksneu aus, aber er hatte es in sich! Er wurde im Jahre 1958 mit einem Viertakt-Vierzylinder-Reihenmotor OHC entwickelt, hatte einen Hubraum von 1.047 $cm^3$ und brachte eine Leistung von 32 kW bzw. 43 PS. Ein kleines Fahrzeug mit der sogenannten Halbwagenkonstruktion Typ Sedan, mit Heckmotor. Im Jahre 1958 war ein Viergang-Getriebe genauso wie der Rückwärtsgang Standard. Das Fahrzeug wurde auch mit einem OHV-Motor getestet. Der Škoda 989 war einer der vielen Entwicklungsvorgänger des Fahrzeugs Škoda 1000 MB. Aber der Obrigkeit - wer auch immer das war, entzieht sich meiner Kenntnis - war das Auto zu gut, zu fortschrittlich.

~ ❀ ~

Vom Škoda 633 – hier ein Baujahr 1933 – wurden von 1931 bis 1934 insgesamt 504 Stück produziert. Von der Bezeichnung kann man ableiten daß es sich um einen Sechszylinder mit einer

Dauerleistung von 33 PS handelt. Man hatte den Škoda 633 in den unterschiedlichsten Varianten gebaut: Sedan, Tudor, Cabrio, und als Pritschenfahrzeug mit einer Traglast von 500 kg. Gemeinsam war allen Varianten des Škoda 633 der Sechszylinder-Viertakt-Motor SV (Seitenventilsteuerung), der Hubraum mit 1.792 cm³ mit einer Leistung von 33 PS bzw. 24,3 kW. Ein Dreigang-Getriebe, selbstverständlich mit Rückwärtsgang, war in den 1930er-Jahren ‘normal‘. Seine Höchstgeschwindigkeit: immerhin 100 km/h.

~ ❀ ~

Der zu Rennzwecken bestimmte Einsitzer Škoda MTX 1-01 wurde aus Serienteilen der Škoda-Fahrzeuge gebaut. Dieser Wagen ist einer von zehn Fahrzeugen, die 1971 im Rahmen der ersten Serie hergestellt wurden. Václav Bobek und Václav Bobek jr. haben den Wagen gefahren, 1972 wurde Václav Bobek jr. mit diesem Rennwagen auf dem Brno-Ring Meister der Tschechoslowakei.

Herr Dr.-Ing. Václav Pauer, Konstrukteur und Restaurator dieses Fahrzeuges, hat es an das Škoda-Museum verliehen.

Die Rennwägen Formel Škoda MTX 1-01 wurden von 1970 bis 1983 produziert. Sie hatten einen Viertakt-Vierzylinder-OHV-Motor (Š110) mit einem Hubraum von 1.107 cm³, Viergang-Getriebe mit Rückwärtsgang. Mit ihrer Leistung von 53 PS bzw. 39 kW schafften sie eine Höchstgeschwindigkeit von 110 km/h.

~ ❀ ~

Der Škoda Lucia F3, Typ 992, war ein Rennwagen, den Škoda 1967 als Monoposto*) für die Formel Junior bzw. die Formel 3 herausbrachte. Er gilt als Nachfolger des Škoda 996 Supersport.

*) Ein Monoposto (italienisch: Einsitzer) ist ein Rennwagen mit einem einzigen in der Wagenmitte angeordneten Sitz. In der Regel handelt es sich um so genannte Formel-Rennwagen.

Der wassergekühlte, obengesteuerte Vierzylinder-Viertakt-Reihenmotor war hinten eingebaut und hatte einen Hubraum von entweder

998 $cm^3$ (Leistung: 66 kW bzw. 90 PS) oder 1.221 $cm^3$ mit einer Leistung von 76 PS (56 kW). Dieser Motor beschleunigte das 410 kg schwere Fahrzeug bis auf 210 km/h. Die Aluminium- oder Kunststoffkarosserie war halb selbsttragend und hatte einen Zusatzrahmen aus dünnwandigen Rohren.

In den Jahren 1966-1967 wurden in den Automobilwerken in Vrchlabi drei Exemplare dieses Rennwagens hergestellt. Die Grundlage des Fahrzeuges bildet ein Stahlgitterrahmen, auf den eine abnehmbare Kunststoffkarosserie aufgesetzt ist. Am Steuer des ausgestellten Fahrzeugs saß in den Jahren 1967 bis 1969 Oldřich Brunclik: 1969 belegte er in der Meisterschaft der Tschechoslowakei Platz 4. Weitere Rennfahrer waren Jiři Srnský und Miloš Šrámek.

~ ❀ ~

Die Rallyefahrzeuge Škoda 180RS und 200RS gelten als Begründer der RS-Dynastie. Die Abkürzung RS steht dabei für 'Rallye Sport'. Dank ihnen konnte Škoda auch in jenen höheren Klassen starten, die Fahrzeugen mit größeren Hubräumen vorbehalten waren. Drei Spezialfahrzeuge wurden in den Jahren 1974 und 1975 bei Rallyes und Rundstreckenrennen eingesetzt. Sie fielen mit ihrer Beschleunigung, hoher Geschwindigkeit und vor allem mit ihrem ausgezeichneten Fahrverhalten auf.

Im Jahr 1974 sind mit dem Škoda 180 RS und dem Škoda 200 RS die ersten RS-Modelle der Marke gestartet.

Mit den im Frühjahr 1974 präsentierten Modellen stieg Škoda in die höchsten Rennklassen ein, unter der Haube der Boliden war ein 163 PS (120 kW) starker 2,0 Liter-Motor zu finden, der dem Škoda 200 RS zu einer Höchstgeschwindigkeit von bis zu 210 km/h verholfen hat. Ein Jahr später kam mit dem Škoda 130 RS eine weitere Version der sportlichen Rennfahrzeuge hinzu. Seine größten Triumphe feierte der 130 RS mit dem Doppelsieg bei der Rallye Monte-Carlo im Jahr 1977 in der Kategorie bis 1.300 $cm^3$. Mit dem

140 PS (103 kW) starken 1,3-Liter 4-Zylinder-Motor erreichte der 134 cm hohe Renner eine Spitzengeschwindigkeit von 220 km/h.

Im Jahr 1981 wurde die Produktion der RS-Modelle ruhend gestellt, bis im Jahr 2000 mit dem Octavia RS die legendäre Bezeichnung erstmals wieder ausgegraben wurde. Der Familienwagen kam mit einem 1,8 Liter Turbo-Benziner mit einer Leistung von 180 PS (132 kW) auf den Markt und beschleunigte in nur 7,9 Sekunden von 0 auf 100 km/h. Die Höchstgeschwindigkeit lag bei 235 km/h.

Im Jahr 2003 kam auch erstmals der kleine Fabia als Fabia RS auf den Markt. Als erstes RS-Modell war der Fabia dabei mit einem 1,9 Liter-Turbodiesel mit einer Leistung von 130 PS (96 kW) ausgerüstet. Damit beschleunigte der Kleinwagen in 9,6 Sekunden von 0 auf 100 km/h und war bis zu 204 km/h schnell.

Das bislang stärkste RS-Modell von Škoda ist der aktuelle Octavia RS, der mit seinem 220 PS (162 kW) starken 2,0 TSI-Motor bis zu 248 km/h schnell ist.

~ ❀ ~

Mein diesmaliger Besuch im Škoda-Museum neigte sich seinem Ende zu. Auch heute hatte ich viel Neues, Interessantes erfahren. Herr Lukáš hatte seine Sache gut gemacht, verstand er es doch, selbst knochentrockene Fakten über Kraftfahrzeuge äußerst interessant an den Mann bzw. an die Frau zu bringen.

Wir verließen den Raum, den ich am liebsten den ‘Saal der Ungeborenen’ genannt hätte. Aber das, rief ich mich zur Ordnung, wäre dann doch zu übertrieben.

***Die Voitourette…***
Exponat teilweise repliziert.

***Škoda Superb 4000,***
***Typ 919, Baujahr 1940***

***"Škoda Vision D"***
***ist nur ein 1:1-Modell***

***Prototyp Škoda 989,***
***Baujahr 1958***

***Škoda 633, Baujahr 1933***

***Škoda MTX 1-01 Baujahr 1971***

*Rennwagen*
*Škoda Lucia F3*

*Škoda 200 RS Typ 734*
*Baujahr 1974*

*8. Kapitel – letzter Reisetag:*

## ***Das Ende aller Träume***

Mein Besuch im Škoda-Museum war zu Ende. Bei meinem letzten Besuch im Dezember 2014 hatte ich dem Saal der schlafenden Schönheiten nachgetrauert; heute hatte ich es endlich begriffen: Jedes Museum lebt, und Leben bedeutet Veränderung.

Natürlich will ich jetzt nicht behaupten, es existiere tatsächlich jene geheimnisvolle Geisterstunde nördlich der Mittagssonne, südlich von Mitternacht, wenn die alten Dampflokomotiven jene Zigaretten rauchen, die sie den Museumsbesuchern geklaut haben, wenn Oldtimer-Motorräder von Oldtimer-Autos Fremdsprachen lernen und eben diese Oldtimer-Autos eine mitternächtliche Oldtimer-Rätsel-Rallye veranstalten! Zugegeben, dieser Gedanke gefällt mir ausgesprochen gut, wenn ich kleinen Kindern eine Gute-Nacht-Geschichte erzählen darf: Geschichten, die absolut nichts mit den üblichen Verdächtigen wie Hänsel und Gretel, Frau Holle, Schneeweißchen und Rosenrot oder auch dem Rotkäppchen zu tun haben, oh nein! Geschichten von meiner Freundin, der alten Dampflokomotive müssen es sein, die Kinder ins Land der Phantasie mitnimmt, oder Geschichten von dem uralten Motorrad, das die Zeit um die Wende zum 20. Jahrhundert wieder aufleben läßt! Kindern erzähle ich gern solche Geschichten, aber in der phantasielosen, computergesteuerten Wirklichkeit haben solche Geschichten keinen Platz…

Nein, ein Museum lebt durch die Menschen, die ihre Sammlungen öffentlich zugänglich machen. Ein Museum lebt durch die Menschen, die sich um die Gestaltung ihres Museums kümmern, durch die Menschen, die in diesem Museum arbeiten; Menschen, denen immer wieder Neues einfällt und die diese Neuerungen und Modernisierungen bretthart durchziehen. Ein Museum lebt durch die Menschen, die Motorrad- und Autowracks liebevoll restaurieren, daraus neue Exponate erstellen und von den Menschen, die diese Exponate auch liebevoll pflegen.

Bei einem abschließenden Schwätzchen mit Herrn Lukáš ließ ich durchblicken, wie tief mich seine Entdeckung auf dem Dachboden der Dlouhá 24 berührt hatte. Seit ich im Kleinstkinderalter durch eine Radiosendung erfahren hatte, daß der großartige Tenor Joseph Schmid (1904-1942) Jude war, habe ich zum Begriff 'Jude' einen besonderen Bezug: Jude = Musik(alität). Nach dieser Sendung hatte ich nichts Eiligeres zu tun, als Tante Hedy zu fragen, ob sie auch so wunderschön singen könne wie Joseph Schmid. Ihre Frage nach dem Warum beantwortete ich mit: „Weil Du Jüdin bist!“ Tante Hedy hatte darauf geantwortet, das sei das schönste und liebenswerteste Vorurteil, das sie jemals gehört hatte. Aber das hätte Herrn Lukáš Lev bestimmt nicht interessiert. So verabschiedete ich mich von ihm, dankte für die schöne, besonders ausführliche Führung, die großartigen Erklärungen zu den Exponaten, vor allem für das Video über die Erinnerungsstücke von Theresienstadt und wandte mich Ennio zu, der mich schon sehnsüchtig erwartete.

~ ❃ ~

*Obwohl meine Margit sehr lange im Museum unterwegs gewesen war, war mir nicht langweilig geworden. Der nette schwarze Škoda Superb, der mir den angenehmeren Parkplatz angeboten hatte, hatte mich ganz genau über meinen Freund und Benzinbruder Strolchi ausgefragt, der in der Zeit, in der meine Margit und ich auf Reisen sind, auf Reha ist. Wir hatten geplaudert, geplaudert, geplaudert, und als ich dem netten Superb erzählt hatte, wie Strolchi zu seiner herrlich-schamesroten Farbe kam, mußte er lachen, daß es ihn nur so geschüttelt hat. Zuletzt war der Superb sehr nachdenklich geworden: „Deine Margit schickt Deinen alten Freund Strolchi einfach auf Reha“, wunderte er sich, „der hat es gut! Mein Chef arbeitet hier im*

*Škoda-Werk. Wenn ich schäbig oder krank werde, werde ich gegen ein schöneres und gesundes Auto ausgetauscht. Alles andere ist in seinen Augen unwirtschaftlich und verrückt." „Kränk Dich nicht", versuchte ich den Kumpel zu trösten, „nicht jedes Motorrad und jedes Automobil kann einen Chef oder eine Chefität haben, der oder die mit unseresgleichen spricht und außerdem so wundervoll verrückt ist wie meine Margit. Und außerdem weißt Du nie, wie Dein nächster Chef tickt!"*

*Ich konnte nicht ahnen, wie wichtig und* ***überlebens****wichtig das unwirtschaftliche Denken und die Verrücktheit meiner Margit schon sehr bald für mein Leben werden sollten.*

~ ❃ ~

*„Was meinst Du, Ennio", fragte mich meine Margit, sobald sie sich von Herrn Lukáš verabschiedet hatte, „können wir, oder möchtest Du noch plaudern?" „Margit, es geht schon ziemlich auf 16°° Uhr zu", erklärte ich mit einem Blick auf meine Uhr, „wenn wir nicht bald losfahren, schaffen wir es nicht mehr nach Dresden und müssen hier übernachten!" „OK, mein Schatz", antwortete meine Margit und hängte ihr rechtes Bein in ihrer bekannt ungelenken Art über meine Sitzbank. Aber heute schien mir ihr Aufsteigen noch ungelenker als sonst, und ich ahnte den Grund dafür: „Margit? Ich habe den Eindruck, der Tankrucksack behindert Dich!" „Da hast Du recht, Ennio", gab Margit zu, „ich sehe ja fast nicht mehr drüber! Bei nächster Gelegenheit besorge ich Gummiwürste, daß ich den Tankrucksack irgendwie hinten montiere. Auf die Dauer geht das wirklich nicht so weiter." Dann drückte sie meinen Startknopf, wir zogen gemütlich los. Am Kreisverkehr am Ende der Třida Václava Klementa nahmen wir die Landstraße Richtung Doksy - Česká Lípa unter meine Räder.*

*Vom Škoda-Museum in die Ortschaft Halsbrücke (zwischen Pirna und Chemnitz) sind es lt. Google-Maps 188 km, aber Google Maps ist, nobel ausgedrückt, auch nicht das Wahre! Meine Margit weint um 'ihren' Windows-Routenplaner: Der war zwar Jahrgang 2001, nach 14 Jahren auch nicht mehr hochaktuell, aber man konnte eine Strecke von Ortschaft zu Ortschaft unterteilen. Das kann man bei Google-Maps nicht. Außerdem: Wie aktuell ist der Google Routenplaner, wenn die Ortsnamen aus der Zeit um die Wende vom 19. zum 20. Jahrhundert stammen? Ist die Straßenführung auch aus dieser Zeit? Tschechische Ortsnamen werden auf Deutsch angegeben, was im 21. Jahrhundert niemanden mehr interessiert. Ein Beispiel: Wenn ich nach Ústí nad Labem will, werde ich nicht die Ortstafel Aussig suchen. Zufällig ist Aussig / Ústí nad Labem der Name einer Stadt, der sowohl meiner Margit als auch mir in beiden Sprachen geläufig ist, aber sonst? Ortsnamen an den Straßen sind sowieso purer Luxus, den sich Google offensichtlich nicht leisten kann oder will. Durch welche Ortschaften muß ich fahren, wenn ich von Mladá Boleslav (das Google Maps, nebenbei bemerkt, als Jungbunzlau bezeichnet) nach Dresden will?*

*Bis Doksy ging es noch ziemlich flott voran, aber der Weg zwischen Doksy und Česká Lípa zog sich in die Länge wie ein Strudelteig. Der Regen ließ nicht lange auf sich warten, es dauerte nur Minuten, bis meine Margit durch und durch naß bis auf die Haut war. Sie befürchtete schon, sie habe sich wieder einmal verfahren, aber dann erreichten wir doch Česká Lípa. Nun suchten wir nach einem Wegweiser 'Ústí nad Labem', 'Pirna' oder 'Dresden'. Wir fanden keinen.*

*Allmählich wurde meine Margit ungeduldig. An einer Tankstelle irgendwo in der Pampa fütterte sie mich und fragte nach einer Straßenkarte. Die Dame an der Kassa hatte keine zu verkaufen, sie besaß nur ihre eigene. Wenigstens ließ sie Margit in diese Karte schauen: Alle Wege schienen nach Ústí nad Labem zu führen.*

*Im Kiosk sah Margit einige dieser Gummiwürste, die sie brauchte, um meinen Tankrucksack hinten über der Rolle zu montieren, in der*

*Katzen- und Hundeleckerlis auf ihre Empfänger warteten. Dann stellte sie sich unter das Vordach, suchte nach ihrer Zigarettenpackung und fand sie auch...*

~ ❋ ~

Nach langer, langer Zeit und vielen Kilometern erreichten wir endlich eine Ortstafel: Ústí nad Labem. Irgendwo, so hoffte ich, würde uns jetzt ein Wegweiser den Weg zur Autobahn und somit in Richtung Dresden weisen. Inzwischen kannte ich mich überhaupt nicht mehr aus und überlegte ernsthaft, ob ein Navigationsgerät eventuell, möglicherweise, vielleicht doch ratsam sein könnte. Irgendwann fuhren wir an einer Tafel 'Ortsende Ústí nad Labem' vorbei, fuhren eine Schleife und dann nochmals quer durch Ústí nad Labem hindurch - endlich fanden wir einen Wegweiser zur Autobahn D8, die hinter der tschechisch-deutschen Grenze A17 heißt und nach Dresden führt!

~ ❋ ~

*Nun hatten wir die Autobahn A17 endlich gefunden. Eine Tafel bestätigte es: Wir hatten die*

***BUNDESREPUBLIK DEUTSCHLAND***

*im Visier.*

*Die* ***Bundesrepublik Deutschland*** *ist ein mitteleuropäischer Staat mit föderaler**) *Verfassung, der aus den 16 deutschen Ländern gebildet wird. Die Bundesrepublik ist ein freiheitlich-demokratischer und sozialer Rechtsstaat und stellt die jüngste Ausprägung des deutschen Nationalstaates dar. Die Bundeshauptstadt sowie bevölkerungsreichste Stadt ist Berlin.*

*) *Unter Föderalismus (von lat. foedus, foedera 'Bund', 'Bündnis', 'Vertrag') wird heute vorwiegend ein Organisationsprinzip verstanden, bei dem die einzelnen Gliedstaaten (Bundesländer) über eine gewisse Eigenständigkeit und Eigenstaatlichkeit verfügen, aber zu einem Gesamtstaat zusammengeschlossen sind.*

*Die Bundesrepublik Deutschland besteht aus 16 Bundesländern:*
***Baden-Württemberg** mit der Hauptstadt **Stuttgart**,*
***Bayern** mit der Hauptstadt **München**,*
***Berlin** (Stadtstaat),*
***Brandenburg** mit der Hauptstadt **Potsdam,***
***Bremen** (Stadtstaat),*
***Hamburg** (Stadtstaat),*
***Hessen** mit der Hauptstadt **Wiesbaden,***
***Mecklenburg-Vorpommern** mit der Hauptstadt **Schwerin,***
***Niedersachsen** mit der Hauptstadt **Hannover,***
***Nordrhein-Westfalen** mit der Hauptstadt **Düsseldorf,***
***Rheinland-Pfalz** mit der Hauptstadt **Mainz,***
***Saarland** mit der Hauptstadt **Saarbrücken,***
***Sachsen** mit der Hauptstadt **Dresden,***
***Sachsen-Anhalt** mit der Hauptstadt **Magdeburg,***
***Schleswig-Holstein** mit der Hauptstadt **Kiel,** und*
***Thüringen** mit der Hauptstadt **Erfurt.***

*Zahlungsmittel ist in Deutschland der (T)Euro: **1 € (Euro) = 100 Eurocent.** Das Internationale KFZ-Kennzeichen ist D.* Eine deutsche Mail-Adresse endet immer mit .de, und die Telefonvorwahl ist +49.

*An Deutschland grenzen neun Staaten: Polen, Tschechien, Österreich, die Schweiz, Frankreich, Luxemburg, Belgien, die Niederlande und Dänemark. Auch die Nord- und Ostsee begrenzt Deutschland.*

~ ❀ ~

*Während ich rekapitulierte, was ich über die Bundesrepublik Deutschland gelernt hatte, erreichten wir Pirna. Die angeblichen 50 km zwischen der Staatsgrenze und der Ausfahrt Pirna erschienen sowohl mir als auch meiner Margit endlos. Wir fuhren von der*

*Autobahn ab, Margit fütterte mich an der Tankstelle mit gutem 95er-Sprit. Dann suchten wieder nach der Ausfahrt Kesselsdorf.*

Während Ennio an einer sicheren Stelle vor dem Kiosk auf mich wartete, suchte ich mir die Telefonnummer von Dagmar heraus. Dagmar erklärte mir den Weg – aber ich war offensichtlich zu müde und zu erschöpft, den Weg zu kapieren. Statt Richtung Kesselsdorf fuhr ich von Pirna in Richtung Bad Schandau ab. Nach einem weiteren Anruf bei Dagmar erfuhr ich, daß ich wieder auf dem falschen Weg war. In der Folge geriet ich mit Ennio in eine Sackgasse, und hier passierte es beim Umdrehen: Ich kippte mit Ennio um…

~ ❃ ~

*Allmählich war es dunkel geworden. Wir waren wieder an der Tankstelle gelandet, an der ich zuvor gespeist hatte. Da bemerkte Margit, daß mein Scheinwerfer ausgefallen war. Das war vermutlich beim Umkippen passiert. Natürlich hätte sie das Problem selbst beheben können - Herr Sabeditsch hatte ihr doch vor ein paar Tagen gezeigt, wie es geht! Aber leider machte uns Margits Kardantunnel-syndrom - pardon, das heißt Karpaltunnelsyndrom - einen dicken Strich durch die Rechnung: Durch die Nässe und vor allem die Kälte war Margits linke Hand nahezu unbrauchbar. Mit der rechten Hand allein kann man kein Scheinwerferglas öffnen. Leider kannte meine Margit die Notrufnummer nicht, unter der der ADAC erreichbar ist. Das erledigte die freundliche Dame an der Tankstelle: Sie rief den ADAC an, und alsbald kam auch Hilfe.*

*Zwischendurch wollte Margit noch einmal Dagmar anrufen. Da bemerkte sie, daß auch ihr Handy bei unserem Umkipper etwas Gröberes abbekommen hatte und nicht mehr zu brauchen war.*

*Wie oft meine Margit in Österreich den ÖAMTC für eine Pannenhilfe gerufen hat, weil entweder mein Freund und Benzinbruder Strolchi oder ich Probleme hatten - ich kann es nicht zählen. In Deutschland kann meine Margit nicht nach dem ÖAMTC schreien. Das heißt, sie könnte es zwar versuchen, aber diese Versuche wären nicht von Erfolg gekrönt. Zum Glück gibt es in Deutschland den ADAC. Das ist ein sehr freundlicher, naher Verwandter des ÖAMTC - man nennt das auch Schwesternclub.*

*Beim ÖAMTC in Österreich kommt, sobald jemand die Notrufnummer 120 gewählt hat, der Pannenfahrer, ein fix angestellter Mitarbeiter des ÖAMTC, und löst die Probleme. Beim ADAC ist das ein bisserl anders, hat mir eine ganz liebe Dame vom ÖAMTC erklärt: In Deutschland heißt der Pannenfahrer 'Straßenwachtfahrer'. Ein Mitarbeiter des ADAC, oder ein Vertragspartner des ADAC kommt als Problemlöser: Vertragspartner sind externe Firmen, die mit dem ADAC einen Vertrag haben und für bestimmte Gebiete die Pannenhilfe leisten.*

*Wie auch immer: Nicht das Lämpchen war kaputt gegangen, durch den Umfaller hatte sich die Fassung gelöst, was der nette Herr vom ADAC im Handumdrehen in Ordnung brachte: Er drückte die Fassung wieder dorthin, wo sie ursprünglich hingehört hatte. Nicht nur das: Da es schon sehr spät geworden war, empfahl der nette Herr meiner Margit auch ein Quartier... Rückblickend betrachtet, hätten wir uns sehr viel erspart, wenn meine Margit diese Empfehlung angenommen hätte.*

*Wieder machten wir uns auf die Suche nach der Straße Nr. 173 und Kesselsdorf ....*

~ ❃ ~

Mittlerweile war es stockdunkel, die Zeiger der Uhr zeigten beinahe Mitternacht. Wieder fuhren wir auf die A17 auf, suchten die Ausfahrt 'Kesselsdorf'. Es hatte schon wieder zu regnen begonnen, die Nässe weichte mich ein, Kälte kroch an mir hoch, in mich hinein, ich fühlte mich plötzlich so unsagbar müde. Sofort hielt ich Ausschau nach einem Platz, an dem ich mit Ennio ein bißchen stehen bleiben konnte, Bewegung machen, ausruhen - aber es war zu spät…

Wie es passieren konnte – ich weiß es nicht, kann mich an die Sekunden vor dem Aufprall nicht erinnern: Die Leitschiene bewegte sich offensichtlich, raste mit unbarmherziger Schnelligkeit auf mich zu! Dann wurde es Nacht in mir…

~ ❃ ~

*„Margit! Maaaargit!“ schrie ich verzweifelt – aber meine Margit reagierte nicht! Sie lag nur da, ihr Sturzhelm hatte sich unter der Leitschiene verkeilt, ich lag gleichfalls an der Leitschiene und konnte nichts, aber schon gar nichts für den Menschen tun, der mein Leben erst so richtig lebenswert gemacht hatte! Mein Sturzbügel hatte zwar verhindert, daß ich durch mein Gewicht das Bein meiner Margit zerquetscht hatte, aber lebte meine Margit noch, oder war das Unaussprechliche, Schreckliche geschehen???*

*Plötzlich war mir, als risse mich etwas von meiner Margit weg, meine Seele entschwebte in eine andere Welt…*

*Wie ich in diesen düsteren Saal gekommen war, konnte ich anfangs nicht verstehen. Doch dann erinnerte ich mich: Es hatte eine Kollision mit einer Leitschiene gegeben!*

*Eine Lichtgestalt trat in den Saal und musterte mich eingehend: „Du bist die Kawasaki EN500A, die von der Besitzerin Ennio genannt wird?“*

*„Ja, das bin ich“, bestätigte ich, „aber wo, bitte, ist meine Margit?“ Ich konnte nicht verhindern, daß sich Panik in mir breit machte.*

*„Ennio“, sprach die Lichtgestalt weiter, „einer von Euch beiden muß gehen! Entweder Margit - oder Du!“*

*Ich mußte nicht überlegen, weil es nichts zu überlegen gab: „Allgütiger, dann gehe ich! Margit kann und wird wieder ein Motorrad haben; ich hingegen finde nie wieder einen Menschen wie sie. Außerdem sorgt meine Margit für zwei Katzen. Die beiden Schmusekätzchen versorgen kann ich nicht, ich kenne sie nicht einmal persönlich. Wenn Margit gehen müßte - was geschieht mit diesen beiden Lebewesen? Claudia kann nicht für sie sorgen, sie hat einen Hund. Man würde die beiden Katzen einfach in ein Tierheim stecken, und das geht gar nicht, sie wären todunglücklich. Ich gehe freiwillig, damit Margit mit ihren Kätzchen leben kann."*

*Eine zweite Lichtgestalt war an meine Seite getreten: „Ich sagte Dir doch, Allgütiger, dieses Motorrad denkt und fühlt wie ein lebendes Wesen, und es ist überdies von edler Gesinnung! Dieses Motorrad gehört niemals in die Schrottpresse! Ich bitte um eine zweite Chance!"*

*„Und was hast Du dazu zu sagen, Ennio?" wandte sich die erste Lichtgestalt wieder an mich.*

*Meine Stimme zitterte nicht, als ich sagte: „Allgütiger, wenn mir die Schrottpresse beschieden ist, werde ich mich nicht dagegen wehren, dann wird das Unaussprechliche geschehen. Aber bitte, laß Margit leben!"*

*„Du willst also wirklich lieber in die Schrottpresse, als Margit sterben zu lassen", brachte es die Lichtgestalt auf den Punkt.*

*„Ja, das will ich." Natürlich hatte ich Angst vor dem, was mir drohte. Aber noch schlimmer, so schien es mir, wäre ein Leben ohne Margit. Ich wandte mich an die Lichtgestalt, die zuvor an meine Seite getreten war: „Ich danke Dir, daß Du für mich gesprochen hast. Mit meiner Margit weiterleben zu dürfen, wäre das Größte für mich. Ich werde mich selbstverständlich würdig erweisen."*

*„Ich habe schon vieles gesehen und gehört", sprach der, den wir Kraftfahrzeuge den Obersten Verkehrsrichter nennen, „aber sowas von Opferbereitschaft ist mir noch nie untergekommen! Bringt Ennio zum Friedhof der Motorräder auf die grüne Wiese..."*

Plötzlich hörte ich Papschi aufschreien: „Ja, Himmel, Arsch und Wolkenbruch, Du kannst doch, verdammt noch einmal, nicht hier liegenbleiben! So eine verdammte Scheiße, so eine gottverdammte! Beweg Dich, beweg Deinen verdammten Arsch, steh auf, oder muß ich Dich erst in den Arsch treten, verdammt nochmal?!" Ja, das war Papschi, aber seine sonst so ruhige Stimme war derart von Panik erfüllt, daß sie überkippte! Mein Vater hatte die Panik - das war eindeutig zu erkennen und vor allem zu hören: „Gottverdammte Scheiße, beweg Dich doch endlich!" Warum regte sich Papschi nur so auf?

Zu Lebzeiten meines Vaters war Fäkalsprache nur dann aktuell gewesen, wenn die Kacke tatsächlich dampfte. Je kritischer die Situation, desto deftiger wurden seine Ausdrücke. Aber wieso hatte er überhaupt die Panik? Wieso lag ich plötzlich unter der Leitplanke? Das konnte ich mir nicht erklären.

„Ja, gleich, Papschi!" Ich versuchte mich aufzurichten, mußte zuerst unter der Leitplanke hervorkriechen. Der Sturzhelm klemmte zwischen der Leitplanke und dem Dreck, in dem ich lag. Nach einigen mißglückten Versuchen gelang es mir, den Verschluß des Helms zu lösen. Ich fühlte mich kraftlos, bereit, den letzten Weg anzutreten - aber mein Papschi schien etwas dagegen zu haben: Er schimpfte mit mir, wie er es zu seinen Lebzeiten nie getan hatte! Sollte mich das dazu bewegen, nicht aufzugeben? Es dauerte eine gefühlte Ewigkeit, bis ich mich zuerst auf die Knie stützen und später auch aufrichten konnte. Kaum stand ich auf zwei Beinen, war Papschis gellende Stimme verklungen…

Ennios Scheinwerfer leuchtete noch. Autos fuhren vorbei, ich winkte - aber niemand nahm davon Notiz, daß hier ein Unfall geschehen war. Entweder hatten sie es nicht gesehen, oder es war ihnen egal: Soll der doch krepieren, was geht mich das an…

Ich versuchte, Ennio aufzuheben und wieder auf seine Räder zu stellen. Es war mir nicht möglich, ich war zu schwach. Jetzt erst registrierte ich die Parkbucht auf der anderen Seite der Fahrbahn. Und in dieser Parkbucht stand ein LKW…

Mir war klar, welches Risiko ich einging. Trotzdem vergewisserte ich mich, daß im Augenblick kein Fahrzeug auf mich zuraste, hinkte über die Fahrbahn, klopfte an die Autotür: Der Trucker, ein Pole, sprach kaum Deutsch, und ich hatte in diesen Augenblicken nicht nur meine paar Brocken Polnisch vergessen: Ich war stumm! Aber der Mann begriff, daß ein Mensch Hilfe bitter nötig hatte. Und er reagierte! Er bemühte sich, über den Euronotruf, 112, Hilfe zu holen, aber seine Versuche schienen vergebens: Es scheiterte an Sprachschwierigkeiten und daran, daß weder er noch ich die blasseste Ahnung hatten, an welchem Autobahnkilometer der Unfall geschehen war. Der Trucker sprang wild gestikulierend an den Fahrbahnrand, winkte mit einem blendendweißen Ding, von dem ich vermutete, es sei ein Handtuch - keiner der Vorbeifahrenden reagierte…

Plötzlich hielt ein unbekannter Autofahrer an. Der Mann stellte keine Fragen, erfaßte die Situation mit einem Blick. Er griff sich sein Handy. Seine Stimme rauschte an mir vorbei. Ich hörte, daß er sprach, aber was er sagte, begriff ich nicht…

Es dauerte nicht lange, bis ich zuckende Blaulichter vor mir sah. Der Mann, der letztendlich die Rettungskette in Gang gesetzt hatte, sprach mit den Polizisten. Die Polizei stellte mir Fragen, die ich wie ein Automat beantwortete. Wie ich heiße, woher ich komme? Ob ich Alkohol getrunken hätte? Ja, antwortete ich, am Sonntagabend beim Fleck in Prag drei Bier. Ob ich Schmerzen hätte? Im Augenblick noch nicht, antwortete ich, aber ich habe durch den Sturz einen Schock, den ich gut im Griff habe. Mir wurde klar, daß es niemanden interessierte, was ich zwei Tage zuvor getrunken hatte. Irgendjemand sagte, sie werden die Rettung verständigen…

Mittlerweile ist die A17 nahezu taghell erleuchtet. Die Autobahn wird gesperrt, um meinen Ennio zu bergen. (Tage später sollte ich erfahren, daß im Verkehrsfunk die Meldung gekommen war: „Nach einem Motorradunfall ist die A17 bei Dresden gesperrt…")

Der Sanka - ich weiß nicht, woher er gekommen war - ist auch schon eingetroffen. Die Sanitäter stellen mir Fragen nach meinem Befinden. Beschissen, antworte ich, im Augenblick habe ich keine Schmerzen, aber ich habe einen Schock, den ich aber sehr gut im Griff habe, ich werde bestimmt nicht umkippen…

Kaum habe ich die Sanitäter über meinen Zustand aufgeklärt, höre ich einen der netten Polizisten, die mich zuerst befragt hatten, irgendetwas von 'auswendig gelernt' sagen. Was meint er damit? Ich habe diesen neunmal gottverdammten Schock doch voll im Griff! So lang ich noch gerade stehen kann, werde ich nicht umkippen, das habe ich mir befohlen…

Die Schmerzen würden bestimmt kommen, sobald der Schock abgeklungen war…

~ ❋ ~

In der Zwischenzeit hatte ich einen Schüttelfrost vom Feinsten. Ein letzter Rest Klarheit in dem Hohlraum unter meinem Haardach sagte mir, was eigentlich logisch ist: Ich war naß bis auf die Haut, kalt war mir schon vorher gewesen. Irgendjemand fragt mich, ob ich einverstanden bin, daß ich ins Krankenhaus gebracht werde. „Alles andere wäre tödlicher Leichtsinn", lalle ich.

Die Sanitäter helfen mir auf die Trage, ziehen mir die Stiefel und die nasse, vom Straßendreck starrende Jeans vom Leib und versuchen mit meiner Erlaubnis, einen Zugang in meiner Ellenbeuge zu legen: Rechts platzt die Vene sofort, links ist auch nichts zu holen. Umgehend verbitte ich mir, es auch an meinen Handrücken zu versuchen. Die Sanitäter halten sich daran. Wieder fehlen mir einige Minuten Film. Ich bemerke, wie sich der Sanka bewegt…

*9. Kapitel:*

# Im Krankenhaus

Der Sanka brachte mich in die Notaufnahme des Uniklinikums Carl Gustav Carus in die Fetscher Straße 74 in Dresden. Später erfuhr ich, das sei das beste Krankenhaus weit und breit. Na, wenn es ‘weit und breit‘ nichts Besseres gibt!? Fachlich dürften sie vielleicht die besten sein, das habe ich später öfters von anderen Menschen gehört, die das Uniklinikum Carl Gustav Carus in Dresden teilweise aus eigener Erfahrung kennen, aber das Personal in der Notaufnahme schien in dieser Nacht nur aus Sadistinnen und Besserwisserinnen zu bestehen…

Wie gut oder mies das Uniklinikum war, war mir im Augenblick ziemlich gleichgültig: Ich war unterkühlt, durchnäßt und hatte einen Schüttelfrost vom feinsten. Wenn ein Mensch unterkühlt, durchnäßt und mit Schüttelfrost gesegnet (oder geschlagen) ist, ist eine erfolgreiche Blutabnahme nur in Ausnahmefällen möglich, weil sich alle Blutgefäße zusammenziehen. Aber genau das schien diesen Klugscheißerinnen nicht klar zu sein, sie bemühten sich nach Kräften, meine Handrücken zu durchlöchern und beklagten sich, daß sie kein Blut von mir bekamen. Es klang, als sei ich allein schuld, daß eine Blutabnahme bei mir nicht erfolgreich war.

Diejenigen, die mich mit ihren Nadeln quälten, waren entweder Lehrlinge, absolute Nieten, Sadisten, oder alles zusammen: Die Einstiche in meine Handrücken waren extrem schmerzhaft, aber einen Zugang zu legen schafften diese ‘Künstler‘ nicht. Als ich vor Schmerzen schrie, bekam ich zu hören: „Stellen Sie sich nicht so an!“

Wenn mir das jemand in einem österreichischen Krankenhaus sagt, bin ich am nächsten Tag beim Patientenanwalt. Solche Anmerkungen sind ein absolutes No-Go! Auch, oder besonders als Patient, habe ich das Recht, anständig behandelt zu werden; Anmerkungen, die man vielleicht zu einem Kind macht, sind einem erwachsenen Menschen gegenüber eine Frechheit.

Ich weiß nicht, wie ich reagiert hätte, hätte ich mich bewegen können. Möglicherweise hätte diese Unperson, die mir so frech und gemein gekommen war, am Watschenbaum gerüttelt. Ich fühlte mich hilflos, verlangte, man solle doch wenigstens warten, bis ich etwas aufgewärmt war, stieß aber auf taube Ohren. Ob ich unanständige Wörter benützt habe, weiß ich nicht. Wenn ja, dann tut es mir nicht leid, es war gerechtfertigt, ich werde mich bestimmt nicht dafür entschuldigen. Für mich fühlte es sich so an, als füge man mir, um mir zu beweisen, daß ich zusätzliche Arbeit verursacht und somit überhaupt keine Rechte hätte, absichtlich Schmerzen zu. Dafür wünsche ich diesen Sadistinnen einen Dildo, der sich bei ordnungsgemäßer Benutzung in einen handlichen Säulenkaktus verwandelt, der bei jeder Berührung seine Stacheln verliert!

Während eine freundliche Schwester eine Wärmedecke über mich legte (Danke!), bemühten sich die anderen Weiber immer wieder, meine Handrücken zu durchlöchern. Die Wärme der Decke benötigte eine gewisse Zeit, bis sie in mich eindringen und die Kälte verjagen konnte. Irgendwann, nach zahllosen schmerzhaften, vergeblichen Versuchen gelang es endlich, an meinem rechten Handrücken einen Zugang zu legen. Der war aber sinnlos, weil er sowieso nie verwendet wurde. Hauptsache, man hatte einen Zugang gelegt und ließ meinen rechten Handrücken vorerst in Ruhe.

Ich möchte vorausschicken: Am nächsten Tag habe ich mehrmals um 'etwas zum Kühlen' oder eine Blutegelsalbe für meine mittlerweile tiefblauen Handrücken gebeten. Ich wäre schon mit einem Eiswürferl zufrieden gewesen. Meine Bitten wurden aber geflissentlich ignoriert. So betrachtet, waren die nicht vorhandenen Reaktionen eher zum Heißgehen als zum Kühlen geeignet. Bis ich meine total verschwollene rechte Hand wieder halbwegs gebrauchen konnte, vergingen mehr als zwei Wochen.

Mit meiner linken Hand ist das eine andere Sache: Um einen Zugang für das Kontrastmittel für die Computertomographie zu legen, hatte mir so eine neunmal gottverdammte Sadistin genau zwischen dem Kleinen Finger und dem Ringfinger meiner linken Hand einen sogenannten Butterfly hineingerammt. Der Schmerz war unbeschreiblich, fuhr mir durch den gesamten linken Arm bis in meinen Brustkorb in mein Herz und dann in mein Hirn! Fühlt sich so ein Herzinfarkt an? Mir war klar, diese verdammten Weiber hatten einen Nerv verletzt! Warum, zum dreimal gehörnten und neunmal geschwänzten Teufel, haben diese Töchter räudiger Gämsen nicht den Zugang an der rechten Hand benutzt? Seither sind diese beiden Finger gefühllos. Ob ich die Finger jemals wieder richtig verwenden kann, ist mehr als fraglich.

Übrigens: Wenn der Jäger von der Gamsräude befallene Gämsen sieht, muß er das gesamte Rudel erschießen.

Pinkeln mußte ich auf einem sogenannten Schieber. In Österreich nennt man das Leibschüssel. Man hatte im CT gesehen, daß meine Blase voll war, deshalb hatte ich, als ich darum gebeten hatte, sofort einen ‘Schieber‘ bekommen. Komplett entleeren konnte ich mich nicht. Warum, zum Teufel, läßt man mich nicht auf die Toilette?

Das CT wurde erstellt, ich hatte den Schieber bekommen und bat trotzdem, zur Toilette gehen zu dürfen. Das war wohl das Höchste der Gefühle. Da stand plötzlich der Verdacht im Raum: Wirbelbruch im Halsbereich! Wahrscheinlich müssen wir operieren. Sofort bekam ich eine Halskrause verpaßt, die mich zur Bewegungslosigkeit verdammte. Aus war der Traum von einem richtigen, ordentlichen Toilettengang und einer ausgiebigen heißen Dusche.

Neunmal gottverdammte Scheiße! Im ersten Augenblick schien mir der Verdacht im Hinblick auf meinen Sturz glaubhaft: Ich hatte mit meinem sturzhelmbewehrten Kopf die Leitschiene gerammt.

Andererseits: Hätte ich bei einem Wirbelbruch nicht irgendwelche Ausfälle haben müssen? Ich spürte meine Beine, die Hautabschürfung an meinem linken Unterschenkel brannte wie die Hölle, ich spürte meine Arme, ich hatte meine nahezu überfüllte Blase gespürt, meine Hände schmerzten von den zahllosen Versuchen, einen Zugang zu legen - nein, das mit dem Wirbelbruch konnte einfach nicht stimmen! Eine Verdachtsdiagnose, in erster Linie erstellt, um mich ruhig zu stellen. Ich merkte, daß ich wieder wütend wurde und es mich nach Rache dürstete. Leider habe ich mich dann doch geschämt, mein großes Geschäft einfach auf der Trage zu verrichten: Beim Wegputzen der Schweinerei wären hundert pro Unschuldige zum Handkuß gekommen.

Die Tetanus-Impfung verweigerte ich. Abgesehen davon, daß ich schon von den Nadeln genug hatte, erinnerte ich mich, daß ich nach meiner letzten Tetanusspritze Krankheitssymptome bekommen hatte, als sei die Krankheit bereits ausgebrochen (drei Tage Krankenhausaufenthalt). In diesem Krankenhaus mit diesen Künstlerinnen wäre ich nach der Tetanus-Spritze sicher und heilig auf der Intensivstation gelandet!

~ * ~

Es dauerte eine gefühlte Ewigkeit, bis ich endlich in ein Krankenzimmer kam. Meine Bettnachbarin, klärte mich jemand auf, sei völlig dement. Ich solle mir also nichts draus machen, wenn sie mit Leuten spricht, die gar nicht da sind. Egal. Wer weiß schon, wie wir einmal werden, wenn wir alt und dement sind. Sie plauderte jedenfalls ausführlich - die ganze Nacht hindurch. Ich verschloß allein mit meinem Willen meine Ohren und bemühte mich, einzuschlafen, was mir nach einiger Zeit auch gelang.

Am nächsten Morgen wurde ich gewaschen. Aufstehen durfte ich wegen des Verdachtes, daß ich mir das Genick gebrochen hatte, noch nicht. Außerdem wäre das Waschen mit einem Butterfly in jedem Handrücken sowieso mehr als schwierig geworden: Die Butterflys lagen so übel, daß sie auch dann permanent schmerzten, wenn ich meine Hände nicht bewegte. Meine linke Hand war wie gelähmt, gänzlich unbrauchbar und schmerzte höllisch. Trotzdem war es mir peinlich, so hilflos zu sein. Aber noch peinlicher wäre es gewesen, ungewaschen zu bleiben. Mein Geruchssinn ist zwar denkbar schlecht ausgebildet bis nicht vorhanden, aber wenn ich die Ereignisse des vergangenen Tages betrachtete (zwölfundsiebzig Mal vom Regen eingeweicht - getrocknet, eingeweicht - wieder getrocknet und so weiter), war es durchaus denkbar, daß ich schon gestunken habe.

Endlich kam die lang ersehnte gute Nachricht und mit ihr die Erlösung von der Halskrause: Kein Wirbelbruch, es ist alles in Ordnung. Also raus aus dem Bett, ab ins Badezimmer, wo eine Kloschüssel nur auf milde Gaben wartete! Außerdem bekam ich, nachdem ich etliche Male absichtlich mit unverhülltem Hintern bloßfüßig über den Gang marschiert war, ein hinten geschlossenes Nachthemd.

Kaum war mein Hintern bedeckt, trat einer der netten Polizisten, die in der Nacht 'die Amtshandlung vorgenommen' hatten, ein. Ich hatte noch nie etwas gegen Polizisten, auch wenn mich schon der eine oder andere (berechtigter Weise) zur Kasse gebeten hatte, aber diesen Beamten der Sächsischen Polizei zu sehen, freute mich ganz besonders. Er brachte mir nicht nur verschiedene Dinge aus Ennios Seitentaschen, die ich sicherlich brauchen würde, nein, er brachte mir das Protokoll und nicht zuletzt die freudige Botschaft, mein Motorrad sei gar nicht so schlimm beschädigt und könne bestimmt wieder repariert werden! Das beruhigte mich ungemein. Man hätte es zu einem Mechaniker, einer Depotstelle der Sächsischen Polizei, gebracht - wie solle jetzt weiter vorgegangen werden?

Ja, Herr Inspektor, erklärte ich in meinem schönsten Wienerisch, beim ÖAMTC - das ist der Schwesternclub vom ADAC - habe ich den Schutzbrief. Der beinhaltet unter anderem die Rückführung des Fahrzeuges, und auch ich werde vom ÖAMTC nach Wien gebracht. Jetzt muß ich noch den ÖAMTC informieren, was mir passiert ist, dann wird der ÖAMTC tätig.

Herr D. ließ sich von mir das Procedere mit dem ÖAMTC-Schutzbrief erklären. Dann bat er mich um Ennios Papiere, bevor er sich von mir verabschiedete.

Ein Polizist, von welcher Dienststelle und aus welchem Land er auch immer kommt, darf sich das, was während seines Dienstes passiert (zum Beispiel ein Unfallgeschehen), nicht zu nahe kommen lassen, sonst geht er seelisch vor die Hunde oder öfter zum Psychologen als zum Dienst. Polizisten sind in erster Linie Menschen: fühlende, denkende Menschen, und das Abblocken geht nicht immer auf Kommando. Wer weiß, was Herr D. an diesem 14.6. alles erlebt hatte? Vielleicht war es hilfreich für ihn, ein Unfallopfer von heute Nacht auf dem Weg der Besserung zu sehen? Er hat mir das Gefühl gegeben, mein Wohlergehen sei für ihn von höchster Priorität. Und das war schön für mich.

~ ❃ ~

Ein Raucherzimmer gibt es im Krankenhaus selbst nicht. (Ich glaube, seit die Raucher als Buuuh-Männer und -Frauen aller Nationen herhalten müssen, gibt es in keinem Krankenhaus mehr ein Raucherzimmer. Na, ja - irgendwann wird sich die schlaue, regulierungswütige EU dazu entschließen, auch dem Feuer das Rauchen zu verbieten.) Um mir meinen Wunsch nach einer Zigarette zu erfüllen, mußte ich mit dem Lift ins Erdgeschoß fahren und im Freien rauchen. Allerdings tat ich das in Socken, meine Stiefel waren noch tropfnaß; man hätte sie eventuell auswringen oder in einer Wäscheschleuder behandeln können. Meine Socken waren mir gleichgültig, ich hatte nur die ältesten, schäbigsten Socken mitgenommen, die nach dem Gebrauch sowieso der Entsorgung anheimgefallen wären.

Ich habe selten eine Zigarette so genossen wie die am Vorplatz des Krankenhauses. Da ärgerte es mich nicht einmal, daß ich nicht imstande war, meine Zigarette mit der linken Hand zu halten - obwohl mich das erschreckte: Spätestens jetzt wurde mir klar, daß ich ehebaldigst etwas gegen mein Karpaltunnelsyndrom unternehmen mußte. Wie ernst es mir damit war, bewies die Tatsache, daß ich nur das Wort 'Karpaltunnelsyndrom' und nicht meinen höchstpersönlichen Blödsinn, 'Kardantunnelsyndrom' gedacht hatte.

Während ich gemütlich meine Zigarette rauchte, überlegte ich, wie ich mit meinen Helfern - dem polnischen Trucker und dem deutschen PKW-Fahrer - Kontakt aufnehmen konnte, um zumindest ein Wort des Dankes zu sagen. Schließlich hatten diese Menschen mir geholfen, als sonst keiner helfen wollte.

Als ich von meiner Rauchertour zurückkam, wurde ich bereits erwartet: Ich weiß nicht, wieso ich so sicher war: Das mußte Dagmar sein! Von Fotos kannte ich nur ihre pelzigen Kinder, den Hund Charly, künftiger Empfänger der 'besten Ohrwascheln aller Zeiten', und den Kater Winnie, für den ich eine Dose selbstgemachten Katzenkaugummi mitgenommen hatte.

Dagmar und ich hatten einander über eine 'Social Media'-Plattform kennengelernt und dann fleißig privat miteinander gemailt, was das Zeug hält: Manche Dinge haben auf Social-Media-Plattformen nichts verloren. Nun stand dieselbe Dagmar vor mir, und es war, als ob wir einander schon seit Kindertagen kennen und nach langer Trennung wahnsinnig viel zu erzählen hatten.

Auch Dagmar freute sich, mich endlich persönlich kennen zu lernen. Als ich gestern nicht bei ihr angekommen war, war sie unruhig geworden, hatte die Polizei angerufen und, da ich den Polizisten ihren Namen als Kontaktperson genannt hatte, auch Auskunft bekommen.

Wenig später ging ich nochmals eine Zigarette rauchen. Als ich zurückkam, bemerkte die Schwester, daß ich in Socken ohne Schuhe unterwegs war. Die gute Frau wußte Rat: Sie fand doch tatsächlich ein Paar Hausschuhe, die sie mir überreichte, und die mir unterwegs und auch später noch die besten Dienste leisten sollten.

~ * ~

Am Donnerstag, den 16. Juni, so hatte ich bereits zu Mittag des 15.6. erfahren, sollte ich um 10°° Uhr vormittags das Krankenhaus verlassen. Dagmar wollte mich abholen.

Noch so eine Nacht wie die vom 15. auf den 16.6. hätte ich nicht geschafft: Meine Bettnachbarin schrie ständig „Hilfe! Hilfe!“, das war nicht auszuhalten. Nach der Schwester rufen wollte ich nicht, hatte aber wenigstens einen Grund, das Krankenzimmer zu verlassen, mit dem Aufzug ins Erdgeschoß zu fahren und vor dem Haus genüßlich ein paar Zigaretten zu rauchen. Ein paar? Nun, drei oder vier, mit ordentlichen Pausen dazwischen, werden es schon geworden sein.

Eine Schwester ‘erwischte’ mich, als ich gegen 4°° Uhr wieder in ‘mein‘ Krankenzimmer schlich. Sie fragte mich, warum ich denn schon um diese Zeit unterwegs sei. Ich erklärte ihr, daß meine Bettnachbarin stundenlang um Hilfe geschrien und ich das nicht ausgehalten hätte. Wenn ich nicht gegangen wäre, hätte ich unter Umständen etwas getan, was ich hinterher bereue. Einem Menschen einen Vorwurf zu machen, der sein Tun nicht begreift, ist ein absolutes No-Go. Warum ich nichts gesagt hätte, man hätte mein Bett in den Aufenthaltsraum schieben können! Das, meinte ich, sei zu viel Aufwand, da ich heute sowieso um 10°° Uhr entlassen werde.

~ * ~

Lieber Leser, kennen Sie das 11. Gebot? Es lautet: „Du kannst Dich täuschen!“ Mit der Entlassung um 10°° Uhr wurde es nämlich nichts. Dagmar hatte mir sicherheitshalber aus Ennios Packtaschen frisches Gewand mitgebracht, damit ich mich schleunigst umziehen konnte. Das Gewand, mit dem ich ins Krankenhaus eingeliefert worden war, war naturgemäß nicht sehr sauber und repräsentativ. Für den Kratzer an meinem linken Unterschenkel erbettelte ich an diesem Tag erstmals ein Pflaster, weil ich absolut nicht auf Wundinfektionen stehe. Über die Sauberkeit und vor allem Keimfreiheit meiner Hosen möchte ich nicht diskutieren.

Wie oft ich an diesem Tag die Adresse meines Hausarztes genannt und, als es mir zu blöd wurde, aufgeschrieben habe, kann ich nicht mehr zählen. Es waren immer dieselben Ärzte, die mich fragten. Als ich es wagte, mit der Frage meinen Unmut zu zeigen, wie oft ich die Adresse meines Hausarztes noch aufschreiben sollte, folgten noch weitere Fragen, wer denn mein Hausarzt sei und wo der wohne. Erst als ich mich einer Schwester gegenüber nicht sehr schmeichelhaft, dafür umso lauter, über das Kurz- und Langzeitgedächtnis der Herren Doktoren äußerte, wurde ich nicht mehr nach der Adresse meines Hausarztes gefragt.

Ist es eigentlich eine Frechheit, die Herren Doktoren beziehungsweise ihren Umgang mit einer Patientin (=mit mir) schlichtweg als primitiv zu bezeichnen?

Das Fehlen der Adresse meines Hausarztes, log man mir vor, sei der Grund, warum es mit dem Arztbrief nicht geklappt hätte. (Also doch: Fehlendes Kurz- und Langzeitgedächtnis.) Naja - eine gute Ausrede ist immerhin eine Tschechische Krone wert. (Wechselkurs: 1 Euro = ca. 26 Tschechische Kronen.) Wie gesagt: Eine **gute** Ausrede und keine, die man von vornherein nicht glaubt. Beste, phantasievolle Ausreden, über die man vielleicht auch lachen kann, werden mit bis zu 10 Tschechenkronen gehandelt.

Endlich, gegen 16°° Uhr, war Dank einer sehr nachdrücklichen Intervention durch Dagmar der Arztbrief endlich fertig, ich konnte die ungastliche Stätte verlassen.

Obwohl man sich das bei mir nicht vorstellen kann, gibt es in meinem Umfeld einige Leute, denen ich lachend hinterher winke, sollten sie zufällig einmal von einer Treppe fallen. Wenn sie hinterher ein Krankenhaus brauchen, kann ich das Uniklinikum Carl Gustav Carus in Dresden wärmstens empfehlen.

~ ❃ ~

Dagmar hatte mich mit ihrem Auto abgeholt. Im Auto wartete bereits Charly. Ob er gewußt hat, daß ich die Tante mit den guten Ohrwaschel-Leckerlis bin, weiß ich nicht. Er hat nicht gefragt, sondern mich einfach sympathisch gefunden. Das zeigte er mir, indem er mir gründlich das Gesicht ableckte.

Je weiter wir uns vom Krankenhaus entfernten, desto besser wurde meine Laune. Ich genoß die Freiheit. Allerdings wuchs meine Sorge um Ennio von Minute zu Minute.

*10. Kapitel:*

## ***Nix wie weg vom Krankenhaus!!!***
### ***Was hat Porzellan mit Karl May zu tun?***

Bis ich endlich den Arztbrief in der Tasche hatte, war ich bereits knapp vor dem Explodieren! Es war nicht nur wegen der um 6 Stunden verzögerten Entlassung, auch gegen die Schwestern auf der Station gab es nichts zu sagen, aber den sauberen Herren Doktoren, die mir offensichtlich zeigen wollten, wer hier das Sagen hat, möchte ich am liebsten die rostige Essiggurke in Chili verpassen! Wenn ich dazu noch bedenke, wie man mit mir bei der Aufnahme umgegangen ist und welche Folgen das langfristig für meine linke Hand haben wird, ist mein Zorn verständlich.

Dagmar begriff, daß ich nach dem gehabten Ärger ein bisserl 'herunterkommen' mußte. Das war auch Charly klar: Er begrüßte mich ganz herzlich mit wilden Hundeküßchen! Daß er gesagt hätte, komm, zeig mir die bösen Menschen, die Dich so geärgert haben, ich pinkle ihnen ans Bein, daß sie glauben, sie bekämen ein heißes Fußbad, ist natürlich gelogen.

Desgleichen fand Dagmar, daß ich trotz Charlys Liebesbezeigungen noch nicht genug besänftigt war. Deshalb stellte sie mir die Frage, was ich denn lieber sehen möchte: Dresden, oder die Stätten, wo sie ihre Kindheit und Jugend verbracht hatte. Ich entschied mich für letzteres: Dagmar war in Radebeul geboren und aufgewachsen. Also besichtigten wir Radebeul.

Immer stärker wurde für mich der Eindruck, daß Dagmar und ich einander ähnlicher sind, als man das für möglich hält: Auch Dagmar genießt 'Chronische Nostalgitis'! Die Art, wie Dagmar erzählte und mir die Stätten ihrer Kindheit und Jugend präsentierte, ließ für mich nur einen Schluß zu: Es mußte eine wunderbare Kinder- und Jugendzeit gewesen sein! Ja, zum Kuckuck, Sachsen gehörte einmal zur DDR, aber selbst die ehemalige DDR schließt eine glückliche Kindheit nicht aus. Die Mauer fiel vor mittlerweile 27 Jahren, und nach dieser langen Zeit darüber zu politisieren, lag mir fern…

~ ❃ ~

Die Stadt, in der Dagmar geboren wurde und aufgewachsen ist, heißt, wie erwähnt, Radebeul. Das ist eine Große Kreisstadt im Freistaat Sachsen und außerdem die einwohnerstärkste und am dichtesten besiedelte Stadt im Landkreis Meißen. Der Landkreis Meißen führt das KFZ-Kennzeichen MEI. (Wäre dieses I am Ende von **MEI(**ßen) nicht, so hätte ich eine Städtepartnerschaft mit Melk in Niederösterreich vorgeschlagen, aber das deutsche KFZ-Kennzeichen **ME** steht für eine Stadt namens Mettmann, der Kreisstadt des gleichnamigen Kreises im niederbergischen Land.)

Radebeul? Das 'hatte ich schon mal irgendwo gehört', ich wußte nur im Augenblick noch nicht, in welcher Schublade jener Geisterbahn, die ich mein Hirn nenne, ich suchen sollte. Meißen hingegen war mir sofort ein Begriff, und mit dieser Stadt das Meißner Porzellan. (Ich erinnerte mich an die kleine Porzellanschatulle in Form eines Hockers mit drei geschwungenen, goldenen Beinchen, die meine Mutter Zeit ihres Lebens verdächtigt hatte, aus Meissener Porzellan zu sein: Die Schatulle durfte selbstverständlich nicht angefaßt werden! Später, als ich groß genug war, Porzellan anfassen zu dürfen, entdeckte ich auf dem guten Stück die Marke der Firma Oscar Schlegelmilch, gegründet 1892 in Langewiesen.)

Meißner Porzellan (Handelsmarke: Meissener Porzellan) ist Porzellan aus der ersten europäischen Manufaktur, die von ihrer Gründung bis zum Jahr 1863 auf der Albrechtsburg in Meißen, danach in einem eigenen Werk produzierte.

Am 23. Januar 1710 gab August der Starke die öffentliche Bekanntgabe der Gründung der 'Königlich-Polnischen und Kurfürstlich-Sächsischen Porzellan-Manufaktur' in Dresden bekannt.

Am 6. Juni 1710 folgte die Einrichtung der Produktionsstätte in der Albrechtsburg in Meißen. Als 'Königlich-Sächsische Porzellan-Manufaktur Meißen' ging die Manufaktur 1806 aus dem Besitz der Krone in das Eigentum des sächsischen Fiskus über. Im Zuge der verfassungsmäßigen Erneuerung des staatlichen Eigentums nannte sich das Unternehmen ab 1918 'Staatliche Porzellan-Manufaktur Meißen'. In der DDR war die Manufaktur ein Volkseigener Betrieb. Seit dem 26. Juni 1991 firmiert die Manufaktur als 'Staatliche Porzellan-Manufaktur Meißen GmbH', deren Gesellschafter der Freistaat Sachsen ist. Die weltweit führende Porzellanmanufaktur gehört zu den international bekanntesten deutschen Luxusmarken.

Die gekreuzten Kurschwerter[*)] sind zum Symbol der Manufaktur geworden. Die Schwertermarke hatte sich ab 1731, als alle Porzellane aus Meißen mit einer Marke versehen sein mußten, gegen die AR-Marke ('Augustus Rex') und den Merkurstab durchgesetzt. Zur Kennzeichnung qualitativ nur bedingt brauchbarer Ware, aber auch zur Kennzeichnung sogenannter Weißware werden nach der Glasur an den Schwertermarken Schleifstriche angebracht. Die ersten Markierungen dieser Art sind auf Teilen aus der Zeit um 1764 zu finden.

[*)] Das Wort 'Kurschwert' ist kein Schreibfehler mit vergessenem z: Das Kurschwert (das Wort kommt aus dem Mittelhochdeutschen 'kueren' für 'erwählen'), also, das Kurschwert ist ein zumeist besonders prunkvolles Schwert, das einem Amtsträger bei der Amtseinführung in ein hohes geistliches oder auch weltliches Amt übergeben wird. Bei der Ausübung der gerichtlichen Vollmacht eines solchen Amtsträgers wird das Schwert oft demonstrativ präsentiert. Die Übergabe eines solchen Schwertes ist für Krönungszeremonien schon im frühen Mittelalter nachgewiesen. Im Zusammenspiel mit Lanze, Zepter, Globus ('Reichsapfel') und Krone bildete das Kurschwert ein Ensemble, das für die Legitimation der Ausübung der Herrschergewalt steht. Tatsächlich in Gebrauch befindliche Schwerter lassen sich erst für das späte Mittelalter nachweisen.

~ * ~

Die Stadt Radebeul liegt an der sächsischen Weinstraße und gehört neben Pirna, Freital und Meißen nicht nur zu den größten Mittelzentren des Ballungsraumes Dresden, sondern ist den Kennern auch für Weinanbau bekannt. (Ich persönlich mag Wein lieber als Traube und unvergoren, deshalb bin ich auch kein Wein- oder Sektkenner.) Der Weinbau Radebeul stellt exzellente Sekte und Weine her. Die am meisten an- und ausgebaute Sorte ist der Riesling.

An der Elbe entlang führt ein wunderschöner Radweg bis nach Hamburg. Der Teil Radebeuls, der der Elbe am nächsten ist, war zu DDR-Zeiten ein ziemlich heruntergekommenes Bauerndorf. Nach der Wende wurde alles erneuert, die Gehöfte restauriert und überall in den Innenhöfen wurden kleine, gemütliche Gaststätten und Cafés eingerichtet…

Außerdem hat Radebeul **DAS** Karl-May-Museum! Hier kann man viel über die Kulturen der Indianer Nordamerikas lernen. Alljährlich finden hier die Karl-May-Festspiele statt - da kann man Indianer hautnah erleben.

Plötzlich traf mich die Erkenntnis wie ein Keulenschlag: Radebeul ist die Stadt, in der Karl May begraben wurde! Ich erinnerte mich: Karl May! Für mich ‘verbotene Lektüre‘, weil diese ‘schrecklichen’ Bücher den Buben vorbehalten waren. Mädchen hatten ‘sowas’ nach Ansicht meiner Mutter nicht zu lesen. Aber das Verbot war lediglich ein Grund mehr für mich, an heimlichen, verborgenen Orten, notfalls sogar mit der Taschenlampe unter der Bettdecke, Karl May's 'Erlebnisberichte’ zu lesen und nächtens in meinen Träumen Seite an Seite mit Winnetou und Old Shatterhand durch die Prärie zu reiten!

Ob meiner Mutter das Leben und der Werdegang Karl Mays ein Begriff gewesen war, bleibe dahingestellt: Er war, oh wie schrecklich, ein Zuchthäusler! Wie gesagt, ich bezweifle, daß meiner Mutter diese Tatsache bekannt war, es wäre aber eine Erklärung für das Verbot, Karl May zu lesen.

~ ❃ ~

Karl Friedrich May wurde am 25.2.1842 in Ernstthal geboren und starb am 30.3.1912 in Radebeul. Eigentlich hieß er Carl Friedrich May, war ein deutscher Schriftsteller und einer der produktivsten Autoren von Abenteuerromanen. Er ist einer der meistgelesenen Schriftsteller deutscher Sprache, laut UNESCO einer der am häufigsten übersetzten deutschen Schriftsteller. Die weltweite Auflage seiner Werke wird auf 200 Millionen geschätzt, davon 100 Millionen in Deutschland.

Bekannt wurde Karl May durch seine Reiseerzählungen, die vorwiegend im Orient, in den Vereinigten Staaten und im Mexiko des 19. Jahrhunderts angesiedelt sind. Besondere Berühmtheit erlangten die in drei Bänden zusammengefaßten Geschichten um den Indianer Winnetou. Viele der Werke Karl Mays wurden verfilmt, für die Bühne adaptiert, zu Hörspielen verarbeitet oder als Comics umgesetzt.

Mays bekannteste Figur Winnetou, Häuptling der Mescalero-Apachen, verkörpert den tapferen und edlen Indianer, der mit seiner 'Silberbüchse' und seinem Pferd Iltschi für Gerechtigkeit und Frieden kämpft. Dabei wird er meist von seinem weißen Freund und Blutsbruder Old Shatterhand begleitet, aus dessen Erzählperspektive die Geschichten um Winnetou oft verfaßt sind.

Das erfolgreichste Buch Karl Mays trägt den Titel 'Der Schatz im Silbersee'. In dem erstmals 1890–1891 als Fortsetzungsgeschichte in der Zeitschrift 'Der gute Kamerad' veröffentlichten Jugendroman, dessen Buchausgabe 1894 erschienen ist, schildert Karl May die Reise einer Gruppe von Trappern zu dem in den Rocky Mountains gelegenen Silbersee und die Verfolgung einer Schurkengruppe unter ihrem Anführer Cornel Brinkley, wegen seiner Haarfarbe auch 'der rote Cornel' genannt. Der Roman hat mehrere simultane Handlungsstränge, die sich schließlich am titelgebenden Silbersee verknüpfen und wieder auflösen.

~ ❃ ~

Karl May entstammte einer sehr armen Weberfamilie. Er war das fünfte von vierzehn Kindern, von denen neun bereits in ihren ersten Lebensmonaten starben. Nach Mays eigenen Angaben erblindete er als Kleinkind und konnte erst in seinem fünften Lebensjahr durch Carl Friedrich Haase geheilt werden.

Ab 1856 studierte May als Proseminarist am Lehrerseminar in Waldenburg. Dort wurde er im Januar 1860 wegen Unterschlagung von sechs Kerzen ausgeschlossen. Auf dem Gnadenweg wurde ihm ein Weiterstudium am Lehrerseminar Plauen ermöglicht. Nach seiner Abschlußprüfung im September 1861 war er zunächst kurz als Hilfslehrer an der Armenschule in Glauchau und dann ab Anfang November 1861 als Lehrer an der Fabrikschule der Firmen Solbrig und Clauß in Altchemnitz tätig. Seine Lehrerlaufbahn endete aber bereits nach wenigen Wochen, als die Anzeige eines Zimmergenossen wegen 'widerrechtlicher Benutzung fremder Sachen' zu einer sechswöchigen Haftstrafe führte und May anschließend als Vorbestrafter aus der Liste der Lehramtskandidaten gestrichen wurde. (May hatte die Reserve-Taschenuhr des Zimmergenossen zwar mit dessen Erlaubnis im Unterricht benutzt, aber ohne Absprache mit in die Weihnachtsferien genommen)

In den beiden folgenden Jahren bemühte sich May, seinen Lebensunterhalt auf legale Weise zu verdienen: Er gab in seinem Heimatort Privatunterricht, komponierte und deklamierte. Existenzsichernd waren diese Beschäftigungen allerdings nicht, sodaß er 1864 mit verschiedenen Gaunereien begann. In der Folge wurde er wegen Diebstahls, Betrugs und Hochstapelei steckbrieflich gesucht.

Er hatte sich unter anderem auf dem Leipziger Brühl unter falschem Namen einen Pelzmantel erschlichen und diesen in einem Leihhaus für zehn Taler versetzen lassen. Dabei wurde er verhaftet und 1865 zu vier Jahren Arbeitshaus verurteilt, von denen er dreieinhalb Jahre im Arbeitshaus Schloß Osterstein in Zwickau verbüßte. Aufgrund guter Führung wurde er 'besonderer Schreiber' des Gefängnisinspektors Alexander Krell, dem er für Fachaufsätze zuarbeitete. Für seine eigene geplante Schriftstellerkarriere legte er in dieser Zeit eine Liste mit über hundert Titeln und Sujets an, von denen er einige nachweislich umsetzte.

Allerdings scheiterten erneut alle Versuche Mays, nach seiner Freilassung eine bürgerliche Existenz aufzubauen. Er nahm die Betrügereien und Diebstähle wieder auf. Oftmals stand die Beute in keinem Verhältnis zum Aufwand. Nach einer ersten Festnahme im Juli 1869 gelang ihm die Flucht während eines Gefangenentransports. Im Januar 1870 wurde er schließlich im böhmischen Niederalgersdorf*) wegen Landstreicherei festgenommen.

(*)Niederalgersdorf, tschechisch: Valkeřice, eine Gemeinde im Tal des Valkeřický potok {Bach}, der nördlich des Dorfes in die Ploučnice mündet. Das Dorf gehört dem Okres {Bezirk} Děčín {Tetschen} an.) Auf dem Polizeirevier nannte er sich Albin Wadenbach, behauptete, er komme von der Insel Martinique, sei der Sohn eines reichen Plantagenbesitzers und habe seine Personalpapiere auf seiner Reise nach Europa verloren. Erst nach einer mehrwöchigen Identitätsfeststellung wurde er als der gesuchte Kleinkriminelle Karl May erkannt und nach Sachsen überstellt.

Von 1870 bis 1874 saß Karl May im Zuchthaus Waldheim ein. Für seine innere Wandlung, von der er über diese Zeit berichtet, machte er besonders den Anstaltskatecheten Johannes Kochta verantwortlich. Eine schriftstellerische Betätigung, wie von May später behauptet, war in Waldheim nicht möglich. Nachdem May 1874 aus dem Zuchthaus entlassen worden war, kehrte er zu seinen Eltern nach Ernstthal zurück und begann zu schreiben. 1874 oder 1875 wurde zum ersten Mal eine Erzählung von May (Die Rose von Ernstthal) veröffentlicht. Dabei kam ihm der Umstand zugute, daß sich in Deutschland die Zeitungslandschaft seit der Reichsgründung im Umbruch befand. Die Industrialisierung, die wachsende Alphabetisierung und die Gewerbefreiheit sorgten für zahlreiche Neugründungen im Verlagswesen, besonders im Bereich der Unterhaltungsblätter. Bereits in der Zeit zwischen seinen beiden längeren Haftstrafen hatte May nach eigenen Angaben Kontakt zu dem Dresdner Verleger Heinrich Gotthold Münchmeyer aufgenommen. Nun stellte dieser ihn als Redakteur in seinem Verlag ein, wo er unter anderem die Zeitschriften Der 'Beobachter an der Elbe' und 'Schacht und Hütte' herausgab. Damit war Mays Lebensunterhalt erst einmal gesichert.

1876 kündigte May, da man versuchte, ihn durch Heirat mit Münchmeyers Schwägerin dauerhaft an die Firma zu binden; der Verlag hatte aber einen schlechten Ruf. Nach einer weiteren Anstellung als Redakteur beim Dresdner Verlag von Bruno Radelli wurde May ab 1878 Freier Schriftsteller und zog mit seiner Freundin Emma Pollmer nach Dresden. Allerdings brachten seine Veröffentlichungen noch kein regelmäßiges Einkommen; aus dieser Zeit sind auch Mietrückstände und andere Schulden Mays belegt.

Fünf Jahre nach seiner Entlassung aus dem Zuchthaus wurde May 1879 in Stollberg wegen angeblicher Amtsanmaßung zu drei Wochen Arrest verurteilt: Ein Jahr vor seiner Heirat mit Emma Pollmer hatte er die Todesumstände ihres trunksüchtigen Onkels untersuchen wollen und sich deswegen als Beamter ausgegeben. Erst später konnte man nachweisen, daß die Verurteilung ein Fehlurteil gewesen war, weil er keine Amtshandlung vorgenommen hatte.

Im Oktober 1888 zog May nach Kötzschenbroda, 1891 nach Oberlößnitz in die Villa Agnes. Der entscheidende Durchbruch kam für May mit dem Kontakt zu Friedrich Ernst Fehsenfeld. Der

Jungverleger kontaktierte May 1891 und bot ihm an, die Hausschatz-Erzählungen in Buchform herauszubringen. Mit dem Erfolg der 1892 begonnenen Reihe Carl May's Gesammelte Reiseromane (ab 1896 Karl May's Gesammelte Reiseerzählungen) gewann May erstmals finanzielle Sicherheit und Ruhm. Allerdings wußte er bald nicht mehr zwischen Realität und Fiktion zu unterscheiden und verstieg sich mehr und mehr in die 'Old-Shatterhand-Legende'. Er behauptete nicht nur, selbst Old Shatterhand zu sein und die Inhalte der Erzählungen tatsächlich erlebt zu haben, sondern ließ von einem Kötzschenbrodaer Büchsenmacher sogar die legendären Gewehre seiner Romanhelden für sich anfertigen: zunächst den 'Bärentöter' und die 'Silberbüchse', später auch den 'Henrystutzen'. Seine Verleger und Redakteure unterstützten die Legende, indem sie u. a. Leserbriefe entsprechend beantworteten. Ab 1896 ließ er sich im 'Allgemeinen deutschen Litteratur-Kalender' von Joseph Kürschner als Übersetzer aus dem Arabischen, Türkischen, Persischen, Kurdischen und verschiedenen Indianerdialekten, später auch aus dem Chinesischen anführen. Im Juli 1897 lieferte er seinen späteren Gegnern weitere Angriffspunkte, indem er vor zahlreichen Zuhörern allen Ernstes erklärte, er beherrsche 1.200 Sprachen und Dialekte und sei als Nachfolger Winnetous der Befehlshaber über 35.000 Apachen. Personen, die seine Behauptungen hätten widerlegen können, ging May verständlicher Weise aus dem Weg.

Seit etwa 1875 führte Karl May einen Doktorgrad, ohne je promoviert oder auch nur eine Universität von innen gesehen zu haben. Dieser Grad wurde auch in Autorenverzeichnisse und ab 1888 sogar im Kötzschenbrodaer Melderegister aufgenommen. 1898 fehlte plötzlich der Doktorgrad im 'Adreßbuch für Dresden und seine Vororte'. May bat um Korrektur und wurde mit der Frage nach einem Nachweis konfrontiert. Er erklärte, die Universität Rouen habe ihm den Grad verliehen. Außerdem habe er eine wenigstens gleichwertige chinesische Würde. Dennoch wurde ihm das Führen des Grads untersagt. May ließ die Sache mit dem Adreßbuch auf sich beruhen, führte privat aber den Titel weiter. Im Herbst 1902 kümmerte sich seine spätere Ehefrau Klara Plöhn wieder um die Angelegenheit, und May erhielt eine aufwendig gestaltete, mit 9.12.1902 datierte Urkunde über eine Ehrendoktorwürde der Deutsch-Amerikanischen Universität in Chicago für das Werk Im Reiche des silbernen Löwen. Am 14. März 1903 beantragte May, da er wieder heiraten wollte, die (beschleunigte) Prüfung und lobte die ausstellende Hochschule, sie ziehe ‘aus Deutschland Lehrkräfte allerersten Ranges’ an. Schon vier Tage später wurde die Führung eines Doktorgrads aufgrund dieser Urkunde nach Prüfung abgelehnt: Es handelte sich, wie May wenig später selbst recherchierte, bei der angeblichen Universität nur um eine Titelmühle. Damit war der Titel wertlos. May verteidigte 1904 seinen Doktorgrad in den Offenen Briefen an den ‘Dresdner Anzeiger’ zwar noch, gab das Führen aber dann auf.

Nach seiner Orientreise hatte May begonnen, literarischer zu schreiben. Sein bisheriges Werk nannte er nachträglich 'eine bloße Vorbereitung’. Jetzt begann er, komplexe allegorische Texte zu verfassen. Er war der Überzeugung, die ‘Menschheitsfragen’ diskutieren oder gar lösen zu müssen, wandte sich bewußt dem Pazifismus zu und widmete dem Bestreben, den Menschen vom ‘Bösen’ zum ‘Guten’ zu erheben, mehrere Bücher.

Die Künstlerfreundschaft zu Sascha Schneider führte zu neuen symbolistischen Deckelbildern für die Fehsenfeld-Ausgabe. Jubelnde Anerkennung erlebte May am 22. März 1912, als er auf Einladung des Akademischen Verbandes für Literatur und Musik in Wien den pazifistischen Vortrag Empor ins Reich der Edelmenschen hielt. Dabei kam es auch zum Zusammentreffen mit der befreundeten Friedensnobelpreisträgerin Bertha von Suttner, die nach Mays

Tod am 5. April in der Zeit den Nachruf 'Einige Worte über Karl May' veröffentlichte.

Am 30. März 1912, nur eine Woche nach seiner Wiener Rede, starb Karl May. Todesursache war laut Bestattungsbuch 'Herzparalyse, acute Bronchitis, Asthma'. Jüngere Untersuchungen des Skeletts deuten auf eine chronische Bleivergiftung hin; zuvor wurde auch ein (unerkannter) Lungenkrebs nicht ausgeschlossen. May wurde auf dem Friedhof Radebeul-Ost im sogenannten May-Grabmal beigesetzt. Auch wenn Karl May selbst gestorben ist, in seinen Erzählungen lebt er weiter.

*11. Kapitel:*

# *Nix wie weg vom Krankenhaus!!!*
## *Von Bodenschätzen, Kirchen und Orgeln*

Radebeul beherbergt nicht nur die Grabstätte von Karl May, oh nein, Radebeul hat noch eine Attraktion zu bieten: Die Schmalspurbahn, von den Einheimischen liebevoll Lößnitzdackel genannt, fährt von Radebeul Ost über Moritzburg bis Radeburg und zurück. Man kann zum Beispiel bis Moritzburg fahren, dort das sehenswerte Schloß und das weltweit bekannte Hengstdepot ansehen und anschließend mit dem kleinen Schnauferl zurückfahren.

Hallo! Traditionsbahn? Ich werde den Verdacht nicht los, daß die Schmalspurbahn mit Dampflokomotiven betrieben wird! Ob es auch Veranstaltungen gibt, bei denen man wenigstens ein paar Meter mit dem Schnauferl fahren darf???

Dampflokomotiven! Die Regler eines solchen Schnauferls in meinen Händen spüren, fühlen, wie sich das Lokomotivchen bewegt, zunächst ganz langsam, dann immer schneller und schneller, ihm erlauben, mit schrillen Pfiffen seinen Unwillen über was auch immer kund zu tun, kurz, Kinderträume zu (er-)leben… Ja, als Kind habe ich unter anderem auch davon geträumt, Lokomotivführer zu werden. Nach vielen Irrungen und Wirrungen wurde ich dann LKW-Fahrer…

Bei einem köstlichen Eis besprachen Dagmar und ich unsere weiteren Pläne. Dieses Eis war wirklich eine Sünde wert! Allmählich begann ich, mich endgültig wieder zu beruhigen.

~ * ~

Seit Dagmar mit ihrem Bernd verheiratet ist, lebt sie in Halsbrücke, einer Gemeinde im Landkreis Mittelsachsen, im Ortsteil Hetzdorf, 15 km nördlich von Freiberg. Halsbrücke ist durch seine

Erzverhüttung, Bunt- und Edelmetallurgie und den 1888/1889 erbauten, ehemals höchsten Schornstein der Welt, die sogenannte 'Hohe Esse' mit einer Höhe von 140 m, bekannt. Der Schornstein wurde bereits in Kenntnis der Umweltverschmutzung mit dem Zweck gebaut, giftige Rauchgase in höhere Luftschichten abzuleiten.

In den ehemaligen Industrieanlagen sind mehrere technische Denkmäler vorhanden. Ferner befinden sich in der Nähe des Ortes ein ehemaliges Kahnhebehaus (das vermutlich erste Schiffshebewerk der Welt), die Altväterbrücke (Brückenrest eines um 1685 errichteten und 1893 gesprengten Aquäduktes) und mehrere Lichtlöcher des Rothschönberger Stollns. (Der Rothschönberger Stolln ist ein Wasserlösungsstollen des Brander und Freiberger Bergreviers. Er wurde von 1844 bis 1882 aufgefahren, hat mit seinen Nebenanlagen eine Gesamtlänge von 50,9 km und ist mit 8 Lichtlöchern ausgestattet. Das durchschnittliche Gefälle beträgt 0,63 %. Von den ursprünglich acht Lichtlöchern sind heute noch drei mit ihren Huthäusern erhalten. Dies sind neben dem IV. Lichtloch bei Reinsberg noch das VII. und VIII. Lichtloch bei Halsbrücke. Von den weiteren Lichtlöchern wurden die Schachtgebäude, vom II. und III. Lichtloch auch die Halden abgetragen.

Der Rothschönberger Stolln[*)] ist eine ausgewählte Stätte für die Kandidatur zum UNESCO-Welterbe Montanregion Erzgebirge.

[*)] 'Stolln' ist kein Schreibfehler. Einen Stollen schreibt man im sächsischen Raum (und hier besonders im Erzgebirge) **Stolln** (ohne 'e' vor dem 'n'). Ein solcher ist ein von der Erdoberfläche aus grundsätzlich waagerecht oder leicht ansteigend in einen Berg getriebener Grubenbau. Stollen / Stolln dienen im Bergbau als Zugang nach Untertage, zum Abbau von Lagerstätten oder zu Schürfzwecken. Geht ein Bergwerk zum Tiefbau über, verlieren die Stollen (oder Stolln) allmählich an Bedeutung.

In Halsbrücke wurden verschiedene metallurgische Technologien entwickelt und weiterentwickelt. Das bekannteste Verfahren ist die Gewinnung von Amalgam. Amalgam? In der Zahnmedizin wird eine Legierung des Quecksilbers mit anderen Metallen (Silber, Kupfer, Indium, Zinn und Zink) in großem Umfang als Zahnfüllungsmaterial eingesetzt. Zusammenhänge mit ernsthaften gesundheitlichen Beschwerden konnten nicht belegt werden. Eine Quecksilberbelastung ist zwar gegeben, jedoch im nicht meßbaren Bereich.

Ein Amalgam (griechisch **μαλακός** malakos, 'weich' mit Alpha privativum*), d. h. das 'Nicht-Erweichende'; nach anderer Etymologie arabisch al malagma 'erweichende Salbe') ist in der Chemie eine Legierung des Quecksilbers. Als Amalgam im weiteren Sinne werden oft auch nicht (ohne weiteres) umkehrbare Vermischungen anderer Stoffe bezeichnet, meist die Legierung mehrerer Metalle. Im übertragenen Sinne werden als Amalgam auch Mischungen unterschiedlicher Begriffe, Ideen, Kulturen oder Traditionen bezeichnet. Da viele Metalle in Quecksilber löslich sind (eine Ausnahme ist zum Beispiel Eisen), gibt es sehr viele Amalgame. Amalgame mit sehr großem Quecksilberanteil sind oft bei Raumtemperatur wie das Quecksilber selbst flüssig, bei kleineren Quecksilbergehalten sind sie fest. In der klassischen Alchemie wird die Amalgamierung ('Koagulation') des Quecksilbers mit anderen Metallen oft mit der körperlichen Vereinigung verglichen. Als alchemistisches Lexem ist mittellateinisch amalgama seit dem 13. Jahrhundert belegt.

*)Als Alpha privativum (lat. „beraubendes Alpha") bezeichnet man in der Wortbildungslehre der griechischen Sprache die Vorsilbe *a*-, welches Abwesenheit, Umkehrung oder Wirkungslosigkeit des Bezeichneten ausdrückt oder das zugrundeliegende Wort verneint. Im Deutschen übernehmen diese Funktion oft die Vorsilbe 'un-' bzw. die Nachsilben '-los' oder '-leer', aber auch die Worte 'nicht' oder 'ohne'. Beginnt das Wort mit einem Vokal, lautet das Präfix meist *an*-. Im Deutschen erscheint das Alpha privativum in

Lehnwörtern wie Apathie oder anomal sowie in Neubildungen wie asozial.

~ * ~

Halsbrücke hat zwei Gewerbegebiete: Das Gewerbegebiet 'Schwarze Kiefern' im Ortsteil Tuttendorf und das Gewerbegebiet 'Zu den Linden' im Ortsteil Niederschöna an der B 173 in der Nähe der Milchviehanlage der Agrargenossenschaft Niederschöna. Nun ja - eigentlich ist es ein Witz, das Gewerbegebiet 'Zu den Linden' als solches zu bezeichnen: Noch stehen dort mit Ach und Krach zwei Gebäude - alles andere ist pure Wildnis. Was sich daraus noch entwickelt, wird sich zeigen.

Im Ortsteil Hetzdorf befindet sich seit 1997 die 'Klinik am Tharandter Wald' – Rehabilitationsklinik für Orthopädie, Unfallchirurgie, Neurologie, Kardiologie/Innere Medizin. Hier befindet sich auch das 1995 eröffnete solarbeheizbare Freizeit- und Erlebnisbad 'Sumpfmühle'. Und noch etwas befindet sich im Ortsteil Hetzdorf: Das Waldhotel Bergschlößchen! Aber davon etwas später – und ausführlicher!

Die 1890 eröffnete Bahnstrecke Freiberg–Halsbrücke ist seit 1995 stillgelegt, die nächste Bahnstation ist heute der Freiberger Bahnhof.

A propos Freiberg: Hier gibt es das Stadt- und Bergbaumuseum, eine grandiose Mineraliensammlung und den Dom zu bestaunen.

Das 1861 vom Freiberger Altertumsverein gegründete Stadt- und Bergbaumuseum Freiberg im ehemaligen Domherrenhof, einem spätgotischen Profanbau, zählt zu den ältesten bürgerlichen Museen Sachsens. Neben den Ausstellungen beherbergt das Museum in seinen Magazinen umfangreiche Stücke spätgotischer Plastik, eine bedeutende Sammlung historischer Blank- und Schußwaffen sowie obersächsisches Kunsthandwerk. Die Fotothek des Museums verfügt u.a. über Glasnegative der Fotografen Reymann mit Bauwerken und

Straßenansichten der Stadt sowie äußerst wertvollen Aufnahmen vom Alltagsleben und dem Arbeitsprozeß der Bergleute.

Genauso steht die Besichtigung der Mineraliensammlung ‘terra mineralia’ im Schloß Freudenstein in Freiberg auf meiner Wunschliste: Die Exponate (Minerale, Edelsteine und Meteorite aus der ganzen Welt) wurden 2004 von Erika Pohl-Ströher der Technischen Universität 'Bergakademie Freiberg’ als Dauerleihgabe überlassen. Die ‘terra mineralia’ wurde im Oktober 2008 eröffnet und ist mit über 3.500 Exponaten eine der größten Mineralienausstellungen der Welt.

Eine weitere Sehenswürdigkeit in Freiberg ist der Dom St. Marien, eine evangelisch-lutherische Kirche am Untermarkt im sächsischen Freiberg.

Um 1180 entstand in dem noch jungen, sich durch Silberfunde schnell entwickelnden Ort Freiberg die romanische Basilika ‘Unserer Lieben Frauen’. Die Pfarrkirche erhielt mit der spätromanischen Triumphkreuzgruppe (um 1225), auch Kreuzigungsgruppe genannt und der Goldenen Pforte (um 1230) schon frühzeitig zwei sehr bedeutende, noch heute erhaltene Kunstwerke. Im Jahr 1480 erhob Papst Sixtus IV. die Pfarrkirche zum Kollegiatstift, jedoch schon nach nur 57 Jahren wurde das Kollegiatstift im Zuge der Reformation in Sachsen aufgelöst.

Die Kirche wurde während eines großen Stadtbrandes 1484 fast völlig zerstört. Triumphkreuzgruppe, Goldene Pforte[*)] und Teile des Chores blieben erhalten. An der gleichen Stelle erfolgte der Neuaufbau des Domes St. Marien als dreischiffige spätgotische Hallenkirche.

[*)] Die ‘Goldene Pforte’ ist ein Bildmotiv der christlichen Kunst. An der goldenen Pforte (Stadttor) von Jerusalem begegneten sich nach der Prophezeiung durch den Engel die Eltern Marias, Anna und Joachim. Die goldene Pforte wurde zum Symbol für die Unbefleckte

Empfängnis Marias und erhielt den Beinamen „porta aurea“ (goldene Pforte).

Die Goldene Pforte im Freiberger Dom ist ein spätromanisches, 1225 geschaffenes Rundbogen-Sandsteinportal an der Südseite des Domes. Das Material ist Grillenburger Dünensandstein der Niederschönaer Schichten aus dem Tharandter Wald. Vermutlich bildete das Portal den Westeingang der romanischen Kirche, die 1484 bei dem Brand zerstört wurde. Bei dem folgenden Neubau wurde die Architektur und Bauplastik des Portals sorgfältig abgebaut und dem Neubau in spätgotischen Formen als neuer Südeingang eingefügt. Ursprünglich wies das Portal eine reiche farbige Fassung auf. Zum Schutz des Portals vor Umwelteinflüssen wurde 1902/03 ein Vorbau durch die Dresdner Architekten Schilling & Graebner errichtet, die die gotische Formensprache mit dem damals modernen Jugendstil verbanden.

Bemerkenswert ist das Vorhandensein von zwei nebeneinanderstehenden Kanzeln im Mittelschiff. Zum einen die freistehende, ungefähr aus dem Jahre 1505 stammende Tulpenkanzel vom Meister H.W., zum anderen die Bergmannskanzel von 1638, einer konventionellen Kanzel.

Die Tulpenkanzel ist eines der bekanntesten Kunstwerke des Domes: Eine großartige, eigenwillige Schöpfung spätgotischer Kunst. Dieser hohe Predigtstuhl oder, wie man sehr bald sagte, die Festtagskanzel, wurde dem Bildhauer Hans Witten von Köln als Höhepunkt seines Schaffens zugeordnet. Gleichwohl wird diese Identifizierung in jüngerer Zeit wieder in Frage gestellt. Die Tulpenkanzel entstand wahrscheinlich zwischen 1505 und 1510. Sie wird weder von einer Wand noch durch Pfeiler gestützt. Es scheint, als würde dieses Meisterwerk aus Hilbersdorfer Porphyrtuff wie ein Blütenkelch mit 4 Stängeln aus dem Boden wachsen. Diese Stängel sind zweimal mit Stricken an den inneren Schaft gebunden. Zwischen beiden Verschnürungen spielen singende Engelskinder.

Am Blütenkelch erscheinen die vier Kirchenväter Augustin als Bischof, Gregor als Papst, Ambrosius als Erzbischof und Hieronymos als Kardinal. Die dominierenden Figuren sind ein vornehm gekleideter Mann, der von Löwen umgeben am Fuße der Kanzel ruht (es könnte Daniel, der Schutzpatron der Bergleute, sein) und ein Knappe, der die Last der Wendeltreppe auf seinen Schultern trägt. Hier könnte es sich um eine Darstellung des Meisters H.W. handeln. Über dem Kanzelkorb schwebt ein hölzerner Schalldeckel, bekrönt von einer Madonna, die mit ihrem Kind spielt.

~ ❋ ~

In den Jahren 1710 bis 1714 erbaute Gottfried Silbermann (geboren 14.1.1683, gestorben 4.8.1753) eine Orgel mit 44 Registern. Er schuf insgesamt etwa 50 Orgeln, es war seine erste große Orgel in Deutschland und blieb das größte Werk, das er eigenhändig schuf. (Heute sind in Sachsen noch 29 Silbermann-Orgeln erhalten.) Die Orgelabnahme erfolgte am 13./14. August 1714 durch den Leipziger Thomaskantor Johann Kuhnau und den Altenburger Hoforganisten Gottfried Ernst Bestel, die Einweihung am 19. August 1714. 1738 nahm der Meister kleinere Änderungen an der Disposition des Oberwerks vor. 1933 wurde die Qvintadehn 8′ erneuert. Von 1981 bis 1983 restaurierte die Orgelbaufirma Jehmlich unter Leitung des Restaurators Kristian Wegscheider die Orgel. Das Instrument ist eine der berühmtesten Barockorgeln und eine der am besten erhaltenen Orgeln Silbermanns.

Ihr gegenüber befindet sich eine zweite, kleinere Orgel Gottfried Silbermanns. Das Instrument wurde 1718/1719 für St. Johannis gebaut, 1939 aufgrund der Baufälligkeit der Kirche in den Dom überführt und als Chororgel aufgestellt. Jehmlich führte 1996/1997 eine Teilrestaurierung der weitgehend erhaltenen Orgel durch.

~ ❋ ~

Das Geläut des Domes besteht aus sechs Kirchenglocken, von denen vier aus der Gießerei Oswald Hilliger in Freiberg stammen. Die Große Susanne zählt zu den bedeutendsten Klangkörpern dieser Zeit in Deutschland. Die zweite Glocke war ursprünglich auch ein Werk dieser Gießerei, wurde aber im Jahre 1896 wegen eines Sprunges von C. Albert Bierling (Dresden) umgegossen. Die kleinste Glocke ist der Ersatz für eine Vorgängerglocke von 1512 (Oswald Hilliger), die im Zweiten Weltkrieg abgeliefert wurde und nicht mehr vom Hamburger Glockenfriedhof zurückkehrte.

Das heutige Geläut stellt aufgrund der Kombination von zwei Grund- mit vier Cymbelglocken ein einmaliges Ensemble in der sächsischen Glockenlandschaft dar.

Der Dom wird noch heute von der Gemeinde für Gottesdienste genutzt. Er kann täglich im Rahmen von kostenpflichtigen Führungen besichtigt werden.

*12. Kapitel:*

# ***Nix wie weg vom Krankenhaus!!!***

## ***Am Ende eines langen Tages***

Ich war, wie man so sagt, gut 'heruntergekommen', das heißt, ich hatte mich gänzlich beruhigt und meinen Zorn abgelegt. Gut, ja, meine malträtierten Hände waren noch immer nicht voll einsatzfähig, mir graute vor den nächsten Tagen, weil ich bestimmt sehr viel Hilfe bei Dingen brauchen würde, die ich normalerweise allein erledigen kann. Aber Hauptsache war doch, ich hatte das Krankenhaus auf zwei Beinen gehend und nicht mit den Füßen voran verlassen können. Darüber, daß wegen meiner Heimkehr sehr bald einiges zu erledigen war, machte ich mir vorerst noch keine Gedanken. Der ÖAMTC, hatte mir Dagmar mitgeteilt, benötigte genaue Angaben, wie man mich morgen nach Hause bringen würde. Dazu mußte dem ÖAMTC der Arztbrief aus dem Krankenhaus gefaxt werden. Aber wo, zum Teufel, konnte man ein Fax senden? Ich hätte mir gar keine Gedanken darüber machen müssen, Dagmar wußte, wo es unter anderem auch ein Faxgerät gibt.

Ich überlegte: Der Gedanke, mit dem Rettungshubschrauber zurückgebracht zu werden, trieb mir Perlen des Angstschweißes auf die Stirn. Nicht, daß ich etwas gegen einen Hubschrauberflug einzuwenden gehabt hätte, aber Flüge mit dem **Rettungs**hubschrauber müssen Schwerstverletzten oder hilflosen Personen vorbehalten bleiben und landen normalerweise auf dem Dach eines Krankenhauses. Und von Krankenhäusern und Ähnlichem hatte ich begreiflicher Weise vollauf genug.

Ein Rettungshubschrauber, hab ich mir sagen lassen, ist eine fliegende Intensivstation. Da haben sogenannte 'Touristen' nichts zu suchen. Ich erinnere mich an eine länger zurückliegende Zeitungsmeldung, der zufolge einige Touristen aus Faulheit die Bergrettung alarmiert hatten. Ja, sie wurden vom Hubschrauber mitgenommen, aber die Folgen für diese lustige Partie waren sehr unangenehm: Mit an Sicherheit grenzender flatterte ihnen eine Anzeige wegen Mißbrauchs eines Notrufs ins Haus, gewiß gab es auch ein gerichtliches Nachspiel mit sehr empfindlichen Geldstrafen.

Eine gute Alternative, überlegte ich, wäre der Transport mit einem Auto. Bitte nur keinen Liegend-Transport! Am Beifahrersitz, ja, das wäre mir schon recht. Obwohl ich selbst auch Autofahrer bin, neige ich keinesfalls dazu, den Chauffeur mit Anweisungen und Besserwissereien zu nerven. Im Gegenteil, ich weiß sehr genau, wie unangenehm es ist, wenn der Beifahrer unaufhörlich schnattert und schnattert.

~ ❃ ~

Zur Übernachtung brachte mich Dagmar im 'Hotel Bergschlößchen' unter. Das Waldhotel Bergschlößchen liegt wunderschön ruhig. Der Parkplatz direkt vor dem Haus lud Dagmars Auto zum Verweilen ein.

Wie dem auch sei: Bei einer Anreise nach 17°° Uhr muß man das Hotel telefonisch kontaktieren. Dagmar war mit den Gepflogenheiten vertraut, sie rief an: „Wir sind schon da!“ Bis Dagmar uns mir geöffnet wurde, konnte ich endlich die Katzen- und Hundeleckerli an den Mann bzw. an die Frau bringen.

Einem Hund, der nicht mein Hund ist, ohne Erlaubnis des Besitzers Leckerlis zu geben, lehne ich grundsätzlich ab. Am liebsten ist es mir, Frauchen (oder Herrchen) das Leckerli (in diesem Fall: eines der besten getrockneten Ohrwascheln aller Zeiten) zu präsentieren und in Gegenwart des künftigen Empfängers zu fragen: „Darf der (in diesem Fall: Charly) das haben?“ Das war bereits so mit Dagmar abgesprochen. Dagmar sagte drauf: „Natürlich darf

Charly das haben!“ Dann konnte man Charly nur noch schmatzen hören.

Braver, wohlerzogener Charly! Er hat sein Lieblingsleckerli sicher schon meilenweit gerochen, aber er hat keinen Versuch gemacht, vorher ein Ohrwaschel zu stehlen oder sonst irgendwie zu erbeuten, er hat brav gewartet, bis ich ihm sein Mitbringsel gereicht habe.

Warum ich auf so einer Zeremonie bestehe, ist sonnenklar: Nicht alle Hunde sind so wohlerzogen, daß sie Leckerlis nur mit Erlaubnis und vor allem nur von Menschen annehmen, die sie kennen. Aber leider rennen viel mehr Arschlöcher als Bürgermeister herum, und wenn ich bedenke, wieviel Hunden Schaden zugefügt wird, weil irgend so ein A… Spaß daran findet, Wurststücke mit Rasierklingen zu würzen, möchte ich am liebsten die Maschine zur scheibchenweisen Entmannung anwerfen.

Außerdem hatte Dagmar verschiedene Dinge aus Ennios Satteltaschen mitgebracht, die ich für meine persönliche Pflege brauchte. Sie hatte buchstäblich an alles gedacht! Es muß einmal gesagt werden: Ohne Dagmar hätte ich ganz schön alt ausgesehen.

Es dauerte nicht lange, bis Herr Sohr uns einließ. Die Anmeldung für eine Übernachtung war schnell erledigt. Dagmar ging mit mir hinauf zu meinem Zimmer. Es war urgemütlich, unter dem Dach gelegen, sauber und bequem. Ich fand sofort einen Platz für meine Sachen und für meinen Laptop, an dem ich später noch ein wenig arbeiten wollte.

Auf dem Gang vor dem Zimmer lockte ein Aschenbecher - also durfte man, was heutzutage besonders erwähnenswert ist, innerhalb des Hauses rauchen.

Wieder an der Rezeption angekommen, fragte mich Herr Sohr, ob ich WLan brauche. Nein, danke, antwortete ich, ich habe ein Internet-Modem dabei. (Daß mir Herr Sohr ganz im Vertrauen erklärte, er müsse für das WLan zahlen, der Gast aber nicht, schätzte ich als Vertrauensbeweis und mich mit meinem Modem glücklich.)

Als ich überlegte, was ich sonst noch alles brauchte, war mir anfangs gar nicht wohl zumute. Der Arztbrief vom Krankenhaus mußte an die Schutzbrief-Nothilfe gefaxt werden, ich mußte, da mein Handy bekanntlich den Geist aufgegeben hatte, sicherlich trotzdem einige Telefongespräche führen - mir graute vor dem, was ich zu erledigen hatte. Das Fax erledigte Herr Sohr sofort. Auf meine Frage, was ich dafür zu zahlen hätte, antwortete mir Herr Sohr, das machen wir morgen mit der Rechnung.

Dagmar verabschiedete sich. Morgen wollte sie mich um 10°° Uhr abholen und mit mir auf das Krankentaxi nach Wien warten.

~ ❃ ~

Ich ging einen Sprung auf die Terrasse, genehmigte mir eine Zigarette und ein alkoholfreies Bier. Kaum war die Zigarette aufgeraucht, begann es schon wieder zu regnen. Ich nahm das Glas mit meinem Nealko und ging zurück in den Gastraum. Eigentlich wollte ich nur austrinken und kurz die Speisenkarte durchsehen. Aber dann sah ich etwas, wo ich nicht nein sagen konnte: Zum Abendessen gab es mein 'liebstes Hauptnahrungsmittel': Räucherlachs, diesmal in Röllchenform. Es schmeckte herrlich! Ich bemühte mich um anständige Tischmanieren und versuchte, wenigstens nicht zu schmatzen. Mit Mühe und Not gelang es mir, die Röllchen mit der Gabel in mundgerechte Stücke zu zerteilen. Mit Messer und Gabel zu essen ging sowieso nicht, meine Hände konnten nicht so, wie ich gewollt hätte.

Nach dem wahrlich exquisiten Papperl verfrachtete ich mich auf mein Zimmer und nahm eine ordentliche Dusche. Dann warf ich meinen Laptop an und erledigte 'dies und jenes'. Das Schreiben war schwierig genug. Bald läutete das Telefon: Die ÖAMTC-Schutzbrief-Nothilfe meldete sich. Meine Mitgliedsnummer war wichtig, um die Leistung aus dem Schutzbrief zuordnen zu können. Daß ich gleich wissen wollte, wie es mit meinem Motorrad weitergeht, ist verständlich. Die Dame am Telefon hatte eine Antwort für mich: Ennio bleibt zunächst auf der Depotstelle der Sächsischen Polizei und kommt mit dem nächsten Sammeltransport nach Wien. Ich war beruhigt, obwohl mir niemand genau sagen konnte, wie schwer Ennio beschädigt war. Sicherheitshalber bat ich noch, mir die Telefonnummer der Schutzbrief-Nothilfe durchzugeben. Die Nummer lautet **+4312512000.** Den Zettel mit der Nummer versteckte ich in weiser Voraussicht gut in meiner Geldbörse. Sobald ich wieder ein funktionierendes Handy mein Eigen nenne, wollte ich die Nummer sofort speichern.

Das Schränkchen neben dem Schreibtisch, von dem ich eigentlich vermutet hatte, es diene als Depot für Schreibwaren, entpuppte sich als wohlbestückte, aber höchst uninteressante weil hochprozentige Mini-Bar. Oh, ich korrigiere: Das Sodawasser war nullprozentig und für mich höchst interessant! Es tat mir gut.

Nach kurzer Zeit klingelte erneut das Telefon: Der diensthabende Arzt wollte mit mir noch das Procedere meines Rücktransports besprechen. Meine erste Sorge: Bitte keinen Liegendtransport! Nein, das sei aufgrund der Befunde nie geplant gewesen. Herr Thomas vom Grünen Kreuz käme von Zell am See, würde mich morgen abholen und nach Wien bringen.

Aber hallo! Von Zell am See nach Halsbrücke sind es über die Tachoscheibe gepeilt 600 km, Fahrzeit sechs bis sieben Stunden; von Halsbrücke zu mir nach Hause: 550 km, Fahrzeit sechs Stunden; von meinem Wohnort nach Zell am See: ca. 400 km, Fahrzeit vier bis fünf Stunden. Macht ungefähr 1.550 Kilometer. Der blanke Wahnsinn. Nein, keine Sorge, beruhigte mich der Herr Doktor, Herr Thomas wird unterwegs übernachten.

Was sonst noch besprochen wurde - ich geb's zu, ich hab's teilweise vergessen. Was ich hingegen nicht vergessen habe: Der Herr Doktor ist selbst Motorradfahrer. Er wünschte mir nicht nur gute Besserung, sondern auch, daß ich bald wieder mit meinem

Motorrad unterwegs sein kann und vor allem die Freude am Motorrad fahren nicht verliere. Ich wünschte ihm gute, unfallfreie Fahrt auf allen Straßen: Die linke Hand zum Gruß!

~ ❃ ~

Ich habe an diesem Abend nicht mehr lange an meinem Laptop gearbeitet, nur die wichtigsten Mails erledigt. (Es gibt Menschen, die sich Sorgen machen, die wollte und mußte ich beruhigen.) Da zwei meiner Finger immer noch gefühllos waren, nutzte ich das 8-Finger-System. Es war schwierig genug. Dann noch eine Gute-Nacht-Zigarette beim Aschenbecher auf dem Gang, und ab ins Bett!

*13. Kapitel:*

# Nach Hause mit dem Krankentaxi

Am Morgen des 17. Juni fühlte ich mich frisch und ausgeruht, nur meine Prellungen machten mir zu schaffen. Aber mit diesem Problem würde ich mich noch länger herumschlagen müssen. Sobald ich erst einmal in die Gänge gekommen bin, ist schon viel geschafft. Ich weiß aus eigener Erfahrung, daß Prellungen mit jedem Tag ein bißchen weniger wehtun. Trotzdem weiß ich auch, es kann sehr lange dauern, bis Prellungen ausgeheilt sind. Also packte ich meine Sachen und pilgerte die Stiegen hinunter. Mein Gepäck ließ ich im Gastraum stehen und verfrachtete mich in den Speisesaal.

Das Frühstücksbuffet: á la Bonheur! Sowas von einladend! Aber sowas von! Ich hätte mich gerne durch alle Spezialitäten durchgekostet, aber das wäre mir selbst bei größter Gier nicht möglich gewesen. So beschränkte ich mich auf ein Ei, Vollkorn-Toastbrot, 'etwas vom Buffet' und viel Kaffee. (Bei reinem Weißgebäck oder süßen Aufstrichen jubelt mein Allerwertester, Herr Diabetes, weil er mich mit Horror-Zuckerwerten zwangsbeglücken kann. Diesem Kerl mache ich nicht die Freude, der kann mich mal im Mondschein besuchen...) Nur beim Spender mit dem Rübensirup konnte ich nicht widerstehen. Aber Rübensirup, das weiß ich aus Erfahrung, treibt mir den Zuckerwert nicht in die Höhe.

Wer mich kennt, der weiß, daß ich meistens meckere, wenn ich zum Frühstück keinen Fisch und keinen eisgekühlten Kaffee haben kann. Und wenn ich deshalb einmal nicht meckere, heißt das nicht, daß ich krank bin, oh nein, das hat nur einen Grund: Dieses Frühstücksbuffet spielte alle Stückerln! Jede Meckerei wäre unberechtigt und somit eine Gemeinheit gewesen.

Nach dem Frühstück machte ich mich ans Bezahlen. Selbstverständlich vergewisserte ich mich, daß Herr Sohr nichts vergessen hatte: Fax, Auslandstelefonate, und das Sodawasser aus der Mini-Bar. Ich möchte ja wieder herkommen dürfen!

~ ❀ ~

Dagmar kam ein paar Minuten nach 10°° zum Waldhotel Bergschlößchen: Herr Thomas sei etwas früher gekommen, erklärte sie, deshalb habe sie schon mal meine Sachen in den Bus gepackt und den Herrn Thomas bei ihrem Mann geparkt. Ich verabschiedete mich von Herrn und Frau Sohr und drohte, bei der nächsten sich bietenden Gelegenheit wieder im Waldhotel und Restaurant Bergschlößchen einzuchecken. Aber weder Herr Sohr noch seine Gattin haben sich vor meiner Drohung gefürchtet. Dann stieg ich zu Dagmar ins Auto, und ab ging's durch die schöne Gegend zu Dagmar nach Hause, wo sie den Herrn Thomas 'geparkt' hatte.

Charly begrüßte mich aufs allerherzlichste mit stürmischen Hundeküßchen. Kater Winnie, so erzählte Charly, sei auf Lepschi gegangen, aber er ließe mir ausrichten, der Katzenkaugummi sei eine wahre Delikatesse! Wenn ich wiederkomme, möchte ich doch ganz viel Katzenkaugummi aus Österreich mitbringen, der sei offensichtlich der beste!

Selbstverständlich lernte ich auch Dagmars Mann, den Bernd, kennen. Sympathischer Kerl.

~ ❀ ~

Schon gestern hatte ich mir ausgerechnet, daß die Strecke von Zell am See in Salzburg nach Halsbrücke ungefähr 600 km beträgt. Reine Fahrzeit, Erfahrungswert aus 10 Jahren LKW-Erfahrung: ungefähr sieben bis acht Stunden. Ordentliche Pausen müssen einfach sein. Ich pflege zu sagen: sonst wird das nichts - oder es wird gefährlich.

Herr Thomas machte auf mich einen im doppelten Sinne sehr ausgeschlafenen Eindruck. Außerdem weiß ich definitiv, daß sowohl der ÖAMTC als auch das ‘Grüne Kreuz’ sehr auf die Einhaltung der Lenkzeiten achten. Schon das ließ den Schluß zu, daß Herr Thomas ‘irgendwo unterwegs’ übernachtet hatte.

Ganz kurz kam mir meine eigene Zeit ‘auf dem Bock’ in den Sinn: Leider rentierte es sich für meinen Chef eines Tages nicht mehr, die Aufträge wurden weniger und weniger, und bevor es zu einem Konkurs mit allen nur möglichen Problemen für Firmeninhaber und Mitarbeiter kommen konnte, hat er seine Firma geschlossen. Nach einigen Fehlversuchen gab ich die Jobsuche auf: Die zulässige **Höchstlenkzeit an einem Tag** sind **9 Stunden.** Zur Lenkzeit gehört alles was hinter dem Steuer anfällt, auch Stops an Ampeln, Grenzübergängen, Bahnschranken, Stehen im Stau bei Baustellen und leider auch bei Unfällen - es gibt vielerlei Stehzeiten, die zur Lenkzeit gehören. **Nach spätestens 4,5 Stunden zusammenhängender Fahrzeit muß der Fahrer unterbrechen und mindestens 45 Minuten Pause machen.** Leider gibt es Firmen, bei denen Lenkzeitüberschreitungen an der Tagesordnung und die Einhaltung der vorgeschriebenen Pausen unerwünscht sind. Diese Firmen haben meistens auch einen eigenen Friedhof…

Dummerweise hatte ich vor fast 20 Jahren nicht daran gedacht, mich beim ÖAMTC als LKW-Fahrer, vielleicht sogar auf einem Abschleppwagen, zu bewerben. Andererseits: Wenn man beim ÖAMTC als Chauffeur arbeiten will, darf man auf keinen Fall so ein technisches Nachtkasterl sein, wie ich eines bin. Aber träumen wird man wohl noch dürfen, und viele Dinge kann man lernen!

~ ❃ ~

Von der Ortschaft Halsbrücke zu mir nach Hause sind es zwischen 500 und 600 km. Herr Thomas meinte, wir würden ungefähr sechs Stunden unterwegs sein. Das deckte sich in etwa mit meinen eigenen Berechnungen; Kleinbusse sind heutzutage PS-mäßig ein bisserl stärker bestückt als die Autos vor 15 bis 20 Jahren und können auch schneller fahren. Eingedenk der langen Fahrtstrecke machten wir's kurz mit der Verabschiedung: Noch eine ordentliche Umarmung, ein (zwei, drei oder mehr) Hundeküßchen für und von Charly, dann pflanzte ich meinen Allerwertesten auf den Beifahrersitz und Herr Thomas startete den Wagen.

Herr Thomas ist Nichtraucher, das hatte ich sehr schnell herausbekommen, aber ich hatte sowieso nicht die Absicht gehabt, im Auto zu rauchen. In einem Taxi ist gemäß Verordnung der regulierungswütigen EU das Rauchen verboten, im Krankentaxi erübrigt sich die Frage des Rauchens sowieso. Außerdem kann man Rauchpausen und notbedürftige Pausen miteinander verbinden.

~ ❃ ~

Ich brauchte nicht einmal einen Kilometer, um zu erkennen: Herr Thomas ist ein sicherer und kompetenter Chauffeur. Er lenkte den Kleinbus zunächst über die Bundesstraße 173 auf die A17. Ja, da wäre die Ausfahrt Kesselsdorf gewesen, aber leider! Beim nächsten Mal werde ich drauf achten, bei Tageslicht zu fahren, da sehe ich die Wegweiser besser…

Hinter der tschechischen Grenze heißt die Autobahn D8 und führt in Richtung Prag. Etwa 130 km, nachdem wir Halsbrücke verlassen hatten, wies eine grüne Tafel mit weißer Schrift auf die Ausfahrt Terezin hin. Sofort erinnerte ich mich an das Video, das mir Herr Lukáš im Škoda-Museum gezeigt hatte: Terezin – Theresienstadt: nur eines von vielen unrühmlichen Kapiteln in der höchst unrühmlichen Geschichte des 'Dritten Reiches'. Wieso glaubte ich mich an einen Film zu erinnern, den ich nie - zumindest nicht bewußt - gesehen hatte? Wieso glaubte ich mich an einen Film zu erinnern, in dem ein Konzentrationslager als blühende, aufstrebende Stadt geschildert wurde? Ein zehnminütiger Propagandafilm hatte das Lager als blühende Landschaft mit Kräutergarten, Bäckerei, Theater und wohlversorgten Ghetto-Insassen gezeigt. Alles Humbug, alles

Lüge! Aber ich schwöre, ich habe diesen Film nie bewußt gesehen… Die Wirklichkeit sah anders aus: Von 15.000 Kindern haben gerade mal 150 das Ghetto überlebt.

Terezin - Theresienstadt. Dlouha 24. Einst Bahnhofstraße. Das zweistöckige Haus gehörte einmal zum Block L237. Mitten im Ghetto. Als Ghetto (laut Duden auch Getto) wird ein abgesondertes Wohnviertel bezeichnet. Der Begriff stammt ursprünglich aus der italienischen Sprache, bedeutet Gießerei und wurde später als Bezeichnung für ein abgetrenntes Wohngebiet übernommen, da die jüdischen Einwohner in Venedig ab dem Jahre 1595 auf 'Geto Nuovo' (neue Gießerei) beschränkt waren.

Touristen aus der ganzen Welt kommen in das rund 70 km nördlich von Prag gelegene Theresienstadt. Kenntnisreich und energisch führen die Guides, unter ihnen auch Herr Lukáš Lev, die Besucher durch Festung und Garnisonstadt Terezin. Im 18. Jahrhundert wurde Theresienstadt von der K.u.K.-Monarchie errichtet, um die Preußen aufzuhalten. Das Bollwerk wurde jedoch nie gebraucht. Erst die Nazis nutzten die monumentale Anlage als Aufnahme-, Sammel- und Durchgangslager. Es war vor allem ein Todeslager. Das 'Sammellager' Theresienstadt existierte von 1942 bis 1945. Die einstige Festungs- und Garnisonstadt war ursprünglich für 6.000 Soldaten ausgelegt. Die Nazi-Verbrecher stopften rund 60.000 Menschen aus ganz Europa in das 'Sammellager'. Von den 140.000 hier eingepferchten europäischen Juden starben in Terezin mindestens 35.000. Die meisten Insassen wurden zwischen 1942 und 1944 von Theresienstadt weiter in die Vernichtungslager im Osten transportiert: Endstation: Auschwitz…

Auf dem Dachboden im Block L237 hat Lukáš Lev an Wänden und Dachbalken letzte Hinterlassenschaften von Kindern, Jugendlichen und Erwachsenen entdeckt: Heimliche Zeichnungen, Zeichen des unbedingten Überlebenswillens. Sie erzählen von Hoffnung und

Heimweh, Liebeskummer und Läusen. In insgesamt 11 Dachböden sind solche beeindruckenden Botschaften gefunden worden.

Besonders die Zeichnungen der Kinder gehen unter die Haut. Bilder von Marienkäfern und Windmühlen. Es sind krakelige Hilferufe nach einem Leben ohne Gewalt, Angst und Willkür. Diese Zeugnisse wurden in den letzten Jahrzehnten vergessen. Sie sind akut bedroht, weil sich von offizieller Seite niemand findet, der die Funde retten will…

Ich wischte diese Gedanken weg: Zu groß war die Gefahr, über diese Gedanken zu sprechen, und ob dieses Thema auf einer Strecke von 500 bis 600 Kilometern sehr vernünftig gewesen wäre, wage ich ernsthaft zu bezweifeln…

~ ❃ ~

Ein paar Kilometer hinter Prag lockte eine kleine Raststätte die Reisenden, ein Mittagessen zu zelebrieren. Auf der Speisekarte stand zwar kein Fischgericht, aber was ich nicht geahnt hatte: Hier gab es Bramboráky - Kartoffelpuffer vom feinsten! (Es gibt zwei Arten von Speisen, bei denen ich schon dreimal nicht nein sagen kann: Fisch in jeder Form, und Kartoffelpuffer, auf gut tschechisch: Bramboráky. Wobei Bramboráky einen Vorteil haben: Nach einem Bramborák bin ich normalerweise satt, während ich bei Fisch nicht und nicht aufhören kann.)

Ein ordentlicher Bramborák und eine Halbe Soda, genossen an einem Stehtisch im Freien vor einer Raststätte - preislich sehr günstig, der Genuß jedoch unbezahlbar! Nach dem Essen eine gute Zigarette machte den Genuß komplett. Selbstverständlich achtete ich darauf, daß Herr Thomas nicht den ganzen Qualm meiner Zigarette, im Wiener Slang: mein‘n Motschka, ins Gesicht bekommt. Selbst wenn man davon absieht, daß heutzutage sowieso jeder Raucher als Umweltterrorist abqualifiziert wird, ist so etwas in jedem Fall ungezogen. Wir waren hier in Mitteleuropa, in Tschechien an der D1 und nicht in der hintersten Finnmark, wo andere Benimmregeln gelten als hierzulande: Zigaretten-, Zigarren- und Pfeifenrauch ist dort das einzige Mittel gegen die Mückenplage! Im Jahre 2008 hat mich ein junger Isländer namens Evindur genau am Nördlichen Polarkreis mit einem ordentlichen Schwall Pfeifenrauch vor diesen blutsaugenden Biestern gerettet. Seither ist auch mein Auto kein Nichtraucher-Auto mehr. Auf der anderen, nördlichen, Seite des Nördlichen Polarkreises gibt es Stechmücken in einer Anzahl, die sich ein Mitteleuropäer gar nicht vorstellen kann. Das erklärte ich auch Herrn Thomas und fügte selbstverständlich noch eine Geschichte hinzu. Ein Märchen der Sami erzählt, warum es in Lappland so viele Stechmücken gibt:

Es war einmal ein böser Riese. Der stahl den Menschen ihre Rentiere, entführte die schönsten Mädchen, trank das Blut der Menschen und fügte ihnen, wo immer er nur konnte, großes Leid zu. Irgendwann wurde es den Menschen zu viel: Sie töteten den Riesen, und daß er nicht wieder auferstehen konnte, zerhackten sie ihn in tausende und abertausende Stückchen, drehten diese noch durch eine Mühle, mahlten den Riesen zu Mehl und verstreuten dieses Mehl in alle Winde. Leider hatten die Menschen vergessen, den Schamanen um einen Bannzauber zu bitten. So wurden die einzelnen Stückchen des Riesen, so winzig sie auch waren, wieder lebendig. Unter den Stechmücken leiden die Menschen noch heute.

~ ❃ ~

Weitere 100 km nach der Mittagessenspause erwischte mich Herr Thomas eiskalt bei meiner Lizenz zum Klugscheißen: Als wir vis-a-vis der Raststätte Humpolec ungefähr den Kilometer 88 der D1 passierten, erinnerte ich mich an Alexander Dubček und sprach das auch aus. Die Folge war, daß Herr Thomas Fragen stellte, die ich gerne beantwortete. Ich weiß nicht, ob es reine Höflichkeit seitens des Herrn Thomas war, oder Interesse. Er brachte mich dazu, ausführlichst über Alexander Dubček, seinen Werdegang als Politiker, über den Prager Frühling und letztendlich über jenen regenreichen 1. September 1992, an dem Dubčeks Leben zum Teil endete, zu referieren.

Mein Referat dauerte, da ich mich mit den Geschehnissen um Alexander Dubček und den Prager Frühling sehr eingehend beschäftigt habe, relativ lange: Genau genommen bis zur letzten Raststätte vor der Tschechisch-Österreichischen Grenze.

~ ❋ ~

An der letzten Raststätte an der D1 Richtung Wien (es war die MOL-Tankstelle) geschah dann sowohl Gutes als auch Schlechtes. (MOL Rt., ausgeschrieben **M**agyar **Ol**aj- és Gázipari Részvénytársaság, ist der führende Mineralölkonzern Ungarns mit Hauptsitz in Budapest. Bis März 2009 war die österreichische OMV AG, nachdem sie ihren Anteil im Juni 2007 von 18,6 % auf 20,2 % aufgestockt hatte, größter Einzelaktionär.) Allerdings hatte ich mir vorerst nicht gemerkt, daß es eine MOL-Tankstelle gewesen war…

Zuerst das Gute, das mir an dieser Raststätte begegnete: Da ich Durst hatte, schnappte ich mir ohne viel zu schauen aus einem Kühlschrank, auf dem groß und deutlich NEALKO (alkoholfreie Getränke) stand, das nächstbeste Getränk und marschierte damit zur Kassa. Daß ich einen Energy-Drink erwischt hatte, bemerkte ich allerdings erst nach dem Bezahlen. Auch gut, dachte ich bei mir, Hauptsache alkoholfrei. Obwohl ich ansonsten nicht soooo ein großer Fan von Energy-Drinks bin, weil sie nicht mich, sondern eher meinen Allerwertesten, Herrn Diabetes, munter machen, soff ich das ganze Halbliter-Flascherl auf zwei Züge leer. Ich darf vorausschicken: An diesem Tag wurde ich nicht und nicht müde. Ich hatte einen Energy-Drink entdeckt, der sogar mich munter macht.

Und jetzt die schlechte Nachricht: Bevor ich das bewußte Flascherl aus dem Kühlschrank genommen hatte, hatte ich selbstverständlich noch dringend für KönigstigerInnen und sonstige kleine Mädchen 'gemußt'. Nach getanem Job rutschten, während ich meine Jeans über den Hintern zog, mein Reisepaß und mein Führerscheinetui aus der Hosentasche. Ich verließ den Locus, aber mein Reisepaß und mein Führerscheinetui blieben in der Kabine liegen... Dummerweise hatte ich mich nicht vergewissert, daß meine Papiere an ihrem Platz in der linken Gesäßtasche steckten. Meine Schusseligkeit sollte mich noch in gewaltige Kalamitäten bringen...

~ ❋ ~

Wir verließen die Raststätte. Herr Thomas lenkte den Bus über Pohořelice und Mikulov über die Grenze nach Drasenhofen. Die Strecke war mir wohlbekannt, und der Abendverkehr begann einzusetzen. Deshalb hielt ich auch meinen Mund. Aus eigener Erfahrung weiß ich, wie unangenehm es ist, wenn ein Beifahrer nur quatscht und quatscht und womöglich eine Antwort erwartet, während man sich auf den Straßenverkehr konzentrieren muß. Es war einmal eine alte Dame, die gern meine Dienste als Chauffeur in Anspruch genommen hat. Kaum war sie in mein Auto eingestiegen, begann sie pausenlos über 'die Leute' herzuziehen - die meisten dieser 'Leute' kannte ich gar nicht. Ich hab mich damals immer mit einem ausführlichen „mmmh – aha – mmmhm....“ aus der Affäre gezogen. Solche Peinlichkeiten wollte ich Herrn Thomas von vornherein ersparen.

Begleitet von diesen Erinnerungen, passierten wir zuerst die A5 - Nordautobahn, dann ein Stückerl Autobahn, das S1 heißt, bis wir auf die Süd-Ost-Tangente, die A23, auffahren konnten. Jetzt noch beim Verteilerkreis abfahren, nach der fünften Ampel links, und schon fuhren wir in 'meine' Gasse ein.

Glücklicherweise fand Herr Thomas genau gegenüber meiner Haustür einen Parkplatz. Wahrscheinlich hat er sich gewundert, als ich sagte: „Ich hol‘ schnell mein Wagerl, wozu soll ich meine

Sachen schleppen?“ Sprach’s und wetzte ins Haus, wo im Kinderwagenraum zwei Einkaufswagerln darauf warteten, daß ich ihnen mein Glumpert überantwortete.

Herr Thomas half mir, ebendieses ‘Glumpert’ in ein Wagerl zu verfrachten und brachte mich noch in meine Wohnung. Meine beiden Katzen Puppi und Burli begrüßten mich auf das Allerherzlichste. Auch Herr Thomas wurde auf Katzenart ausgiebigst begrüßt: Schließlich weiß man als Katze nie, ob ein Besuch länger bleibt und ob es Sinn macht, dem Besuch zu zeigen, wo Mami die Leckerli aufbewahrt.

Mein Angebot an Herrn Thomas, noch ein Sodawasser oder einen Kaffee zu trinken, lehnte er ab. Ich konnte ihn verstehen: von meinem Wohnort nach Zell am See sind es ungefähr 400 km, das bedeutet eine Fahrzeit von vier bis fünf Stunden. Er müsse, so erklärte er mir, nur noch bis Melk fahren. Dort habe er ein Quartier. (Ich war beruhigt.) Noch ein freundschaftlicher Händedruck, dann machte sich Herr Thomas auf zu seiner letzten Tagesetappe.

*14. Kapitel:*

# ***Kalamitäten***

Kaum hatte Herr Thomas das Wagerl mit meinem ‘Glumpert‘ in meine Wohnung geschoben, kamen Puppi und Burli gelaufen, um mich zu begrüßen. Sie wandten sich aber sofort Herrn Thomas zu: „Was bist denn Du für einer?“ wollte Burli wissen und beschnupperte das Hosenbein von Herrn Thomas. Puppi hingegen forderte sanft miauend die ihr rechtmäßig zustehenden Streicheleinheiten ein: „Egal, was für einer Du bist“, kommentierte meine kleine Schönheit, während sie Herrn Thomas als ihr persönliches Eigentum markierte, „Hauptsache, Du hast uns unsere Mami gut zurückgebracht und magst Miezikatzi.“ Schließlich weiß man als Katze nie, ob ein Besuch länger bleibt. Auf jeden Fall sollte man sich mit Besuchern aller Art gut stellen, vielleicht ist hie und da ein Leckerli zu holen! Ich hatte den Eindruck, daß sich Herr Thomas über die Freundlichkeit und Aufmerksamkeit meiner Miezekätzchen sehr gefreut hat.

Mein Angebot an Herrn Thomas, noch ein Sodawasser oder einen Kaffee zu trinken, lehnte er ab. Jetzt, so meinte er, ginge es erst so richtig los mit dem Abendverkehr! Ich konnte seine Eile verstehen: von meinem Wohnort nach Zell am See sind es ungefähr 400 km, das bedeutet eine Fahrzeit von vier bis fünf Stunden. Auf meine besorgte Frage hin erklärte er, er müsse nur noch bis Melk fahren, dort habe er ein Quartier. (Ich war beruhigt.) Noch ein freundschaftlicher Händedruck, dann machte sich Herr Thomas auf zu seiner letzten Tagesetappe.

Kaum hatte Herr Thomas meine Wohnung verlassen, hörte ich die übliche Lüge meiner pelzigen Kinder: „Vierzehn Tage haben wir nichts mehr zu essen bekommen, wir sind schon am Verhungern!“

Naja - man sieht es ihnen an! Wer's glaubt, ist selbst schuld. Selbstverständlich bekamen meine armen, verhungerten Kätzchen ihren Frischebeutel zum Abendessen und, was vielleicht noch wichtiger ist, jede Menge Streichel- und Kuscheleinheiten. Bis mir meine beiden Rabauken die Erlaubnis gaben, mich unter die Dusche zu verfrachten, dauerte eine gewisse Zeit…

~ ❃ ~

Murphys Gesetz ('Murphy's Law') ist eine auf den US-amerikanischen Ingenieur Edward A. Murphy jr. (geboren 11. Januar 1918, gestorben 17. Juli 1990) zurückgehende Lebensweisheit, die eine Aussage über menschliches Versagen macht. Murphys Gesetz lautet im amerikanischen Original: 'Anything that can go wrong **will** go wrong.' In der deutschen Übersetzung heißt das: 'Alles, was schiefgehen kann, wird auch schiefgehen.'

Der Hintergrund: Ingenieur Captain Edward A. Murphy nahm 1949 auf einem kalifornischen Testgelände am Raketenschlittenprogramm der US Air Force teil, mit dem herausgefunden werden sollte, welche Beschleunigungen der menschliche Körper aushalten kann. Bei einem sehr kostspieligen Experiment wurden am Körper der Testperson 16 Meßsensoren befestigt. Die Sensoren konnten auf zwei Arten befestigt werden: auf die richtige Art, und in 90° Abweichung von dieser. Das Experiment schlug fehl, weil irgendein Idiot sämtliche Sensoren falsch angeschlossen hatte. Diese Erfahrung veranlaßte Murphy, sein Gesetz zu formulieren: „Wenn es mehrere Möglichkeiten gibt, eine Aufgabe zu erledigen, und eine davon in einer Katastrophe endet oder sonst unerwünschte Konsequenzen nach sich zieht, dann wird es jemand ganz genau so machen." Einige Tage später zitierte Major John Paul Stapp dies bei einer Pressekonferenz. (John Paul Stapp, Colonel der US-Air Force, geb. 11.7.1910, gest. 13.11.1999, war Pionier in der Erforschung der

Auswirkungen von Beschleunigungskräften auf den menschlichen Körper.)

Übrigens: Mit Murphys Gesetz haben sich vor allem Natur- und Ingenieurwissenschaftler auseinandergesetzt. Und das stellt dieses scheinbar witzige 'Gesetz' auf eine wissenschaftliche Basis. Es wird in der modernen Technik als Erfahrungswissen für Fehlervermeidungsstrategien unter anderem in der Informatik und in der Qualitätssicherung angewendet.

Genau an das alles dachte ich nicht, als ich mich anschickte, nach einer ausgiebigen Dusche mein nicht sehr sauberes Gewand nach Waschtemperatur (40°-Wäsche, 60°-Wäsche) zu sortieren und die Hosentaschen auszuräumen. Da bemerkte ich es: Sowohl mein Reisepaß als auch mein Führerscheinetui waren verschwunden.

Nun gab es zwei Möglichkeiten: Hysterisch werden, wie eine Verrückte durch die Wohnung zu rasen und planlos meine Papiere zu suchen, oder ruhig zu bleiben und zu überlegen. Hysterisch zu werden bringt erfahrungsgemäß überhaupt nichts außer Streß und zusätzlichen Problemen. Deshalb entschied ich mich für die zweite Möglichkeit, ich blieb ruhig und überlegte:

Reisepaß und Führerscheinetui waren aus der Gesäßtasche herausgefallen. Das war Fakt. Eine Kontrolle meiner Jeans brachte zutage, daß diese Gesäßtaschen für meine Bedürfnisse viel zu kurz waren. Ich beschloß, die besagte Hose aus meinem näheren Umfeld zu verbannen. Jetzt stellte sich mir die Frage, wo sich meine Sachen von mir verabschiedet hatten. Es könnte, so überlegte ich, beim Ausziehen der Hose passiert sein. Ich sah an der Stelle nach, an der ich mich meiner Hosen zu entledigen pflege. Aber leider! Sowohl der Reisepaß als auch das rote Etui mit den KFZ-Papieren war mir nicht einfach beim Umziehen aus der Hosentasche gefallen. Sch…ade. Das hätte mir einiges erspart.

Die nächste Möglichkeit: Vielleicht hatte ich meine Sachen im Auto bei Herrn Thomas verloren? Das ließ sich bei der Schutzbrief-

Nothilfe erfragen, aber dazu brauchte ich dringendst ein Telefon. Da ich kein Festnetz besitze, brauchte ich ein funktionierendes Handy. Ich schätzte mich glücklich, die Telefonnummer der Schutzbrief-Nothilfe notiert und den Zettel in meiner Geldbörse verwahrt zu haben, aber die Telefonnummer allein nützte mir herzlich wenig…

Während ich meine Hosen zur 40°-Wäsche legte, fiel mir plötzlich mein Besuch am WC an der letzten Raststätte vor Wien ein! Aber wo, zum Teufel, war diese Raststätte genau, und wie hieß sie? Den Ort zu beschreiben war relativ einfach: Bald nachdem Herr Thomas von der Raststätte abgefahren war, hatten wir die Autobahn D1 in Richtung Pohořelice - Mikulov - Drasenhofen verlassen; daß die Straße, auf die wir nach der D1 gefahren waren, Vídeňská heißt, tat nichts zur Sache: Es gibt in Tschechien viele Straßen, die Vídeňská heißen! Obwohl ich bereits in Schwierigkeiten steckte und nicht ahnte, welche Schwierigkeiten noch auf mich zukommen sollten, mußte ich lächeln, weil mir ein Lied in den Sinn kam: 'Wie Böhmen noch bei Öst'reich war…' Als ich noch mit den Kolleginnen vom Gospelchor zum Karaoke gegangen war, hab' ich es oft gesungen. Ob ich den Text noch zusammenbringe? Aber das hatte Zeit, im Augenblick hatte ich wichtigere Dinge zu erledigen.

Für alle Fälle machte ich mir ein paar Notizen, die ich zu nutzen gedachte, sobald ich mit der Schutzbrief-Nothilfe verbunden war. Erfahrungsgemäß fällt mir das Wichtigste, aber auch das Naheliegendste, erst dann ein, wenn es zu spät ist.

Wo meine Papiere waren beziehungsweise wo sie nicht waren, ließ sich, wie erwähnt, durch ein Telefonat herausfinden. Um aber wieder sprechbereit zu werden, mußte ein Ersatzhandy her, mit dem ich auf die Schnelle auch umgehen konnte. An alten Handys mangelte es mir nicht; es waren allesamt stinknormale Handys, mit denen man telefonieren, SMS-sen und sonst gar nichts kann. (Mit Grauen dachte ich an meinen einzigen Versuch, ein Smartphone zu nutzen. Bevor ich es an die Wand geworfen hätte, hatten es meine schlauen, pelzigen Kinder an sich genommen und an den Bestbieter verkauft. Daß sie das Geld dafür in Leckerlis angelegt haben, liegt in der Natur der Sache.) Aber ich konnte nicht irgendeines meiner Uralthandys nehmen: Probleme mit der Geschicklichkeit meiner Hände waren vorprogrammiert, und die Schrift vom Handy sollte auch nicht zu klein sein: Man wird nicht jünger und die Augen nicht besser...

Es dauerte eine gewisse Zeit, bis ich aus meiner 'Sammlung' ein passendes Ersatzhandy ausgewählt und, was genau so wichtig war, das dazu passende Ladegerät gefunden hatte. Zuerst mußte der Akku aufgeladen werden; in der Zwischenzeit sollte ich die SIM-Karte aus dem defekten Handy nehmen und, sobald das Ersatzhandy wenigstens minimal aufgeladen war, diese einlegen und das Handy startklar machen. Aber leider: Meine noch total verschwollenen Hände wollten nicht so, wie ich wollte. Schuld daran waren diese verdammten Sadistinnen, die mich im Krankenhaus sinn- und erfolglos mit ihren Nadeln gequält und hinterher nichts gegen die Schwellung unternommen hatten! Diese Weiber sollen doch 'Wimmerln' (Pickel) auf ihren Untergestellen bekommen, und zu kurze Hände, um die Pickel am Hintern zu kratzen! Was sie bei den (erreichbaren) juckenden Pickeln vorne machten, war mir, ehrlich gesagt, so ziemlich egal! Ich spürte, daß ich schon wieder sehr, sehr böse wurde. Jetzt mußte ich mich aber schnell beruhigen, bevor ich Claudia per Mail um Hilfe bitten konnte! Das sollte ich aber, da es schon ziemlich spät geworden war, sowieso auf den folgenden Tag verschieben. Deshalb legte ich alles, was ich angefangen hatte, zur Seite und verschwand mit meinen beiden Rabauken kurzerhand nach Bettenhausen.

~ ❃ ~

Als ich an diesem Samstag meine To-Do-Liste im Computer überprüfte, fand ich unter anderem auch die Anmerkung 'SONNTAG Zucker messen'. Allerdings war mein Zuckermeßgerät noch in

Deutschland, genau genommen in Ennios Tasche. Das stellte im Grunde genommen kein Problem dar, ich habe meinen 'Allerwertesten, Herrn Diabetes' sehr gut im Griff. Manchmal wette ich vor dem Messen mit mir selbst, wie hoch oder niedrig mein Wert jeweils ist. (Ich täusche mich selten.) Trotzdem ging das erste Mail des Tages an Dagmar: Sie möge doch bitte gelegentlich nachsehen, ob mein Zuckermeßgerät noch in Ennios Taschen steckte. Falls es endgültig verloren sein sollte, müßte ich mir Ersatz besorgen. (Ich möchte vorausschicken: Dagmar hat mein Zuckermeßgerät ausfindig gemacht und mir sofort per Post zugeschickt. Aber bis ich das Gerät wirklich in Empfang nehmen konnte, dauerte länger als gedacht…)

Es war schon fast Mittag, bis mein Ersatzhandy wieder funktionierte und ich zum ichweißnichtwievielten Mal die Schutzbrief-Nothilfe des ÖAMTC, Nr. +4312512000, kontaktierte. Ich klagte der Dame am Telefon mein Leid und bekam die vernünftigste Antwort, die man in so einem Fall bekommen kann: „Wir rufen Sie zurück."

~ * ~

Warum ich die Antwort 'Wir rufen Sie zurück!' als vernünftigste aller möglichen Antworten bezeichne, ist leicht erklärt: Ich bin nicht allein auf der Welt, und ich bin nicht die einzige, die sich an die Schutzbrief-Nothilfe wendet. Trotzdem dauert die Zeit bis zum Rückruf erfahrungsgemäß nicht einmal eine Zigarettenlänge. (Ich habe es oft genug ausprobiert, alle Hochachtung vor den Telefondamen, die alles, aber auch wirklich alles, blitzartig herausfinden!)

Ich habe mir erzählen lassen, daß manche Leute über den Satz 'Wir rufen Sie zurück' nicht sehr erfreut sind. Diese Leute, so meine ich, gehen mit dem Denken um, als sei Denken illegal: Diese Leute glauben unter anderem auch an den Herrn XYweißalles, der mirnixdirnix die gewünschte Antwort aus dem Hut zaubern kann. Leider hat der Herr XYweißalles einen großen Fehler: Er existiert nicht! Am anderen Ende der Telefonleitung sitzen Menschen wie Du und ich: Menschen, die es sich zur Aufgabe gemacht haben, anderen Menschen zu helfen. Ich bewundere diese Menschen und mit ihnen ihre Geduld und vor allem ihre Freundlichkeit, mit der meine zwölfundsiebzigtausend unqualifizierten Fragen beantwortet wurden!

Wie oft die Schutzbrief-Nothilfe pro Tag angerufen wird, wage ich nicht einmal abzuschätzen. Jeder Anruf bedeutet einen anderen 'Fall', und jeder, der schon einmal in einem Computer etwas gesucht hat, wird mir bestätigen: Wenn der Computer etwas suchen und finden soll, braucht er einen Suchbegriff. Im konkreten Fall ist der Schlüssel zum Erfolg die Clubkarten-Nummer des jeweiligen Fragestellers.

Was aber, wenn die ÖAMTC-Clubkarte wie in meinem Fall zu den Sachen gehört, die ich verloren habe? Auch für dieses Problem hatte die Dame am Telefon eine Lösung: Ich nannte ihr nochmals meinen vollen Namen, fügte meine Adresse dazu, und sie fand ruck-zuck die benötigten Unterlagen.

Nun stellte ich meine Fragen: „Können Sie bitte mit Herrn Thomas vom Grünen Kreuz Kontakt aufnehmen und ihn fragen, ob ich meinen Reisepaß und meine KFZ-Papiere bei ihm im Auto verloren habe? Und wenn das nicht der Fall ist: Wie heißt die letzte Autobahnraststätte an der D1, vor Pohořelice und Mikulov?"

Es dauerte nicht lange bis zum nächsten Rückruf: Leider waren meine Reisepapiere nicht bei Herrn Thomas im Auto zurückgeblieben. Sch…ade.

Die letzte Autobahn-Raststätte vor der Ausfahrt Richtung Wien ist die MOL-Tankstelle im Gebiet von Troubsko. Die Dame vom ÖAMTC hatte dankenswerter Weise auch daran gedacht, mir die Telefonnummer der Raststätte durchzugeben, ich brauchte gar nicht erst darum zu bitten. Und jetzt die überraschendste und tröstlichste Nachricht überhaupt: „Für den Fall, daß Ihre Papiere unwiederbringlich verloren sind, ersetzt Ihnen der ÖAMTC auch die Kosten für die Wiederbeschaffung!"

Jetzt war ich aber sprachlos! Ist es verständlich, daß meine Hochachtung für die vorausschauenden Menschen, die bei der Schutzbrief-Nothilfe Telefondienst machen, ins Unermeßliche gestiegen ist? Ich schaffte es gerade noch, „Aller-, allerherzlichsten Dank!" zu sagen.

~ ❃ ~

Dieser Samstag brachte Gutes und Schlechtes.

Zunächst wählte ich die Nummer der Raststätte, die mir die Dame von der ÖAMTC Schutzbrief-Nothilfe durchgegeben hatte. Da ich meinem schlechtesten Tschechisch aller Zeiten bei wichtigen Dingen zu Recht nicht sehr vertraue, war ich froh, daß man hier deutsch sprach. Ich konnte meine Frage stellen: „Gestern am späteren Nachmittag habe ich meinen Reisepaß, ausgestellt auf (meinen Namen), und ein rotes Etui mit meinem Führerschein und verschiedenen anderen Papieren vermutlich auf dem WC verloren. Hat man diese Dinge vielleicht gefunden und abgegeben?" Ich wurde einige Male weiterverbunden und mußte diese Sätze mehrmals wiederholen, bis ich an der richtigen Stelle gelandet war…

Das Gute zuerst: Ich erfuhr, daß meine Papiere an der MOL-Tankstelle an der D1 gefunden und abgegeben worden waren. Soweit die gute Nachricht…

Schon der gute, alte Herr Geheimrat Johann Wolfgang von Goethe (er lebte zwischen 1749 und 1832) hat es gewußt und seinem Götz von Berlichingen in den Mund gelegt: 'Wo viel Licht ist, ist starker Schatten!' Im übertragenen Sinne bedeutet das: Wo Positives passiert, ist das Negative nicht weit.

Welches Zitat hat denn der geschätzte Leser sonst vermutet? Wer das im Jahre 1773 geschriebene Schauspiel 'Der Götz von Berlichingen' gelesen oder im Theater gesehen hat und nicht nur auf 'eben dieses' Zitat reduziert, der weiß es: Hier wimmelt es nur so von Zitaten, die immer wieder angewendet werden. Aber niemand denkt daran, daß beispielsweise 'Wo viel Licht ist, ist starker Schatten' aus diesem Schauspiel stammt und somit auch ein Götz-Zitat ist:

Im Ersten Akt auf Götzens Burg Jagsthausen spricht Götz gerade mit seinem Sohn Karl. Die beiden haben sich lange nicht gesehen. Karl will seinem Vater zeigen, was er alles gelernt hat, aber als der Vater fragt, ob er den Herrn von Berlichingen kennt, weiß der Sohn keine Antwort. Dann tritt Adelbert von Weislingen ein und sagt: „Glückliches Kind, das kein Übel kennt, als wenn die Suppe lang ausbleibt. Gott laß' Euch viel Freud am Knaben erleben, Berlichingen!" Da antwortet Götz: „**Wo viel Licht ist, ist starker Schatten** - doch war mir's willkommen." (Vielleicht ist zu erwähnen, daß Sohn Karl ein Mensch 'mit besonderen Bedürfnissen' ist. In der Schule sagten wir noch 'geistig zurückgeblieben'.)

Den Wortlaut des 'gewissen berühmten Zitates' finden Lieschen Müller oder Otto Normalverbraucher im dritten Akt in der 4. Szene:

„Mich ergeben! Auf Gnad und Ungnad! Mit wem redet Ihr! Bin ich ein Räuber! Sag Deinem Hauptmann: Vor Ihro Kaiserliche Majestät hab ich, wie immer, schuldigen Respekt! Er aber, sag's ihm, er kann mich im Arsche lecken!" Aber leider kennen nur wenige den gesamten Inhalt des gesamten „Götz von Berlichingen".

~ ❃ ~

Die schlechte Nachricht folgte tatsächlich auf dem Fuß: Mir meine Papiere per Post nach Österreich zu schicken sei nicht möglich, die müsse ich selbst abholen!

Mich korrekt am Telefon zu verabschieden, das heißt, ohne meinen Ärger durch unanständige Wörter kund zu tun, kostete mich einiges an Kraft:

1. Um zur MOL-Raststätte bei Troubsko zu kommen, muß ich die Grenze zwischen Österreich und Tschechien überqueren. Hier stellt sich die Frage, wie das ohne Reisepaß legal geht.

2. Ich war zu dieser Zeit immobil, das bedeutet, ohne eigenes Fahrzeug: Mein Motorrad Ennio wartete in Dresden auf den Heimtransport zu seinem Schrauber, während mein Auto, das ich zur Reparatur nach Chvalovice gebracht hatte, noch auf seine Fertigstellung wartete.
3. Es gibt die Möglichkeit, ein Leihauto zu mieten. Allerdings muß man, wenn man ein solches mieten will, seinen Führerschein vorweisen, und der war, wie man so schön sagt, ‘in Verlust geraten’.
4. …

Daß ich spätestens nach Punkt 3 alle Heiligen vom Himmel heruntergeflucht habe, ist selbstverständlich nicht gelogen. Alle Flüche anzuführen, die ich in den folgenden Minuten ausgesprochen hatte, ist mir heute nicht mehr möglich. Nur so viel: Seither haben die Wände in meinem Wohnzimmer einen rötlichen Schimmer…

Was, in Dreiteufelsnamen, sollte ich ohne Dokumente anfangen? Ein Mensch ohne Papiere ist nicht existent. Das mußte ich in den folgenden Tagen schmerzlich lernen.

~ * ~

Das Fluchen hatte mich erleichtert, ich konnte wieder logisch - das heißt, bis zur Telefonnummer der Schutzbrief-Nothilfe - denken. Meine Papiere lagen sozusagen griffbereit in einem anderen Land, das zu erreichen mir mangels Reisepaß unmöglich war! Bei der Schutzbrief-Nothilfe bekam ich den besten Rat des Jahrhunderts: „Wenden Sie sich an die Österreichische Botschaft in Prag.“ Die E-Mail-Adresse der Botschaft bekam ich gratis dazu. Wären nur alle Menschen in Telefonzentralen und so genannten Callcentern so vorausschauend wie die Menschen, die bei der Schutzbrief-Nothilfe Dienst tun…

Das einzige, was ich gegen die Kalamitäten[*)], die mich nun zu treffen gedachten, tun konnte, war, ein Mail nach dem anderen auf die

Reise zu schicken. Ich beherzigte den Rat der Dame von der ÖAMTC-Schutzbrief-Nothilfe und wandte mich umgehend an die Österreichische Botschaft in Prag.

*) Der Begriff Kalamität leitet sich aus dem Griechischen **καλάμι** (kalami) für Halm ab, daraus wurde lateinisch calamitas, mit der ursprünglichen Bedeutung „Mißwuchs des Getreides". Dieser Begriff wurde im Altertum für jegliches generelles „Übel" verwendet. Seit dem Dreißigjährigen Krieg beschreibt die deutsche Translation Kalamität ein großes (besonders öffentliches) Unglück, einen Übelstand oder eine Notlage. Als Kalamitosen - ein Wort, das ich erstmals beim Google gelesen und noch nie gehört habe - werden von einer Kalamität Betroffene und Verunglückte bezeichnet.

Da ich sowieso nicht gerne telefoniere, nahm ich per Mail Kontakt mit der Österreichischen Botschaft in Prag auf. Ich begann mit „Sehr geehrte Damen und Herren", erklärte kurz die Vorgeschichte (Unfall auf der A17 bei Dresden, Rückkehr nach Wien mit ÖAMTC-Krankentaxi) und schloß mit der Bitte um Hilfe: Die Raststätte sei nicht bereit, mir meine Dokumente per Post zu schicken.

Am darauffolgenden Tag antwortete mir Frau Eva Slováková: Die Konsularabteilung der Botschaft habe mit der MOL-Tankstelle vereinbart, daß die Dokumente per Post an die Adresse der Botschaft geschickt werden. Sobald die Dokumente einlangen, wird die Art und Weise der Übermittlung nach Österreich besprochen.

Die Nachricht von Frau Slováková ließ mich Hoffnung schöpfen, daß die Kalamitäten, verursacht durch meine verlorenen Papiere, möglichst bald beendet waren. Außerdem war mir aufgefallen, daß mir Frau Slováková in einem gänzlich fehlerfreien Deutsch geschrieben hatte. Dazu kann ich nur sagen: meine Hochachtung!

Die Botschaft eines Landes vertritt die Interessen ihres Landes und die ihrer Bürger. Dazu gehört auch Hilfestellung, wenn Bürger im Ausland irgendwelche Schwierigkeiten haben. Mehr war mir aus dem Staatsbürgerkunde-Unterricht am Gymnasium nicht in Erinnerung geblieben. Zu meiner Schande muß ich gestehen, daß ich mich auch nicht weiter dafür interessiert hatte.

Daß ich im Augenblick bis zum Hals in der Sch... - pardon, in großen Schwierigkeiten steckte, mußte ich akzeptieren. Aber Schwierigkeiten sind nun einmal dazu da, daß man sie löst. Hilfe beim Lösen von Problemen wird gerne angenommen und Hilfe habe ich bekommen - nicht nur von der ÖAMTC-Schutzbriefnothilfe, sondern auch von der Österreichischen Botschaft in Prag. Die Hilfe der Österreichischen Botschaft möchte ich besonders würdigen, hat doch Herr Konsul Gerald Hauser durch seine besonders ausführlichen Antworten auf meine neugierigen Fragen meinen Horizont wunderbar erweitert! Aber davon etwas später...

~ ❃ ~

Auch mein Zuckermeßgerät kam in der Woche nach meinem Unfall in Wien an. Leider hatte ich die Ankunft des Postboten verpaßt und lediglich den gelben Verständigungszettel im Briefkasten vorgefunden: Die Postsendung konnte nicht zugestellt werden und kann am nächsten Werktag beim 'Postpartner' abgeholt werden. Obwohl ich an dieser Postpartner-Stelle in meiner Lieblingsapotheke bekannt bin wie der sprichwörtliche bunte Hund (oder wie das falsche Geld?), durfte (oder wollte?) mir die Postbeamtin mein Gerät nicht ausfolgen, weil ich mich nicht ausweisen konnte. Früher genügte die Anmerkung 'Empfänger persönlich bekannt'. Dem ist heutzutage nicht mehr so. Daß ich als Diabetiker meinen Blutzucker regelmäßig messen muß, war uninteressant.

Leider waren gerade jene Apothekenmitarbeiter, mit denen ich auch schon das eine oder andere private Wort gewechselt hatte, nicht im Dienst beziehungsweise im wohlverdienten Urlaub; In diesem Fall hätte die Möglichkeit bestanden, diese Menschen um Hilfe zu bitten und das Päckchen in meiner Gegenwart 'auszulösen'. Aber es hatte nicht sein sollen. Kommentar überflüssig, der Amtsschimmel wieherte schadenfroh. Ich konnte meinen Zucker erst wieder am 7.7. messen und mußte zum wiederholten Mal lernen, daß ein Mensch ohne Papiere ist nicht existent ist.

*15. Kapitel:*

# Die Tätigkeiten einer Botschaft

Daß ich augenblicklich bis zum Hals in der Sch… - pardon, in großen Schwierigkeiten steckte, mußte ich akzeptieren. Aber Schwierigkeiten sind nun einmal dazu da, daß man sie überwindet. Hilfe beim Lösen von Problemen nehme ich jederzeit gerne an, und Hilfe habe ich bekommen - nicht nur von der ÖAMTC-Schutzbriefnothilfe, sondern auch von der Österreichischen Botschaft in Prag. Die Hilfe der Österreichischen Botschaft möchte ich besonders würdigen, hat doch Herr Konsul Gerald Hauser durch seine besonders ausführlichen Antworten auf meine neugierigen Fragen meinen Horizont wunderbar erweitert!

~ ❋ ~

Die primäre Aufgabe einer Botschaft unter der Leitung des jeweiligen Österreichischen Botschafters, hat mir Herr Konsul Hauser erklärt, ist sicherlich, österreichische Interessen im Empfangsstaat (im aktuellen Fall: in Tschechien) nicht nur in den klassischen Bereichen, als da sind Politik und Wirtschaft, sondern auch kulturell und bildungspolitisch zu vertreten. Zudem versuchen Mitarbeiterinnen und Mitarbeiter einer Botschaft, im Rahmen der sehr oft abendlichen Repräsentationstätigkeit sowohl im lokalen als auch im internationalen Umfeld, das Gemeinsame über das Trennende zu stellen.

Igitt, Repräsentationstätigkeit! Wie sich das im Fall einer Botschaft wirklich abspielt, weiß ich natürlich nicht. Ich nehme mal an, daß bei Staatsbesuchen etc. viel repräsentiert wird und kann mir auch vorstellen, daß ein Botschaftsmitarbeiter, der zu einer Repräsentationstätigkeit verdonnert wird, sehr wenig Schlaf bekommt, wenn es abends sehr lange dauert und man am nächsten Tag zeitig im Büro sein muß. Das einzige, was mir so ad hoc einfällt, wäre, einen Gast zu einer Karaoke-Veranstaltung zu animieren, da bin ich nämlich richtig gut! Nein, die Tätigkeit in einer Botschaft ist mir mindestens fünf Nummern zu groß! Außerdem wäre ich gänzlich ungeeignet, weil ich, sagen wir mal, 'zu wenig diplomatisch' bin und alles frei heraus sage. Daß es dabei häufig zu Ungezogenheiten kommt, liegt in meiner Natur, und nicht alle finden meine Äußerungen lustig…

~ * ~

Die Konsularabteilung einer Botschaft widmet sich in erster Linie dem Bürgerservice. Wenn ich das richtig verstanden habe, geht es hier nicht nur um Auslandsösterreicher, sondern auch um Touristen. In der Praxis sind das Paßangelegenheiten, Staatsbürgerschaftsnachweise, Strafregisterbescheinigungen, Rechtshilfeersuchen, Haftfälle, fremdenrechtliche Agenden, aber auch Krisensituationen durch Naturkatastrophen oder, leider hochaktuell, Terroranschläge, kurz, alles, woran Otto Normalverbraucher gar nicht denkt.

Paßangelegenheiten? Auch wenn sich jemand dauerhaft im Ausland aufhält, läuft ein Reisepaß nach 10 Jahren ab. In Österreich bekommt man, so man in Österreich gemeldet ist, einen Reisepaß am jeweiligen Magistratischen Bezirksamt. Wenn man aber in Österreich gar nicht mehr gemeldet ist, weil der Lebensmittelpunkt im Ausland liegt? In diesem Fall gibt es einen neuen Reisepaß über die jeweilige Österreichische Botschaft.

Auch die Pässe von Botschaftsmitarbeitern und -mitarbeiterinnen haben nur eine begrenzte Laufzeit. Außerdem unterliegen BotschaftsmitarbeiterInnen einem Rotationsprinzip: Der Dienstort und somit der Lebensmittelpunkt, hat mir Herr Konsul Hauser erklärt, ändern sich alle vier Jahre. Gerade mit Familie ist das sicher nicht immer ganz einfach! Ich denke besonders an die Kinder, die mit jedem Wechsel des Lebensmittelpunktes ihre Freunde verlieren, sich an eine neue Sprache gewöhnen müssen - es ist wirklich alles, nur nicht einfach…

Andererseits: Kinder von Botschaftsmitarbeitern haben irre viele Möglichkeiten, Fremdsprachen zu erlernen und sehen vieles von der Welt, was andere Kinder nicht sehen. …

~ ❃ ~

Im Gymnasium hatten wir ein Fach, das 'Staatsbürgerkunde' hieß. Da wurde erwähnt, daß das Gelände einer Botschaft 'Exterritoriales Gebiet' ist: Die Österreichische Botschaft in Tschechien ist in Wahrheit ein kleines Stück Österreich im Herzen von Prag. Und hier fallen mir die fremdenrechtlichen Agenden ein, für die eine Botschaft zuständig ist: Das sind nicht nur die im Augenblick hochaktuellen Asylanträge.

Als sich im Jahre 1989 die 'Samtene Revolution' abzuzeichnen begann, flüchteten Tausende DDR-Bürger in die deutschen Botschaften in Prag und Warschau. (Am 30.9.1989 erlaubte die DDR diesen 'Republik-Flüchtlingen', über das Gebiet der DDR in die Bundesrepublik Deutschland auszureisen.

Außerdem fällt mir beim Stichwort Asyl der Whistleblower*) Julian Assange ein, der seit 2012(!) in einer Botschaft, und zwar in der von Ecuador, politisches Asyl genießt - wenn man in diesem Fall von 'genießen' sprechen kann…

*) Ein Whistleblower (englisch: Pfeifenbläser) ist eine Person, die für die Allgemeinheit wichtige Informationen aus einem geheimen oder geschützten Zusammenhang an die Öffentlichkeit bringt. Dazu gehören typischerweise Mißstände oder Verbrechen wie Korruption, Insiderhandel, Menschenrechtsverletzungen, Datenmißbrauch oder allgemeine Gefahren, von denen der Whistleblower an seinem Arbeitsplatz oder in anderen Zusammenhängen erfährt. Im allgemeinen betrifft das vor allem Vorgänge in der Politik, in Behörden oder in Wirtschaftsunternehmen.

~ ❃ ~

Beim Stichwort Hilfe in Krisensituationen durch Naturkatastrophen denke ich sofort an die Tsunami-Katastrophe am 26.12.2004 in Südost-Asien: Bekannte haben damals ihren Sohn verloren. Sie haben lange mit der Österreichischen Botschaft in Thailand Kontakt gehalten, bis letztendlich auch die Hoffnung gestorben ist. Aber auch bei Flugzeug- und anderen großen Unglücken oder Terroranschlägen hilft die jeweilige Botschaft: Wie oft hat man schon gehört, bei diesem oder jenem Unglück kamen so und so viele Österreicher zu Schaden - ich weiß es nicht. Die Botschaft hilft auch in Situationen, die ich persönlich mir nicht einmal im Entferntesten vorstellen kann - oder möchte…

~ ❃ ~

Obgleich die Hilfsbereitschaft einer Botschaft und ihrer Mitarbeiter, sei es für Auslandsösterreicher, österreichische Touristen, Studenten oder Wirtschaftsreisende in der Praxis weit über gesetzlich definierte Aufgabenbereiche hinausgeht, dürfen auch die engagiertesten Konsulatsmitarbeiter und -mitarbeiterinnen in einigen Fällen trotz des Leitspruches ‘Weltweit für Sie da’ nicht aktiv werden. Das sind u.a. Problemfelder wie familiäre Erbschaftsstreitigkeiten und andere privatrechtliche Verfahren, das Erlangen von behördlichen Bewilligungen des Empfangsstaates oder die Anfechtung von Gerichtsurteilen. Derartige Probleme kann und darf eine Österreichische Botschaft nicht lösen, da muß man sich schon selbst um eine Rechtsvertretung bemühen.

~ ❃ ~

Außerdem hat Herr Konsul Hauser angemerkt, daß vor allem die Unterstützung Österreichischer Staatsbürger und Staatsbürgerinnen in kleineren oder größeren Notsituationen zu den Pflichten einer Botschaft gehört. Ich möchte vorausschicken: als meine Papiere wohlbehalten bei mir angekommen waren und ich Frau Eva Slováková ausführlich für ihren Einsatz dankte, bekam ich zur

Antwort, sie hätte nur ihre Pflicht getan. Mag es für Frau Slováková auch eine Kleinigkeit gewesen sein, ich darf hier anmerken, kleine Ursache - große Wirkung. Ein Mensch ohne Papiere ist nicht existent, ich habe es am eigenen Leibe erfahren.

Die lokalen Mitarbeiter, wie etwa Frau Slováková, sind nach den jeweiligen Rechtsvorschriften des Gastgeberlandes an der Botschaft beschäftigt. Ohne muttersprachliche Kenntnisse der Landessprache ist ein funktionierender Botschaftsbetrieb kaum möglich.

Ob Frau Eva Slováková auch diesen wundervollen Akzent hat, den man 'bemmakeln' nennt, der mich so sehr an meine liebe Babička erinnert, kann ich nicht beurteilen. (Wie ich persönlich zu diesem Akzent stehe, ist wohl eindeutig. Wer weiß - die Welt ist klein. Vielleicht rennen Frau Slováková und ich einander einmal zufällig über den Weg, wenn mich wieder die Sehnsucht nach der Goldenen Stadt plagt.) Auf jeden Fall ziehe ich vor ihrer Rechtschreibung den Hut: nicht alle Menschen mit deutscher Muttersprache können so fehlerfrei rechtschreiben wie Frau Eva Slováková.

*16. Kapitel:*

# Am Friedhof der Motorräder

*Wie lange ich schon am Friedhof der Motorräder auf der grünen Wiese gestanden hatte – ich weiß es nicht. Ich befand mich in einem seltsamen Zustand zwischen Schlaf und Wachsein. Erinnerungen zogen an mir vorbei wie flüchtige Wolkenfetzen, und der Unfall - unser Unfall - war noch allgegenwärtig...*

*Obwohl mein Tank eingedrückt, mein Tacho abgerissen, mein vorderes Kotblech und meine Gabel verbogen, mein linker Sturzbügel total deformiert und mein linkes Auspuffrohr abgeschunden war, hatte ich keine Schmerzen. Der einzige Schmerz war die gähnende Leere in mir, und das war wirklich schlimm!*

*Wie mochte es meiner Margit ergehen? Daß sie überlebt hatte, hatte ich gleich erfahren, als ich ins Land jenseits der Mitternachtssonne gekommen war. Daß ich ein ganz klein wenig an Margits Überleben beteiligt war, erfüllte mich ein bißchen mit Stolz. Aber war sie gesund? Und wenn meine Margit gesund war: Dachte sie noch an mich? Wie ging es ihren Miezekatzen? Mein Freund und Benzinbruder Strolchi hatte mir die beiden Fellnaserln oft und oft beschrieben. Es sind wirklich wunderschöne Schmusekatzen, die meine Margit von ganzem Herzen lieben. Drei Leben zu retten und dafür selbst gehen zu müssen, hielt ich für einen fairen Tausch. Aber da war ja noch die andere Lichtgestalt gewesen! Insgeheim nannte ich ihn meinen Anwalt. Er hatte um eine zweite Chance für mich und damit um mein Leben gebeten...*

~ * ~

*Woher die drei Männer gekommen waren, hatte ich nicht gesehen. Sie waren plötzlich da. „Da ist das Motorrad meiner Tochter!" sagte der erste und wies auf mich, „Sie nennt ihn Ennio!" „Ich weiß, Max", entgegnete der zweite, „schuld, wenn man in diesem Fall von Schuld sprechen kann, ist die erste Melodie, die ihr bei der Probefahrt in den Sinn gekommen ist. Bei so einer leidenschaftlichen Sängerin war das zu erwarten, das weiß doch niemand besser als Du! Wir werden - das heißt, Václav wird - Ennio so weit in Ordnung bringen, daß Vídeňačka ihn reparieren lassen kann. Wir wissen doch alle, wie sehr sie ihren Ennio liebt!"*

*Ich konnte mich nur wundern: Alle hatten von mir immer nur von 'dem Motorrad' oder bestenfalls von der 'roten Kawa EN500A' gesprochen. Dieser Mann jedoch nannte mich bei meinem Namen - bei dem Namen, den mir meine Margit gegeben hatte, als wir Partner wurden.*

*Der dritte Mann sagte nichts. Dafür begann er, sich intensiv mit mir zu beschäftigen. Aufmerksam prüfte er mich von vorne bis hinten, von oben nach unten, betrachtete jede einzelne meiner Verletzungen. Nach einer kleinen Weile meinte er: „Gabel, Kotblech vorne und der Tacho sind hinüber, können aber drüben getauscht werden. Der Tank ist leicht eingedrückt, aber dicht, über den Rückspiegel reden wir gar nicht, und der Sturzbügel ist ohnedies die leichteste Übung. Diese Schäden kann jeder halbwegs geschickte Schrauber reparieren. Was mir Sorgen macht, ist der verzogene Rahmen beim Gabelkopf. Wir müssen Ennio in die Werkstätte mitnehmen, hier am Friedhof kann ich gar nichts für ihn tun. In der Werkstätte kann ich den Rahmen ausrichten und Ennio so vorbereiten, daß er im Reich der Lebenden nicht nur restauriert werden kann, sondern wieder das sichere, zuverlässige Motorrad wird, das er vor dem Unfall war."*

*„Aber ein verzogener Rahmen wird doch nie wieder gerade", wandte der mit Max Angesprochene ein, „und Ennio ist schon ein älteres Baujahr. Ob es die Ersatzteile noch gibt?"*

*Der Mann, der mich untersucht hatte, lächelte und kniff ein Auge zu: „Es gibt sie, Max, verlaß Dich drauf. Und was den Rahmen betrifft: Ich weiß, wie das geht! Ich habe schon verzogene Fahrrad-*

*rahmen ausgerichtet, da war Deine Mutter noch ein Baby! Freilich, ein Fahrrad ist kein Motorrad, bei einem Motorrad wirken ganz andere Kräfte, aber im Prinzip ist das Ausrichten der gleiche Vorgang wie beim Fahrrad. Ich habe mit dem Allgütigen gesprochen, einen einzigen Schaden darf ich ungeschehen machen. Das wird der verzogene Rahmen sein, alles andere ist sowieso drüben machbar."*

*„Václav, ich dank' Dir", antwortete Max, „auch im Namen meiner Tochter. Warum tust Du das alles? Die Initiative, das Motorrad von meinem Spitzbuben so herzurichten, daß es ein irdischer Mechaniker reparieren kann, ist von Dir ausgegangen."*

*„Max, ich mag Deine Tochter", antwortete Václav lächelnd, „ich hatte keine Kinder und sehe in Vídeňačka ein wenig das Kind, das mir nie geschenkt wurde. Wenn ich daran denke, wie oft sie Václav und mich zum Lachen gebracht hat... Wer kommt schon auf die Idee, einen roten Škoda Fabia zu kaufen und Kindern gegenüber zu behaupten, ihr Auto sei ursprünglich 'unschuldsweiß' gewesen, aber leider hätte sie innerhalb der ersten Kilometer so viel fluchen müssen, daß ihr junges, unerfahrenes Auto 'schamesrot' geworden ist!"*

*Über diese Formulierung mußte Max hellauf lachen, und auch 'der andere Václav' schmunzelte. „Danke, Václav!" Max und der Václav, der mich zuvor untersucht hatte, reichten sich die Hände.*

*Max und die beiden Václavs plauderten noch ein wenig über meine Margit. Stark war sie gewesen, wenn es darum ging, die Schwachen zu beschützen, aber ängstlich vor den Standpauken ihrer Mutter, die alles, was einem Kind Spaß machte, als Sünde bezeichnet hatte - als Sünde, für die man in die Hölle kommt.*

*Nach einer Zeit des Plauschens bat Max: „Bitte macht mir die Türen auf!" Insgeheim nannte ich ihn bereits wie meine Margit 'Papschi'. Dann zog Papschi meinen Kupplungshebel und schaltete mein Getriebe in den Leerlauf. Er hob meinen Lenker an, wie ein anderer ein Kinderfahrrad anhebt, und rollte mich auf meinem Hinterrad in die Werkstätte. Wäre Papschi nicht so eine gute Seele gewesen, man hätte sich vor seiner Kraft und seiner Stärke fürchten müssen.*

*In der Werkstätte wartete bereits eine Hebebühne auf mich. Papschi stellte mich auf diese Hebebühne und dann auf meinen Seitenständer, als die Lichtgestalt, die vor Ewigkeiten das Urteil über mich gesprochen hatte, eintrat: „Václav“, sprach er, „EINEN Schaden darfst Du ungeschehen machen! Ich weiß, daß Du schon überlegt hast, noch das eine oder andere zu korrigieren. Bleifuß wird schon ein bißchen tiefer in die Tasche greifen müssen, wenn sie ihren Ennio zurückhaben will. Und Ihr beide“, wandte er sich an Papschi und den anderen Václav, „werdet nicht mitbasteln, sondern brav warten! Das gilt auch für Dich, Max!“*

*Wieso bekam Papschi auf einmal einen roten Kopf, bevor er zu bedenken gab: „Aber Ennio ist doch das Motorrad meiner Tochter!“ „Eben“, entgegnete der Allgütige, „und Václav hat viel mehr Praxis als Du. Er hat schon Motorräder konstruiert, da war Deine Mutter noch ein Schulkind! Du darfst Václav das Werkzeug zureichen.“*

*„Allgütiger“, antwortete nun jener Václav, der mich ‘schraubertauglich’ machen wollte, „der Rahmen ist vorne beim Gabelkopf durch die Kollision mit der Leitschiene etwas verzogen. Kotblech und Gabel haben einiges abgefangen. Für mich ist diese Reparatur nicht schwierig, weil Du Deine Erlaubnis gegeben hast, für einen Schrauber im Diesseits wäre das ein gewaltiges Problem. Und wenn Du sagst, ich darf nur einen einzigen Schaden ungeschehen machen, halte ich mich daran! Aber wenn ich schon den Brenner eingeschaltet habe, könntest Du mir doch erlauben ...“*

*„EINEN Schaden hab’ ich gesagt“, lehnte der Allgütige ab, „den Sturzbügel soll der Schrauber drüben ausrichten.“*

*„Dobrý“, antwortete Václav, während er meinen Tank abmontierte, „ich hätte Max nur gerne gezeigt, wie man einen Sturzbügel ausrichtet!“ „So, so!“ Die Stimme des Allgütigen klang, als müsse er mit aller Kraft das Lachen verbeißen, „Du willst also jemandem, der*

*zu Lebzeiten die Schweißerprüfung bestanden hat, zeigen, wie man einen Sturzbügel ausrichtet! Ihr seid doch eine Rasselbande! Trotzdem: Einen einzigen Schaden dürft ihr ungeschehen machen. Das genügt."*

*Ohne weiter zu Murren montierte Václav mein Vorderrad, meine Gabel, meinen Lenker und alles andere ab, bis ich selbst nur noch aus dem nackten Rahmen bestand. Der andere Václav und Papschi legten meine Teile in eine weit entfernte Ecke der Werkstätte, während der, den wir Kraftfahrzeuge den Obersten Verkehrsrichter nennen, ein wenig zuguckte. Dann nahm Václav einen Schweißbrenner zur Hand. Mir wurde einigermaßen mulmig, als sich der Brenner meinem Gabelkopf näherte und die Stelle erhitzte, bis das Metall meines Rahmens an dieser Stelle weich und biegsam geworden war. Mit einigen Zangen, deren Funktion ich nicht kannte, korrigierte Mechaniker-Václav die verbogene Stelle. Ich staunte, wie ein Mensch ohne Meßgeräte so exakt arbeiten kann. Offensichtlich waren hier im Land jenseits der Mitternachtssonne Dinge möglich, die im Diesseits unmöglich schienen.*

*Václav ließ meinen Rahmen völlig auskühlen. Daß an der Stelle, die er korrigiert hatte, kein Fleckchen Lack zu finden war, konnte ich nachvollziehen. Ich fühlte mich einigermaßen komisch, als ich meine Einzelteile schön aufgereiht in einer weit von mir entfernten Ecke erblickte. Dann kam Papschi und reichte Václav ein Ding, das man Spritzpistole nennt. Zart wie ein Film legte sich der Lack um meinen Gabelkopf. „So, Ennio, der neue Lack muß jetzt trocknen", erklärte Papschi, „bevor wir Dich wieder zusammenstellen. Dann dauert es sicher nicht mehr lange, bis Du wieder bei Deiner Margit bist!"*

*Am nächsten Tag wischte der eine Václav noch sanft über die reparierte Stelle an meinem Rahmen, bevor er meinen Tank, mein Vorderrad mit der Gabel und meinen Lenker wieder montierte. „So, das wäre geschafft", erklärte er, „und das Schöne daran ist, daß wir nicht vergeblich gearbeitet haben. Videňačka wird es zu schätzen wissen, auch wenn sie von unserer Aktion nie erfahren wird."*

*Nie erfahren? Ich kenne doch meine Margit, sie legt großen Wert darauf, sich zu bedanken, wenn jemand etwas für sie getan hat...*

*In der Zwischenzeit hatte sich der andere Václav am Computer zu schaffen gemacht. Ja, auch im Land jenseits der Mitternachtssonne hatte das Computerzeitalter Einzug gehalten! 'Lagerstände' konnte ich von meinem Platz aus lesen, aber welche Lagerstände das waren, konnte ich nicht erkennen. Es hätte mich zwar brennend interessiert, aber inzwischen hatte Papschi mich geschnappt und führte mich wieder auf die grüne Wiese. „Jetzt kann es nicht mehr lange dauern, Ennio", sprach Papschi zu mir, „dann kommen die Gelben Engel und bringen Dich zu Deinem Schrauber!"*

*„Papschi - wird es schlimm für meine Margit - ich meine, finanziell?" Ich machte mir ernsthafte Sorgen: „Schließlich ist mein Freund und Benzinbruder zur Zeit auf Reha, daß er überhaupt durch den TÜV kommt..." Papschi lachte: „Wärst Du ein Mensch, könnte ich Dir jetzt sagen, laß Dir deshalb keine grauen Haare wachsen. Aber Du bist ein Motorrad und hast keine Haare, nicht einmal auf Deinen Zahnrädern! Mein Spitzbub schafft auch das, soviel ist sicher." Auf nähere Erklärungen ließ sich Papschi nicht ein...*

~ ❃ ~

Wie oft ich in den letzten Tagen die Damen von der Schutzbrief-Nothilfe mit meinen Fragen nach Ennio genervt hatte, kann ich heute nicht mehr sagen. Zuerst hieß es, Ennio kommt mit dem Sammeltransport am 28.6. nach Wien. 'Das mit dem Sammeltransport' hatte ich schon am Anfang erfahren und fragte mich zum wiederholten Male, wie das möglich ist: Anfang des Jahres 2016 wurden von meinem Konto wie jedes Jahr für eine Auto-Mitgliedschaft, die auch die Mitgliedschaft für 'kleinere' Fahrzeuge wie Motorräder, 50-cm³-

Mopeds und, wenn ich mich nicht irre, Fahrräder beinhaltet, 123,20 Euro überwiesen.
Einerseits sind 123 Euro ‘viel Geld’.
Andererseits: bedenkt man, was man für diese 123,20 Euro bekommen kann, beginnt man sich zu fragen, wie der ÖAMTC das finanziell schafft. Da ist schon sonnenklar, daß Ennio mit einem Sammeltransport und nicht mit einem eigenen Abschleppwagen nach Wien kommt!

*17. Kapitel:*

## ***Ennios Rückfahrkarte ins Leben***

Es mußte ein Traum gewesen sein - aber einer von denen, aus denen man nicht und nicht erwachen kann, die in der Seele nachwirken, bis man den Sinn des Traumes begriffen hat. Es gibt viele, die mich eine Traumsuse schelten, und doch hatten mir Träume in der Vergangenheit oft den richtigen Weg gewiesen. Nun stand ich an diesem Freitagmorgen in voller Montur, mit meiner üblichen Literflasche kalten Kaffees in der einen, einen Teller mit einer Riesenportion Thunfisch-Sashimi in der anderen Hand, an jener Stelle der A17, an der es Ennio und mich vor fast zwei Monaten böse erwischt hatte. Im Gegensatz zum Unfalltag herrschte heute Grabesstille. Die Sonne schien, die Straße war trocken. Ich vergewisserte mich, daß kein Fahrzeug heranraste und überquerte die Fahrbahn. Kaum stand ich am Grünstreifen, erkannte ich meinen Vater! „Papschi!!!“ jubelte ich und wollte meinen Vater in die Arme schließen, doch er wich aus: „Nein, Spitzbub, jetzt darfst Du weder mich noch meine beiden Begleiter berühren, sonst war alles vergebens! Und paß' auf das Katzenfrühstück auf!“

Nun erkannte ich auch die beiden Männer, die mit meinem Papschi gekommen waren. Ihr Aussehen kannte ich nur von alten, vergilbten Fotos in Büchern und Suchmaschinen. „Herr Klement? Herr Laurin? Was … ?“ Ich war so überrascht, daß meine Stimme versagte. Eines vermutete ich jetzt mit an Sicherheit grenzender Wahrscheinlichkeit: Irgendetwas Gravierendes, Tödliches hatte man im Krankenhaus übersehen, nun hatte ich meinen letzten Weg anzutreten. Oder waren die Fahrt mit dem Krankentaxi, der Verlust meiner Papiere und die Tage, die ich nach meinem Unfall zu Hause verbracht hatte, nur ein Traum gewesen? Drei Seelen waren gekommen, mich zu begleiten…

Etwas verstand ich überhaupt nicht: Wieso hatte ich meine Flasche mit dem eisgekühlten Frühstückskaffee und den Teller mit dem Thunfisch-Sashimi in den Händen? Kann man doch irgendetwas mitnehmen, wenn es auf die letzte Reise geht?

Herr Laurin wandte sich an meinen Vater: „Vídeňačka kennt sich nicht aus, Max! Sag Du Deiner Tochter, was Sache ist, sie kennt Dich und weiß, daß Du sie nicht belügst. Ob sie mir oder Václav Glauben schenkt, wissen wir nicht, wir sind einander noch zu fremd."

„Spitzbub, es ist nicht so, wie Du denkst", klärte mein Papschi mich auf, „Du sollst nur ganz kurz mit uns kommen. Nicht einmal Deine kleinen Lieblinge werden bemerken, daß Du weg warst. Der Allgütige will etwas mit Dir besprechen. Wenn alles gesagt ist, was gesagt werden muß, bringen wir Dich wieder dorthin zurück, wo Du heute hergekommen bist. Du kannst aber auch ablehnen, wenn Du zu viel Angst hast!"

„Kommt nicht in die Tüte!" Ich hatte sowohl meine Fassung als auch meine Stimme wiedergefunden. „Daß der Allgütige mich persönlich zu sprechen wünscht, ist eine große Ehre - wie groß, das kann wohl kaum einer ermessen. Ich will mich dieser Ehre würdig erweisen. Und die Möglichkeit einer Ablehnung bedeutet sowieso, daß mein Leben noch nicht zu Ende ist. Sonst hätte ich wohl nie mein Schönheitswässerchen mitnehmen können." „Du hattest Deinen Kaffee und das gemeinsame Frühstück für Dich und Deine kleinen Lieblinge eben aus dem Kühlschrank genommen, als Du gerufen wurdest", klärte Papschi mich auf, „und bei einem Kurzbesuch beim Allgütigen kommt der Mensch so, wie er in diesem Augenblick ist, zu uns."

„Da bin ich aber froh, daß ich mich heute ausnahmsweise zuerst angezogen habe." Ich konnte nicht verhindern, daß ich rot wurde.

„Vídeňačka - sowohl über Deinen eisgekühlten Kaffee als auch über Deine Erklärungen, warum Du Deinen Kaffee aus dem

Kühlschrank trinkst, amüsiert sich das ganze Land jenseits der Mitternachtssonne“, ließ sich jetzt Herr Klement vernehmen, „und was Deine anderen Gewohnheiten betrifft: Es gibt Möglichkeiten, einen Kurzbesucher dahingehend zu beeinflussen, daß er oder sie nicht barfuß herüberkommt!“

„Das haben Sie jetzt wunderbar formuliert, Herr Klement“, antwortete ich. Tatsache: Gegen Morgen war mir plötzlich sehr warm, ja, heiß, geworden, ich fühlte das Bedürfnis, sofort zu duschen und mich ausgehfertig anzuziehen, nachdem ich meine mauzenden Lieblinge mit ihrem Frischebeutel versorgt hatte…

„Übrigens, Papschi“, wandte ich mich an meinen Vater, „danke, daß Du mich so angetrieben hast, als ich unter der Leitschiene lag. Ich wäre am liebsten liegengeblieben. Aber Du hattest ganz schön die Panik!“ „Das Schlimme war“, flüsterte mein Vater, „daß ich Dich in Lebensgefahr sah und Dir nicht helfen konnte.“ „Wieso - Du hast mir geholfen“, sagte ich schlicht, „genaugenommen hast Du mir mit Deinen Fäkalausdrücken das Leben gerettet.“ Wie schon zu Lebzeiten meines Vaters bedurfte es keiner zusätzlichen Worte…

~ * ~

Plötzlich stand ich in einem Raum, der mich stark an die Kulissen der Fernsehserie „Raumschiff Enterprise“ erinnerte. Ich stellte den Teller mit dem dünn aufgeschnittenen Thunfisch und meinen Frühstückskaffee auf eine Anrichte, als ein kleines Kätzchen in den Raum huschte, auf die Anrichte sprang und schnupperte: „Thunfisch! Ach, das riecht aber herrlich!“ Ich staunte: Das Kätzchen beherrschte die Menschensprache! Ich nahm mit an Sicherheit grenzender Wahrscheinlichkeit an, daß ein Kätzchen, das die Sprache der Menschen beherrschte, auch meine Antwort verstehen konnte. „Dann komm näher“, lud ich das Tierchen ein und reichte ihm ein Stückchen Thunfisch, „Iß, so viel und so lange es Dir schmeckt!“ „So lang hab ich keinen Thunfisch mehr bekommen“, plauderte das Kätzchen drauflos und leckte meine Finger ab, bevor ich das nächste Thunfisch-Stückchen nehmen und ihm reichen konnte, „und jetzt kommst Du zu Besuch und bringst mir mein Leibgericht!“ Stückchen für Stückchen schnabulierte das Kätzchen und ließ kein einziges Stück übrig. Dann leckte es sowohl den Teller als auch meine Finger ab, bevor es mit einem "Danke schön!" wieder verschwand. Ich staunte, wieviel Thunfisch in so ein kleines Kätzchen hineinpaßte: Die Portion hätte für meine beiden Miezekatzen und für mich gereicht. (An etwas hatte ich nicht gedacht: Ich hatte am Vortag eine riesige Portion Thunfisch zu einem wahrhaft sensationell günstigen Preis erstanden. Möglicherweise hatte der Allgütige das Kätzchen geschickt, um zu prüfen, ob ich bereit bin, meine 'Beute' mit jemandem zu teilen?)

Eine Gestalt aus Licht trat ein - eine Gestalt, die Freundlichkeit und Güte ausstrahlte. Ihr Gesicht konnte ich jedoch nicht erkennen. Ich ahnte, wen ich vor mir hatte: „Du wolltest mich sprechen, Allgütiger?“

Der Allgütige musterte mich von unten bis oben. Seine Stimme klang amüsiert, als er sagte: „Du bist also der verrückte Bleifuß, der mit Tieren und Kraftfahrzeugen spricht und seine Bleifüße gern auf die Zehen jener Menschen stellt, die es verdient haben? Bleifuß, der niemals das Gaspedal durch die Bodenplatte tritt? Jener verrückte Bleifuß, der kleinen Kindern Gute-Nacht-Geschichten von uralten Kraftfahrzeugen, Dampflokomotiven und von einem Motorrad erzählt, das so gerne Menschenleben retten möchte?“

„Ja, Allgütiger“, bestätigte ich, „das bin ich. Übrigens: Ich hab' Angst, daß dem Kätzchen nach so einer Riesenportion Thunfisch übel wird. Kannst Du bitte…“

„Dem Kätzchen wird bestimmt nicht übel“, beruhigte mich der Allgütige, „Ich will mit Dir über Deine Kawasaki reden. Sie ist hier bei uns. Dieses Motorrad hat uns alle durch sein Verhalten überrascht. Jedes Wesen, das hierher kommt, will zunächst sofort wieder in sein Leben zurück; es dauert immer sehr lange, bis jemand begreift, daß es kein Zurück gibt. Abgesehen davon, daß Kraftfahrzeuge zumeist stumm sind, hat Dein Motorrad - Du nennst ihn Ennio - in einer überraschenden Weise reagiert. Er meinte, wenn einer von Euch beiden gehen muß, dann will er das sein. Du kannst jederzeit wieder ein anderes Motorrad haben; wenn Du gehen müßtest, wäre sein Leben so oder so zu Ende."

Mein Hirn arbeitete auf Hochtouren, ich schwieg aber vorerst und schaltete mein Hirn ein, bevor ich den Mund aufmachte: „Allgütiger, wenn Ennio hier im Land jenseits der Mitternachtssonne ist - ist er wirklich nicht mehr zu reparieren? Meine Güte, ich fühle mich so schuldig, weil ich diesen Unfall doch durch meine Selbstüberschätzung verschuldet habe."

„Ennio findet, Du sollst aus dem Geschehenen lernen, aber trotzdem wieder ein Motorrad haben."

„In Ordnung, Allgütiger - aber nur, wenn Ennio endgültig hinüber ist!"

„Komm, schau Dir einige Motorräder an - vielleicht ist etwas dabei, was Du gerne haben möchtest - anstelle von Ennio?"

Ich schwieg und folgte dem Allgütigen in einen anderen Saal, in dem viele Motorräder standen: „Such Dir etwas Schönes aus" erlaubte ER, „als Ersatz für Deinen Ennio!"

Ich schwieg auch dazu: Es wäre eine Frechheit gewesen, IHM gleich zu sagen, daß nichts und niemand Ennio ersetzen kann, und ich wollte IHM doch beweisen, daß ich nicht so ungezogen bin wie allgemein von mir behauptet wird. Gewissenhaft besah ich die vielen wunderschönen Motorräder: Oldtimer und Neufahrzeuge standen da in Reih und Glied, geordnet nach Baujahren, Marken und Typen…

Gleich das erste Motorrad überraschte mich: „Ich glaub's nicht! Das ist doch die Slavia von L&K, Typ B, mit 1,75 PS! Die Serie wurde zwischen 1900 und 1904 gebaut und ist eines der ersten brauchbaren Motorräder überhaupt! Ein wahres Schmankerl! Für den Kenner wunderschön anzuschauen, jedes Museum würde sich alle zehn Finger nach ihr ablecken, und die Zehen noch dazu!" Zum wiederholten Male fiel mir ein Motorrad ein, dem ich vor einigen Jahren im Saal der schlafenden Schönheiten den Namen Phoenix aus dem Teich gegeben hatte.

„Ja, es ist Phoenix aus dem Teich", hatte der Allgütige meine Gedanken gelesen, „Willst Du ihn haben? Soll er anstelle von Ennio Dein Motorrad sein?"

„Nein, Allgütiger, das wäre ein Fehlgriff", lehnte ich ab, „Dir brauche ich nicht das Prozedere einer KFZ-Anmeldung zu erklären; außerdem hatte ich schon einmal einen Flop mit einem Oldtimer, einer Jawa 250 Kývačka, Baujahr 1957. Ich habe lange um Jarmila getrauert, aber dann fand ich Ennio. Fakt ist, ich könnte den Phoenix aus dem Teich nie anmelden und auch niemals mit ihm auf Reisen gehen, weil ich ihn hundert pro nicht durch den TÜV bekomme. Als er gebaut wurde, wußte man noch nicht einmal, wie man Abgaswerte schreibt; Original-Ersatzteile gibt es sicher nicht mehr, und Teile anfertigen kann mir niemand. Außerdem glaub ich nicht, daß ich jemanden finde, der dem Phoenix aus dem Teich ein ordentliches Service verpassen kann, ich bin reiner Theoretiker und in der Praxis eine Null bis Doppelnull."

„Ja, ja! Praxis ist, wenn alles funktioniert, und keiner weiß warum; Theorie ist, wenn alle wissen, wie es geht, aber nichts funktioniert", bestätigte der Allgütige, „Das ist ein unwiderlegbares Argument. Aber dann schau Dir mal das hier an!"

Als ich die BMW R71 erblickte, konnte ich nur „Wow!" sagen. „Die muß ja aus den 1940er-Jahren stammen - ich schätze, Ende der 1940er, sie hat schon eine Fußschaltung! Allgütiger - ist das Deine? Ein tolles, edles Bike! Ich finde, sie paßt zu Dir!"

Der Allgütige reagierte genauso, wie die Sami ihn beschreiben: Er lachte herzlich. „Du traust mir zu, daß ich Motorrad fahren kann?"

„Sicher“, antwortete ich, „wir können ja mal gemeinsam eine Runde drehen! Von Dir kann sich sicher noch jede Menge lernen!“ Im gleichen Augenblick wurde es mir bewußt: Ich hatte nicht irgendeinen x-beliebigen sympathischen Biker vor mir, mit dem ich fachsimpeln und Benzin quatschen konnte - was ich im Augenblick tat!

„Wer weiß schon, mit wem man unterwegs zusammentrifft“, meinte der Allgütige, immer noch lachend. „Du mußt mir aber jetzt nicht den Werdegang der Firma BMW erklären, den kenne ich sowieso. Willst Du sie haben?“

„Allgütiger, mit Oldtimern ist das so eine Sache. Da muß sich einer schon sehr gut auskennen oder einen superspitzenmäßigen Mechaniker haben, der auf Oldtimer spezialisiert ist! Ich kannte mal einen BMW-Spezialisten, der hat auch Oldtimer restauriert, aber der hat seine Firma schon lange geschlossen. Es ist möglich, daß er schon hier bei Euch ist.“

„Gut, schauen wir weiter, ob Dir etwas so gut gefällt, daß Du es haben möchtest. Wie wäre es mit dieser Dnjepr?“ Ich schüttelte nur den Kopf: „Obwohl sie ein Lizenzerzeugnis von BMW ist, säuft sie nur russischen Wodka, und diesen Sprit kann ich mir nicht leisten!“ Über diese schräge Meldung mußte der Allgütige sehr lachen. Er zeigte mir noch sehr viele, sehr schöne Motorräder - Motorräder, auf die ich mich die ich unter anderen Voraussetzungen gerne einmal draufgesetzt oder, mit Ennios Einverständnis, eine Runde gedreht hätte: Harley-Davidson, Honda Gold Wing, Dukati, Moto Guzzi, Husqvarna, Yamaha und wie sie alle heißen. Oldtimer oder auch fabrikneue Motorräder, deren Preis weit jenseits der 5.000-Euro-Marke lag - was mir aber in diesem Augenblick gleichgültig war. Ich erfreute mich am Anblick dieser wunderschönen Bikes, aber keines der Motorräder sprach mein Herz an.

Wen ich nicht sah, war Ennios Vorgänger Charly. Wieder hatte der Allgütige meine Gedanken gesehen. „Charly hat eine sehr wichtige

Aufgabe übernommen“, erklärte ER, „die ihn sehr glücklich macht. Es wäre nicht nett von Dir, ihn aus seinem jetzigen Leben herauszureißen.“ „Charly wollte so gerne Motorrad bei einer Blaulichtorganisation sein, am liebsten bei der Rettung, wo er den Notarzt schnell und sicher zum Unfallort bringt, wenn alles verstopft ist! Damals gab es die so genannte Rettungsgasse noch nicht, die nebenbei gesagt auch heutzutage nicht immer funktioniert.“ Der Allgütige schwieg dazu. „Dann, Allgütiger, bitte ich Dich, Charly einen ganz lieben Gruß von mir auszurichten“, bat ich IHN, „ich werde ihn nie vergessen. Es ist gut und wichtig, daß Charly glücklich ist.“

Einige nebelhafte Gestalten hatten sich zu uns gesellt: „Also, wenn ich Du wäre“, flüsterte mir einer zu, „ich nähme mir das teuerste Motorrad und verkaufe es gewinnbringend!“ Ich musterte die nebelhafte Gestalt von oben bis unten und wieder zurück, sagte aber kein Wort. Obwohl auch der Allgütige meine Aussprüche kennt, wollte ich in seiner Gegenwart keine ungezogenen Worte aussprechen. Das, was ich dieser komischen Figur nur zu gerne an den Kopf geworfen hätte, wäre alles andere als wohlerzogen gewesen. Außerdem plagte mich einzig und allein die Sorge um Ennio. Endlich faßte ich mir ein Herz: „Allgütiger, bitte ist es möglich, daß ich Ennio sehen und vielleicht mit ihm sprechen kann? Er darf auf keinen Fall denken, daß ich ihm untreu werde.“

„Gut, dann zeige ich Dir Ennio!“ Der Allgütige nahm mich in eine Art Freigelände mit: Zum Friedhof der Motorräder. Hier fand ich Ennio. Er sah traurig aus: Über und über mit Dreck beschmiert, sein linker Rückspiegel fehlte, sein Tank war verbeult, sein Tachometer abgebrochen, sein Kotschützer zur Hälfte abgerissen. Mit verbogenem Sturzbügel und abgeschundenem Auspuff stand er als eines von vielen Motorradwracks auf einer grünen Wiese. Der Anblick schnitt mir ins Herz. Ich trat zu meinem zweirädrigen Lebensgefährten und streichelte seinen Tank. „Allgütiger, Du bist doch allwissend! Bitte sag mir, ob Ennios Rahmen heil geblieben ist!“

„Ja, der Rahmen ist wieder heil“, erklärte der Allgütige, „Dein Vater und die beiden Václavs haben ihn ausgerichtet. Aber zumindest Gabel, Kotschützer und Tacho müssen ausgetauscht werden. Wird eine schöne Stange Geld kosten, wäre aber machbar. Václav hat sich über die Preise im Reich der Lebenden informiert, die Reparatur wird ungefähr so viel kosten, wie Du für Ennio bezahlt hast. Ob das wirtschaftlich ist, wage ich zu bezweifeln.“

*„Jetzt bin ich nicht mehr schön“, wandte Ennio ein.*

„Ennio! Du kannst ja noch sprechen!“, freute ich mich, „Willst Du mich noch, obwohl ich dafür verantwortlich bin, daß es Dir jetzt so besch….eiden geht? Denk Dir nichts dabei, daß Du Narben trägst. Du bist deswegen nicht häßlich. Und überdies und außerdem: Ich war noch nie schön, und ich lebe trotzdem gern.“ Ich wandte mich dem Allgütigen zu: „Allgütiger, auf Wirtschaftlichkeit wird in diesem Fall ge….!“ Bevor mir das unanständige Wort entschlüpfen konnte, hielt ich mir den Mund zu. Wieder lachte der Allgütige herzlich: „Sag‘ doch einfach, auf Wirtschaftlichkeit wird in diesem Fall gepfiffen, so vermeidest Du das S-Wort! Du bist richtig niedlich, wenn Du versuchst, Deine Ungezogenheiten zu vermeiden, aber Du nervst! Diese Art zu sprechen - das bist einfach nicht Du!“

„In Ordnung, Allgütiger“, zeigte ich Einsicht und wandte mich wieder Ennio zu: „Ennio, der Allgütige hat mir viele interessante Motorräder gezeigt und angeboten, mir eines auszusuchen, das ich behalten darf.“

*„Hast Du Dir eines ausgesucht?“*

„Nein, Ennio. Es ist kein Motorrad so wie Du!“

*„Aber ich bin abgeschunden und häßlich!“*

„Das ist uninteressant!“ Ich hatte etwas schärfer gesprochen, als ich beabsichtigt hatte. „Wegen diesen paar Kratzern bist Du noch lange nicht häßlich. Ennio, belastet es Dich sehr, wenn Dein Tank und Dein Auspuff später repariert werden? Wichtig ist zuerst die Gabel, daß Du wieder auf die Räder kommst. Der Tacho ist auch im A…rger Unordnung, Du bekommst einen neuen, das ist wichtig für die nächste Überprüfung. Die Kosmetik können wir später nachholen!“

*„Wenn Du mich trotzdem noch willst…?“*

Hier an diesem Ort spürte ich die Hoffnung, die in Ennio aufkeimte, ganz besonders. „Ennio, wegen ein paar Kratzern bist Du doch kein anderer! Du bist immer noch mein Ennio! Außerdem habe ich gehört, wie Du reagiert hast, als Du hier her gekommen bist: Du wärest lieber in die Schrottpresse gegangen, als mich sterben zu lassen. Glaubst Du ernsthaft, ich könnte mir ein anderes Motorrad nehmen, so lang es Dich noch gibt? Ich will nur Dich, und was die anderen sagen, ist mir ehrlich gesagt sch… - Du weißt schon! Allgütiger“, wandte ich mich an IHN, „Du hast gesagt, ich darf mir ein Motorrad aussuchen und behalten. Ich habe mich entschieden: Ich möchte Ennio!“

Abermals lachte ER herzlich: „Die schönsten, edelsten und teuersten Motorräder habe ich Dir gezeigt, Du hattest immer sehr stichhaltige Gegenargumente, weil Du sowieso nur Deinen Ennio willst. Aber Du wirst einsehen müssen, daß Du nicht sofort mit ihm nach Hause fahren kannst. Unsere Gelben Engel bringen ihn zu seinem Schrauber, dort wird er repariert, und wenn Ennio wieder fit ist, holst Du ihn zu Dir nach Hause!“

Noch einmal wandte ich mich meinem Motorrad zu: „Bis bald, Ennio!“

*„Bis bald, Margit!“* Waren es Tautropfen, die von seinen Blinkern herabflossen?

„Es wird Zeit, Bleifuß! Und jetzt – wie sagst Du immer? – mach' die Fliege! Dein Papschi und seine Freunde begleiten Dich!“

„Allgütiger, gestatte mir noch eine letzte Frage: Daß mich mein geliebter Vater hierher begleitet hat, ist mir klar, und daß es drei

Seelen sein müssen, die eine andere Seele ins Land jenseits der Mitternachtssonne begleiten, hat mir vor vielen Jahren ein Schamane der Sami erklärt. Gibt es einen bestimmten Grund, daß ausgerechnet die Gründerväter von Škoda meinen Papschi begleitet haben, um mich abzuholen?“ Der Allgütige lachte: „Václav Laurin und Václav Klement waren schon zu Lebzeiten die besten Freunde, und dann ist Dein Vater dazugekommen. Auch hier auf dieser Seite der Mitternachtssonne entstehen Freundschaften. Dein Vater ist ein begnadeter Bastler, Václav Laurin ist ein Tüftler, wie er im Buche steht, und Václav Klement erledigt das Kaufmännische! Ja, auch das Kaufmännische ist hier wichtig, schließlich müssen häufig Teile eingekauft werden! Und jene, die Du Gründerväter nennst, mögen Dich. Noch Fragen?“ Ich schüttelte den Kopf. „Dann lebe!“ sagte ER zum Abschied.

Mehr zu sich meinte der Allgütige kopfschüttelnd: „So ein verrücktes Huhn soll ich erschaffen haben? Da werde ich wohl mit meinen Enkeln ein Wörtchen reden müssen, diesen Lausebengeln fällt ja immer irgendein Unfug ein…“

~ * ~

Wie war ich vom Friedhof der Motorräder und dann aus dem Saal, in dem die vielen Motorräder auf neue Besitzer warten, herausgekommen? Ich weiß es nicht. Draußen erwartete mich Herr Klement: „Wir müssen zuerst Václav und Max abholen“, erklärte er lachend, „Meine Freunde konnten ihre Arbeit wieder einmal nicht ruhen lassen!“

Mir kam es vor, als seien es nur ein paar Schritte, bis wir in einer Werkstätte ankamen, in der ein Hanomag Kurier darauf wartete, daß jemand die Spuren seines Verfalls beseitigte. Papschi und Herr Laurin brüteten über einer technischen Zeichnung, die eine Druckluftbremse darstellte. Damals, als ich den C/E-Schein gemacht hatte, hatte ich speziell die Funktion der Druckluftbremse bis zum

Abwinken lernen müssen. „Der Hanomag Kurier ist ein Dreitonner und hat noch keine Druckluftbremse“, sagte ich mehr zu mir, "der hat doch Trommelbremsen!" „Deswegen bauen wir ihm jetzt eine Druckluftbremse ein“, grinste mein Papschi, „und schauen, wie es funktioniert! Ich erinnere mich, daß Dein erster LKW ein Hanomag Kurier war! Der hatte zwar gute Trommelbremsen, dafür andere Macken! Aber jetzt komm, es wird Zeit!“

Die Škoda-Gründerväter nahmen mich in ihre Mitte, mein Papschi trat hinter mich. „Moment“, unterbrach ich kurz den Vorgang meiner Heimreise, „Herr Laurin – Herr Klement? Bitte überbringt Euren Gattinnen meine besten Grüße! Der Allgütige hat mir verraten, was Sie mit Ennio gemacht haben, um ihn vor der Schrottpresse zu beschützen. Danke! Und Dich, Papschi, möchte ich nochmal so richtig knuddeln!“

Ja, hier im Land jenseits der Mitternachtssonne war es erlaubt! Ich knuddelte meinen Vater ausführlich, wie ich es schon getan hatte, als mein Vater noch unter dem Lebenden weilte. Selbstverständlich gab es noch freundschaftliches Händeschütteln zwischen Herrn Laurin, Herrn Klement und mir. „Vídeňačka“, meinte Herr Laurin zu Abschied, „Hüte Deine Phantasie, aber gib ihr Freiheit und lasse sie fliegen! Sie kommt sowieso immer wieder zu Dir zurück!“

~ ❃ ~

Plötzlich stand ich zu Hause vor dem Kühlschrank, in der einen Hand eine Literflasche meines liebsten Frühstücksgetränks, in der anderen einen Teller mit Thunfisch-Sashimi, während sich meine beiden mauzenden Lieblinge reckten und streckten, um vorab noch ein weiteres Stückchen Thunfisch zu ergattern: Aber der Teller war schon leer …

*18. Kapitel:*

# Ende der Kalamitäten

Obwohl es mit Ennios Heimkehr nach Wien scheinbar nicht und nicht weitergehen wollte, war ich zuversichtlich: Mein seltsamer Traum, in dem ich Ennio zum ersten Mal nach unserem Unfall wiedergesehen und den Obersten Verkehrsrichter davon überzeugt hatte, daß Ennio und ich zusammengehören, wirkte nach. War es Traum? War es Wirklichkeit? Egal. Hier zählte nicht, ob ich tatsächlich im Land jenseits der Mitternachtssonne gewesen oder ob alles nur ein Traum gewesen war, es zählte nur die Zuversicht.

Am Montag, den 4.7. - knapp vier Wochen nach dem Unfall - schien meine Pechsträhne endlich abzureißen: Sobald ich von der Schutzbrief-Nothilfe erfahren hatte, daß Ennio bei seinem Schrauber eingetroffen war, rief ich sofort in der Werkstätte an. Schließlich mußten die Ersatzteile bestellt werden; keine seriöse Werkstätte bestellt Ersatzteile ohne Absprache mit dem Fahrzeugeigentümer, schon gar nicht, wenn das Fahrzeug rein theoretisch als 'wirtschaftlicher Totalschaden' gilt. Das ist die eine Seite. Daß Ennio für mich nicht einfach ein Fahrzeug ist, das nach Belieben ausgetauscht werden kann, sondern mein zweirädriger Lebensgefährte, brauche ich nicht zu erwähnen. Je eher die Bestellung der Ersatzteile über die Bühne geht, desto schneller kommt mein Ennio wieder auf die Räder.

Unser Schrauber (der mich übrigens gebeten hat, ihn nicht namentlich zu nennen) erklärte mir genau, welche Schäden Ennio davongetragen hatte: Gabel, Kotschützer vorne und der Tacho, erklärte er mir, sind hinüber, der Sturzbügel ist verbogen, der Tank ist eingedrückt, der Auspuff hat einiges abbekommen. Beinahe hätte ich nach dem linken Rückspiegel gefragt – aber nur beinahe! Zum wiederholten Male fragte ich mich, ob mein Ausflug ins Land jenseits der Mitternachtssonne Traum oder Wirklichkeit gewesen war…

„Tank und Auspuff sind noch dicht?“ fragte ich, obwohl ich es schon wußte.

Unser Schrauber bejahte.

Dann machte ich die sprichwörtlichen Nägel mit Köpfen: „Bitte bestellen Sie die wichtigen Teile, Gabel und so weiter; Tank und Auspuffrohr sind meiner Ansicht nach reine Kosmetik!“

Unser Schrauber rechnete nach und nannte mir die ungefähren Kosten. Die erschreckten mich nicht, darüber hatte ich bereits mit dem Allgütigen diskutiert. Wenn es um die Rettung, ja, das Überleben eines Freundes geht, fragt man nicht nach Kosten - auch wenn der Freund ‘nur’ aus Metall besteht. Außerdem gelte ich, was mein Motorrad Ennio betrifft, sowieso als verrückt, also, was soll’s?

~ ❃ ~

Der 4. Juli ist ein sehr geschichtsträchtiger Tag:

1. Seit dem **4. Juli 1777** feiern die Vereinigten Staaten von Amerika, die **USA,** ihren **Nationalfeiertag**, den Unabhängigkeitstag. Ein Jahr zuvor, am 4.7.1776, wurde die amerikanische Unabhängigkeitserklärung vom Kongreß in Philadelphia verabschiedet. An jenem Tag wurden die ehemals britischen Dreizehn Kolonien erstmals in einem offiziellen Dokument als „Vereinigte Staaten von Amerika“ bezeichnet. Obwohl die rechtliche Grundlage der Vereinigten Staaten erst mit der Ratifizierung der noch heute gültigen US-Verfassung von 1787 am 21. Juni 1788 entstand, wird der 4. Juli 1776 als Akt der Staatsgründung angesehen. Am ersten Jahrestag der Erklärung der Unabhängigkeit, dem 4. Juli 1777, wurden in Boston morgens und abends je dreizehn Schüsse abgefeuert. Philadelphia feierte den ersten Jahrestag mit einem offiziellen Abendessen für den Continental

Congress, 13 Salutschüssen, Ansprachen, Gebeten, Musik, Paraden und Feuerwerk. Schiffe wurden mit rotem, weißem und blauem Fahnentuch geschmückt. Im Jahr 1778 begann George Washington den Unabhängigkeitstag mit einer doppelten Ration Rum für seine Soldaten und einem Artillerie-Gruß über den Atlantischen Ozean für die Botschafter John Adams und Benjamin Franklin, die sich zu dieser Zeit in Paris befanden.

2. Am **4. Juli 1896** ist der Geburtstag des Feuerwehrmannes Myron M. **KINLEY**. Er war ein Pionier auf dem Gebiet der modernen Brandbekämpfung bei Ölbohrungen („wild well control") und Lehrmeister für weitere ihm nachfolgende „Firefighter" wie Neal Paul ADAIR (Red Adair), „Boots" Hansen oder „Coots" Matthews. Zahlreiche noch heute in der Ölindustrie eingesetzte Bohrloch-Werkzeuge gehen auf seine Erfindungen zurück. Myron M. Kinley ging am 12.5.1978 in das Land jenseits der Mitternachtssonne. Ob er wohl von dort aus andere Feuerwehrleute nach Möglichkeit beschützt?
3. Am **4. Juli 1937** wurde auch die norwegische **Königin SONJA** als Sonja Haraldsen geboren. Sie ist die Ehefrau von König Harald V. Den damaligen Kronprinzen Harald von Norwegen lernte sie 1959 kennen. Es dauerte neun Jahre, bis der Kronprinz die Zustimmung seines Vaters bekam, die bürgerliche Sonja Haraldsen zu heiraten. Harald drohte damit, für immer ledig zu bleiben. Da er der einzige männliche Thronfolger war, wäre dadurch die Monarchie ernsthaft gefährdet gewesen. Nach Beratungen mit der Regierung wurde im März 1968 die Verlobung gefeiert. Am 29.8.1968 heiratete das Paar im Osloer Dom. Von den Norwegern wird Königin Sonja besonders wegen ihrer Volksnähe und ihrer Naturverbundenheit geschätzt.

Für mich persönlich gab es an eben diesem **4. Juli 2016** zwei Gründe zum Feiern: Ennio war bei seinem Schrauber eingetroffen;

nun war die Zeit, bis er wieder auf die Räder kommen würde, absehbar.

Ungefähr eine halbe Stunde, nachdem ich mein Gespräch mit unserem Schrauber beendet hatte, klingelte es an der Gegensprechanlage. Es meldete sich: „Die Post!“ Und die Post brachte mir einen Einschreibebrief von der Österreichischen Botschaft Prag, mit Inhalt: Meine Dokumente! Normalerweise hasse ich es, etwas mit der Hand zu schreiben, aber an diesem Tag war alles anders: Ich habe selten so gerne eine Unterschrift geleistet wie an dem Tag, als ich dem Postboten den Erhalt der Briefsendung mit Inhalt: meine Dokumente, bestätigte.

Ab sofort war ich wieder existent.

Sobald ich meine Dokumente wieder in Händen hatte, war meine erste 'Schandtat', den gelben Verständigungszettel des Postboten mit der Mitteilung, das ‘Päckchen’ sei beim Postpartner deponiert, zu schnappen und mich auf den Weg zu meiner Apotheke zu machen, wo mein Zuckermeßgerät auf mich wartete. (Den Zucker habe ich planmäßig am darauffolgenden Donnerstag gemessen. Es waren harmlose 122.)

~ * ~

Bereits am Dienstag, 21.6. war kurz nach Mittag ein Anruf nach Chvalovice zu Strolchis Lieblingsmechaniker gegangen. Eigentlich hatte ich mit Herrn Zemčik vereinbart, daß ich Strolchi Anfang August abhole, wenn Ennio und ich vom Nordkap zurückkommen. Doch dann war mir die Leitplanke dazwischengekommen…

Ich wußte, daß Herr Zemčik bis Sonntag seinen wohlverdienten Urlaub genoß. Erfahrungsgemäß geht es nach einem Urlaub an einem Arbeitsplatz sowieso drunter und drüber, da braucht man nicht auch noch Anrufe, die zusätzlichen Streß machen. Um wieviel schwieriger wird es aber, wenn jemand selbständig ist! Der Fairneß halber wollte ich deshalb erst am Dienstag nach Mittag anrufen und sagen, was Sache ist. Das tat ich auch.

„Wieso – Sie sind schon zurück?“

„Ich bin nur bis knapp vor Dresden gekommen, dann hatte ich einen Unfall!“

„Was ist passiert?“

„Die Leitplanke war mir im Weg!“

„Sind Sie soweit in Ordnung? Was ist mit Ihrem Motorrad?“

„Ich hatte nur ein paar Prellungen, nichts Weltbewegendes. Da ist mein Motorrad schon schlimmer dran, aber man kann ihn hoffentlich reparieren.“

Selbstverständlich mußte ich der Vollständigkeit halber noch erwähnen, daß ich auf der Heimfahrt meine Papiere - Reisepaß und Führerschein - an der Mol-Tankstelle im Gebiet von Troubsko verloren hatte, aber die Österreichische Botschaft in Prag sei drauf und dran, mir meine Papiere wieder zu beschaffen. Daraufhin versicherte mir Herr Zemčik, er würde sein Möglichstes tun, um Tulačik so schnell wie möglich fertig zu stellen. Mir war klar, das würde eine Weile dauern - schließlich hatte der TÜV einiges an Strolchi beanstandet, die nötigen Ersatzteile hatte Herr Zemčik auch nicht ‘einfach so’ auf Lager, und überdies und außerdem bin ich nicht Herrn Zemčiks einziger Kunde...

~ ❀ ~

Am 14. Juli – genau ein Monat nach unserem Unfall – war es dann so weit: Herr Zemčik hatte mich am Vortag angerufen und mir die Freudenbotschaft überbracht: Strolchi ist fahrbereit! Nur noch ein paar Stunden, dann war ich wieder mobil! Mangels anderer Möglichkeiten machte ich mich per Bahn auf den Weg Richtung Znojmo.

Früher wäre ich entweder zum Praterstern, nach Floridsdorf oder zum Südbahnhof gefahren und hätte dort den Zug nach Znojmo besteigen können. Seit Wien einen eigenen Hauptbahnhof hat und der Praterstern gefährliches Pflaster geworden ist, ist alles anders…

Bis 12. Dezember 2009 war der Südbahnhof der größte Bahnhof Österreichs. Dann wurden Aufnahmegebäude, Rangiergleise und der Frachtenbahnhof abgerissen. Der Name Wien-Südbahnhof wurde am 8.12.2012 zum letzten Mal verwendet. Seit dem 9.12.2012 heißt der Südbahnhof Hauptbahnhof.

Auf dem Areal des ehemaligen Südbahnhofes entstanden der erste Hauptbahnhof in der Geschichte der Stadt und zwei neue Stadtteile. (Die neuen Stadtteile sind aber erst teilweise fertig.) Als einziger Betriebsteil des Südbahnhofs blieb nur die unterirdische Haltestelle der Schnellbahn erhalten, die heißt Station heißt aber nicht mehr Wien-Südbahnhof, sondern Wien Quartier Belvedere.

Ein bisserl Geschichte gefällig? Auf dem Areal, wo jetzt der Hauptbahnhof steht, befanden sich bis 1956 zwei Bahnhöfe: Der Gloggnitzer Bahnhof wurde 1841 eröffnet und als 'erster Südbahnhof' bezeichnet; In dessen unmittelbarer Nachbarschaft wurde schon 1845 der Raaber Bahnhof als Ausgangspunkt der Ostbahn eröffnet. Diese Anlage, bald Staatsbahnhof, später Ostbahnhof genannt, war wie der Südbahnhof ein Kopfbahnhof. 1957 verlor der Ostbahnhof sein separates Aufnahmsgebäude und wurde ab dann von der Bundesbahn Südbahnhof-Ostseite genannt.

An all das erinnerte ich mich, während ich mit der 'Bimm' (Tramway, für Wien-Spezialisten und solche, die es noch werden wollen: Linie O) an eben diesem 14. Juli um 9.30 Uhr zum Hauptbahnhof fuhr. Dort führte mich mein erster Weg zum Fahrkartenschalter. Schwarzfahren kann neunmal gottverdammt teuer werden, und beim Schaffner eine Fahrkarte lösen? Ich wußte nicht, ob das heute noch möglich ist. Anno dazumal war eine beim Schaffner gelöste Fahrkarte teurer als eine, die man beim Schalter sozusagen 'im Vorverkauf' kauft. Fahrkartenautomaten gab es damals, als ich ausschließlich 'öffentlich' unterwegs war, noch nicht, und da ich auf die Schnelle keinen Automaten fand, mußte ich mich zum Schalter verfügen, wo hunderttausend Leute irgendetwas, angefangen von einer Fahrplanauskunft bis hin zum Bahnticket nach N-Irgendwo, von den Schalterbeamten wollten.

Das Lösen einer Fahrkarte ging vor sich wie bei allen anderen Fahrkartenschaltern auch. Es dauerte nur ein bißchen länger, bis ich an die Reihe kam. Doch das machte mir keine Sorgen, schließlich war ich ‘rechtzeitig’ von zu Hause weggefahren - was bei mir eine riesige Sicherheitszeitspanne bedeutet. Mein Zug, das wußte ich, würde sowieso erst um 10.51 Uhr abfahren. Bis dahin konnte ich quer durch die riesige Bahnhofshalle hin und zurück strawanzen, dies und jenes begutäugeln, mit einem Wort, Zeit totschlagen. Dann fand ich einen Platz, wo ich mich gemütlich hinsetzen, eine Zigarette rauchen und einen Coffee to go trinken konnte.

Sobald ich meinen Kaffee ausgetrunken und meine Zigarette ausgeraucht hatte, bewegte ich mich gemächlich zum Bahnsteig. An und für sich bin ich kein besonderer Freund der öffentlichen Verkehrsmittel, aber manchmal geht es nicht anders. Sobald der Zug nach Znojmo in die Station eingefahren war, stieg ich ein, suchte mir einen Platz und war froh, keine gesprächigen Nachbarn zu haben.

An der Haltestelle Šatov knapp vor Znojmo wartete bereits Herr Zemčik gemeinsam mit Strolchi auf mich. Ich freute mich, sowohl Herrn Zemčik als auch meinen vierrädrigen Kumpel zu sehen. Daß eine bestimmte Stelle an seinem Hintern nur grundiert, nicht aber lackiert war, hatte mir Herr Zemčik zwar schon gesagt, er machte mich aber noch eigens darauf aufmerksam. Strolchi war das egal, er flüsterte mir ein ganz leises „Scheiß drauf“ zu, „sag Ennio, ich bin mit meinen 15 Jahren auch nicht mehr makellos schön!"

Daß mich Herr Zemčik entgegen seiner sonstigen Gewohnheit nicht mit seinem eigenen Auto, sondern mit Strolchi abgeholt hatte und mir wortlos den Zündschlüssel in die Hand drückte, ließ nur einen Schluß zu: Er wollte sich davon überzeugen, daß der Unfall keine Spuren an und vor allem in mir hinterlassen hatte.

Es ist schon seltsam: Da kennt man einen Menschen seit Jahren, unterhält eine rein geschäftliche Beziehung. Natürlich wird auch das eine oder andere private Wort gesprochen. Und dann bemerkst Du, dieser Geschäfts**freund** sorgt sich um Dich…

~ ❃ ~

Natürlich fehlten mir noch 'ein paar Kronen', die ich vom Bankomaten holen mußte. Auch das war kein Problem. Dann verabschiedete ich mich von Herrn Zemčik und startete Strolchi zur Heimfahrt mit Abstecher zum Kaufland. Sofort wollte mein vierrädriger Kumpel schon jede Menge wissen:

„Margit – wie geht es Ennio?“

„Ennio wird wohl noch einige Zeit bei unserem Schrauber bleiben müssen, aber er wird wieder ganz gesund!“

“Ist Ennio sehr traurig, daß Ihr das Nordkap nicht erreicht habt?“

„Soweit ich das beurteilen kann, ist Ennio eher froh, daß wir beide überlebt haben. Was mich ärgert, ist, daß ich mein Versprechen nicht halten konnte! Ennio hatte sich doch so aufs Nordkap gefreut.“
In kurzen Worten schilderte ich Strolchi meinen seltsamen Traum, in dem ich Ennio nach unserem Unfall zum ersten Mal wiedergesehen und Angst vor einem verzogenen Rahmen gehabt hatte.

„Da hat Václav Laurin wohl ganze Arbeit geleistet“, freute sich mein vierrädriger Kumpel, „verzogene Rahmen sind für ihn nur ein Klacks!“

In diesem Augenblick war ich heilfroh, daß ich Strolchi und mich bereits vor dem Kaufland eingeparkt hatte: „Woher weißt Du denn das?“

„Margit, ich bin ein Škoda, dumm bin ich auch nicht. Ich bin 15 Jahre alt, und ab einem gewissen Alter spürt man die Nähe der Gründerväter.“

„Strolchi, bitte Klartext: Was hat es mit der Nähe der Gründerväter auf sich?“

„Sie mögen Dich, weil Du sie immer wieder zum Lachen bringst. Besonders Václav Laurin weiß Deine Phantasie zu schätzen, und Václav Klement liest gerne, was Du nicht nur über Škoda-Auto schreibst. Außerdem kommt man, wenn es auf der Kippe steht, sowieso kurzfristig ins Land jenseits der Mitternachtssonne. Daher kenne ich die Gründerväter persönlich.“

„Du warst schon...?“ Jetzt war ich aber zum Fragezeichen geworden!

„Ich sag nur: Handelskai! Du erinnerst Dich bestimmt, mir ist doch damals einer mit 70 Sachen in meinen Hintern geknallt, ich war ein wirtschaftlicher Totalschaden. Aber Du wolltest kein neues Auto, Du wolltest mich, folglich konnte ich ohne Wenn und Aber wieder zurück. Und dafür liebe ich Dich.“

Daher wehte also der Wind...

~ ❃ ~

Als wir beim Verteilerkreis die Autobahn verließen, hatte ich eine Idee: Der ÖAMTC-Stützpunkt, bei dem Strolchi das (damals noch negative) Gutachten erhalten hatte, liegt knappe 800 Meter von meinem Hauseingang entfernt. „Was meinst Du, Strolchi – machen wir Dein Pickerl gleich auf dem Heimweg?“ „Hoffentlich haben wir heute einen netteren Techniker“, gab Strolchi zurück, „der Tankdeckel war meiner Ansicht nach unnötig. Gefahr im Verzug! Und das nur wegen einer nicht funktionierenden Verriegelung! Ja, wenn es der Schraubverschluß gewesen wäre, aber der war immer dicht!" Donnerwetter! Auch Strolchi kann sich ganz schön aufregen, wenn ihm etwas nicht paßt!

Da ich das alte Gutachten bei mir hatte, machte ich gleich einen Abstecher zum ÖAMTC-Stützpunkt und fragte an, ob ich die Überprüfung für meinen vierrädrigen Kumpel gleich heute wiederholen könne. Die Rechnung, die Herr Zemčik ausgestellt hatte, wirkte Wunder. Freilich, die Überprüfung dauerte eine gute Stunde, aber dann wurde alles für in Ordnung befunden. Strolchi bekam sein Pickerl, und wir hatten wieder ein Jahr unsere heilige Ruhe.

Der Weg vom ÖAMTC-Stützpunkt bis vor meine Haustür beträgt, wie erwähnt, nur ca. 800 Meter. Ich wunderte mich trotzdem, um diese Zeit sofort einen Parkplatz gefunden zu haben

~ ❋ ~

Daß ich knapp nach 16°° Uhr noch einen Laternderlparkplatz ergattert hatte, versetzte mich in Erstaunen. Normalerweise ist bereits ab 14.30 Uhr in meiner Gasse selten ein Parkplatz frei. Kaum hatte ich Strolchi eingeparkt, bemerkte ich, daß mein vierrädriger Lebensgefährte heimlich, still und leise mein Handy zur Seite legte: Ja, Strolchi hatte in der Zwischenzeit gründlich und ausführlich telefoniert! „Margit, wir müssen morgen unbedingt Ennio besuchen! Mein bester Freund und Benzinbruder bekommt noch Komplexe, weil er nicht mehr so makellos schön ist wie damals, als wir drei einander kennenlernten!“

„Strolchi – ich hab Ennio doch vor ein paar Tagen gesehen und mit ihm gesprochen. Ich habe ihm gesagt, daß makellose Schönheit nicht zählt“, erklärte ich, „Ennio gehört zu uns.“

Strolchi grinste sein unnachahmliches Škoda-Grinsen: „Du mußt uns halt jeden Tag eisgekühlten Kaffee servieren, dann sind wir sicher bald so schön wie Du!"

***19. Kapitel:***

# ***Ennios Heimkehr***

*Insgesamt hatte es vier Wochen gedauert, bis mich die Gelben Engel abgeholt und zu meinem Schrauber bracht hatten; danach dauerte es noch eine gefühlte Ewigkeit - genau elf endlose Tage - bis Margit mich bei unserem Schrauber besuchen kommen konnte.*

*„Margit! Endlich bist Du da!" Ich freute mich wahnsinnig, den Menschen wiederzusehen, der mein Leben erst lebenswert gemacht hatte.*

*„Ennio, mein Schatz, ich hatte vorher keine Möglichkeit, Dich zu besuchen", entschuldigte sie sich, „Du weißt ja, wie das mit den öffentlichen Verkehrsmitteln ist!" „Das sollte kein Vorwurf sein", glaubte ich meine Margit beruhigen zu müssen, „Ich bin nur froh, daß Du da bist und daß es Dir gut geht!" „Noch besser", gab meine Margit zurück, „wird es mir gehen, wenn Du wieder zu Hause bist und wir alles, was uns zuletzt begegnet ist, aufarbeiten können!"*

*„Strolchi hat mir gestern erzählt, daß Du mit dem Zug nach Šatov gekommen bist", erzählte ich, „da hat er sich Herrn Zemčik geschnappt und Dich von der Bahn abgeholt!"*

*„War das nicht umgekehrt?" Meine Margit grinste, als wollte sie ihre Ohren verspeisen, „Herr Zemčik hat sich Strolchi geschnappt? Aber ist doch egal! Hat Strolchi auch erzählt, daß wir sein Pickerl gleich unterwegs erledigt haben?"*

*„Und? Alles ok?" wollte ich wissen.*

*„Es ist alles bestens", erklärte meine Margit grinsend, „Herr Zemčik hat wie üblich Superarbeit geleistet! Aber wie sieht es mit Dir aus?"*

*„Ich bin noch so, wie ich vom Land jenseits der Mitternachtssonne zurückgekommen bin", erklärte ich, „Es sind noch nicht alle Ersatzteile da. Übrigens: Ich soll Dir jede Menge liebe Grüße ausrichten: von Papschi, von den Gründervätern und von Charly!"*

*„Du kennst Charly jetzt persönlich? Und die Gründerväter schicken auch Grüße???" Meine Margit freute sich, war aber zum Fragezeichen geworden. „Sicher", versuchte ich zu erklären, „Charly hat mich besucht, als ich am Friedhof der Motorräder stand und hat mir Zuversicht gegeben, als es mir so richtig dreckig ging. Papschi und die Gründerväter waren dabei, als mich die Gelben Engel abgeholt haben. Die beiden Václavs freuen sich schon, wieder was von Dir zu lesen!" Mit kurzen Worten, aber blumenreich, versuchte ich zu schildern, mit welchen Argumenten Mechaniker-Václav versucht hatte, noch ein bißchen mehr als meinen Rahmen korrigieren zu dürfen, aber der Oberste Verkehrsrichter hatte keine zusätzliche Genehmigung erteilt.*

*„Ennio - Du weißt, daß der ausgerichtete Rahmen Dein Leben gerettet hat? Wie schlimm es ursprünglich war - keine Ahnung, weil ich von nichts eine Ahnung habe. Ich weiß gar nicht, wie ich Herrn Laurin dafür danken kann!" Meine Margit war tatsächlich ziemlich verlegen! „Margit - Gedanken der Freundschaft sind im Land jenseits der Mitternachtssonne sehr viel wert. Du selbst hast schon oft gesagt, niemand ist wirklich tot, so lange ihm noch ein liebevoller oder freundschaftlicher Gedanke gewidmet wird. Freilich, die Gründerväter bleiben unvergessen, so lang es die Marke Škoda gibt, aber ein freundschaftlicher Gedanke zählt mehr als das Gedenken an ein großartiges Lebenswerk. Als Du die Gräber der beiden Václavs in Mladá Boleslav besucht hast, habt ihr beschlossen, in Verbindung zu bleiben! Ich bin sicher, Du bekommst mirnix-dirnix, Sprechkontakt!"*

*„Ennio - erzähl aber niemandem vom Land jenseits der Mitternachtssonne", ermahnte mich meine Margit, „ich gelte sowieso schon als verrückt und möchte nicht auch noch in der Psychiatrie landen!"*

*„Wie sagst Du immer? Es rennen mehr Arschlöcher als Bürgermeister herum! Anderen Menschen werde ich sicher nichts erzählen, die glauben uns doch sowieso nicht", nahm ich die Mahnung meiner Margit ernst. „Die Menschen glauben an einen Gott, wir Motorräder glauben an den Obersten Verkehrsrichter. Du kennst unsere Mythologie, also können wir über dieses Thema reden. Der Unterschied zwischen der Mythologie der Menschen und jener der Kraftfahrzeuge ist nur, daß ein Mensch, der zu oft über seinen Glauben spricht, sehr schnell als Blödmann oder, noch schlimmer, als religiöser Fanatiker gilt.“*

*„Ennio - besprechen wir das zu Hause?" Ich hatte den Eindruck, daß meine Margit meinen Artgenossen, die unser Gespräch belauschten, nicht hundertprozentig vertraute. Es gab aber noch etwas, was ich ihr sagen mußte: „Margit, ist es schlimm, daß ich beim Unfall meine Uhr verloren habe?" Ich erinnerte mich, es war schon eine Ewigkeit her, da hatte ich zufällig mitgehört, daß irgendein Kind irgend etwas verloren hatte. Die Mutter hatte fürchterlich mit dem Kind geschimpft, ob es denn nicht auf seine Sachen aufpassen könne, und so weiter. Meine Margit schimpfte nicht mit mir, sie blieb ruhig: „Ennio, wenn Du es als schlimm empfindest, ist es schlimm, und dann wird es höchste Zeit, etwas zu unternehmen! Ich hab schon eine Idee, Du bekommst eine neue Uhr! Versprochen!"*

~ ❀ ~

*Eine Woche, nachdem Strolchi seine Reha beendet hatte, war auch für mich der Tag der Heimkehr gekommen. Meine Margit hatte kurzerhand ein Taxi engagiert, während mein bester Freund und Benzinbruder Strolchi zu Hause auf mich warten wollte. Natürlich hatte meine Margit bei unserem Schrauber noch jede Menge Geschäftliches zu erledigen, bevor wir nach Hause fahren konnten, aber dann, endlich, hängte sie in ihrer bekannt ungelenken Art ihr rechtes Bein über meine Sitzbank und schob ihren Hintern nach. Die*

*50 Pferdchen in meinem Motor jubelten wie noch nie, als Margit meinen Startknopf drückte...*

*Unterwegs erzählte sie mir nebenbei von den Kalamitäten, die sie gemeistert hatte.*

*Ich habe selten eine Fahrt so sehr genossen wie die Fahrt nach Hause. Zweimal querten wir tote Bahngeleise, fuhren die Straße hinter dem Zentralfriedhof entlang. Die Straße zieht sich einigermaßen in die Länge, denn der Wiener Zentralfriedhof ist mit einer Fläche von fast 2,5 km² die zweitgrößte Friedhofsanlage Europas. An der Zahl der rund 3 Millionen Bestatteten gemessen ist er mit Abstand die größte. Mit seinen vielen Ehrengräbern und Jugendstil-Bauwerken zählt er zu den besonderen Sehenswürdigkeiten Wiens. Dabei waren es 'nur' 12 Tote, die dort am 1. November 1874 beigesetzt worden waren...*

*Kaiser Joseph II. verfügte im Jahre 1784 die „Josephinischen Reformen“: Die hatten nachhaltige Auswirkungen auf das Wiener Bestattungswesen. Friedhöfe innerhalb des Linienwalls (was dem heutigen Gürtel entspricht) mußten aufgelassen werden, dafür wurden fünf „Communale Friedhöfe“ außerhalb der Linien errichtet: Der Sankt Marxer Friedhof, der Hundsturmer Friedhof, der Matzleinsdorfer Friedhof, der Währinger Friedhof und der Schmelzer Friedhof. Darüber hinaus sollten die Bestattungen selbst möglichst sparsam und funktionell gestaltet werden, Schachtgräber und mehrfach verwendbare Klappsärge sind nur zwei Beispiele für diese kaiserlich verordneten Sparmaßnahmen. Einige dieser Reformen mußten aufgrund zu großen Widerstands in der Bevölkerung wieder zurückgenommen werden. Allerdings blieben die kommunalen Friedhöfe nach wie vor aus der Stadt verbannt.*

*Am Ende der Straße hinter dem Zentralfriedhof führt ein Kreisverkehr unter anderem unter der Ostbahn hindurch und nach weiteren drei oder vier Kilometern die Bitterlichstraße bergauf. Heute ärgerte ich mich nicht einmal über den Autobus, der wie immer boshafte Bemerkungen machte, weil er alle Nachkommenden in den Stationen am Überholen hindern konnte. Sobald wir die Laaerbergstraße überquert hatten, wurde die Straße breiter, wir konnten am Bus vorbeifahren. Jetzt mußten wir noch den berühmt-berüchtigten Verteilerkreis und ein paar Ampeln passieren, dann parkte mich meine Margit bei meinem besten Freund und Benzinbruder ein.*

*Ich war wieder zu Hause! „Wow, Ennio", bewunderte mich Strolchi, „Du hast einen silbernen Kotflügel! Schaut edel aus!" „Dafür ist mein Tank noch verbeult", gab ich zurück, „und mein Auspuff ist zerkratzt. Aber Hauptsache, alles ist dicht."*

*„Ennio, Du trägst halt Narben", tröstete mich Strolchi, „ich kenne viele Autos und Motorräder, bei denen die Lebenserfahrung auch bleibende Eindrücke hinterlassen hat. Trage Deine Narben mit Stolz, es sind Erinnerungen an Dein größtes Abenteuer!"*

*„Mein linker Rückspiegel ist auch neu", erklärte ich, „aber das merkt man nicht, er schaut genauso aus wie der alte. Dabei hab ich vor unserer Reise schon überlegt, ob ich Margit bitten soll, mir so einen Rückspiegel mit Skeletthand zu besorgen. Das schaut richtig ausgeflippt aus!"*

*„Ennio, sowas ist grober Unfug", konterte mein Benzinbruder, „erstens kosten diese Accessoires ein Schweinegeld, zweitens weiß ich nicht, ob der Schwarze Gott des Sturmes so einen Rückspiegel als Aufforderung zum Zugriff sieht. Ich persönlich halte sowas für gefährlich. Wer weiß, wie Euer Unfall ausgegangen wäre, hättest Du einen Rückspiegel mit Skeletthand gehabt! Übrigens: Wie ich sehe, hast Du offensichtlich auch einen neuen Tacho bekommen!"*

*„Neuer Tacho! Stinkende Abgase, sechstausend Kilometer hat man mir gestohlen", mußte ich mich aufregen und vergaß ganz den neuen Rückspiegel, „Sechstausend Kilometer! Es sind genau die sechstausend Kilometer, die meine Margit und ich bis zu unserem Unfall erlebt haben! Eine Frechheit ist das!"*

*„Ennio, reg Dich doch nicht über Dinge auf", versuchte Strolchi mich zu beruhigen, „die keinen wirklichen Wert haben. Ein neuer Tacho ist in jedem Fall eine Verjüngungskur! Jedes Auto würde sich alle Reifen abschlecken und die Zahnräder noch dazu, wenn es auf legale Weise jünger wird!"*

*„Ennio, mein Schatz", ließ sich auch meine Margit vernehmen, „Was der Tacho zeigt, ist nicht wichtig - wichtig sind unsere Erinnerungen, und daß wir unsere Träume nie verlieren. Was wäre gewesen, wenn Du einen fabriksneuen Tacho bekommen hättest? Dann wären alle Deine Kilometer weg, weil ein fabriksneuer Tacho prinzipiell auf 00.000,00 steht! Aber auch wenn die Kilometer von Deinem Tacho verschwunden sind, wir haben die Erinnerung! Das Nordkap haben wir zwar nicht erreicht, aber wir hatten unsere Reise nach Prag, und wir hatten Mladá Boleslav."*

*Auch wenn ich noch ein wenig über die verlorenen Kilometer vor mich hinmeckerte, Margits Argumenten hatte ich nichts mehr entgegenzusetzen.*

*„Ennio - da wäre noch etwas zu bedenken: Unser Unfall hätte sehr leicht schlimmer ausgehen können. So betrachtet, feiere ich am 14. Juni den Beginn meines dritten Lebens!"*

*Das verstand ich ganz und gar nicht! „Wieso drittes Leben?"*

*„Am 21. August 1987 hatte ich einen Unfall", erzählte meine Margit gleichmütig, „und lag nach einem Sturz auf den Straßenbahnschienen. Zum Glück konnte die Straßenbahn noch rechtzeitig bremsen."*

*Daß es mich beim Gedanken daran schauderte, war durchaus verständlich.*

~ * ~

*Margit hatte nicht vergessen, daß ich meine Uhr bei unserem Unfall verloren hatte. Während ich noch mit Strolchi über Gott, die Welt, reduzierte Tachostände und den Anhalteweg von Straßenbahnen diskutierte, war sie kurz in ihre Garage gegangen, kam aber bald wieder zu uns zurück. Aus ihren nun einigermaßen abstehenden Hosensäcken zauberte sie jede Menge Uhren hervor: Armbanduhren!*

*„Ennio, such Dir aus, was Dir am besten gefällt!" Jetzt verschlug es mir aber die Sprache! Meine Margit bestimmte nicht, welche Uhr ich tragen sollte, nein, sie erlaubte mir, ein Stück aus ihrer reichhaltigen Sammlung auszuwählen! Aber wer die Wahl hat, hat bekanntlich die Qual: Aus ihren Hosensäcken zauberte sie runde und eckige, silberne und goldene, Uhren mit Metallband oder mit Lederband, Uhren mit hellem Ziffernblatt und dunklen Ziffern und solche mit dunklem Ziffernblatt und hellen Ziffern hervor! Es fiel mir schwer, mich für eine zu entscheiden, sie waren alle so schön! „Wenn ich Dir einen Rat geben darf", schlug meine Margit vor, „dann such Dir auf jeden Fall eine Uhr mit Metallband aus. Ein Lederband wäre gleich beim ersten oder zweiten Regen hinüber."*

*Eine goldfarbene, rechteckige Armbanduhr mit dunklem Ziffernblatt gefiel mir besonders gut: „Margit - diese hier gefällt mir am besten!" „Dann bekommst Du sie auch!" Ja, meine Margit ließ sich nicht lumpen! Sie schenkte mir eine goldene Uhr! Freilich, diese Uhr war natürlich nicht aus echtem Gold, vielleicht hatte sie irgendwann einmal neben echtem Gold gelegen, aber die Farbe gefiel mir, weil sie sich von der Silberfarbe meines Lenkers abhob. Es gab nur ein Problem: „Das Armband ist für meinen Lenker zu lang!" „Das ist die leichteste Übung", lachte meine Margit, „das lasse ich bei meinem Lieblingsuhrmacher kürzen!" Sprach's, und steckte meine Uhr vorerst wieder ein. „Ennio, mein Schatz, wir haben weder Deinen Geburtstag noch unseren Jahrestag gebührend feiern können. Das holen wir nach, wenn Deine Uhr fertig ist!"*

~ * ~

*Am nächsten Tag ließ meine Margit das Armband meiner Uhr so weit kürzen, daß es auf meinen Lenker paßte. Ein Doppelklebeband, mit dem meine Uhr zusätzlich gesichert werden sollte, holte sie aus ihrer Garage und nahm gleich noch eine Literflasche ihres liebsten Frühstücksgetränkes mit. Allerdings hatte meine Margit durch ihr Kardantunnelsyndrom Schwierigkeiten, mir meine neue Uhr zu montieren. Es schien, als wären die Beschwerden, die sie mit ihrer linken Hand hatte, schlimmer geworden. Ich fragte danach. Die Ausdrücke, mit denen meine Margit die Sadistinnen im Krankenhaus Dresden belegte, möchte ich lieber nicht wiederholen: Die, wie sie sich nobel ausdrückte, bösen Weiber hatten ganz offensichtlich bei zahllosen sinn- und erfolglosen Versuchen, einen Zugang zu legen, einen Nerv kaputtgemacht. Das mit dem 'Zugang' verstand ich zwar nicht ganz, aber daß meine Margit noch immer wütend war, weil man einen Nerv in ihrer Hand demoliert hatte, konnte ich nachvollziehen.*

*Nach einiger Zeit des Werkens hatte meine Margit es sogar geschafft, mir ohne Unmutsäußerungen meine Uhr anzulegen! „Ennio - nachträglich alles Gute zu Deinem Geburtstag und zu unserem Jahrestag! Danke, daß es Dich gibt!" Margit stopfte das Doppelklebeband in ihre unergründliche Hosentasche, nahm gleichzeitig ihre Zigarettenpackung heraus und genehmigte sich ihre unvermeidliche Viceroy's. „Margit - danke! Danke für alles ... Du weißt schon..."*

*„Schaut das aber edel aus!" kommentierte mein bester Freund und Benzinbruder Strolchi, „Ennio, Du bist höchstwahrscheinlich das einzige Motorrad auf der ganzen Welt, das eine Armbanduhr trägt! Übrigens: Nachträglich alle guten Wünsche zu Deinem Geburtstag und zum Jahrestag - oder umgekehrt, Dein Geburtstag ist ja ein paar Tage nach Eurem Jahrestag!"*

*Jetzt mußte ich lachen: „Dabei hast Du mich damals erst überreden müssen", erinnerte ich mich an jenen 19. Juni vor einem Jahr, als Margit in mein Leben getreten war, „weil ich mir absolut nicht vorstellen konnte, eine Frau als Chefität zu bekommen. Danke, daß Du's gemacht hast!"*

*Obwohl es bereits Nachmittag war, hatte Margit eine Literflasche ihres liebsten Frühstücksgetränkes aus dem Kühlschrank mitgenommen. Schließlich wollten wir heute noch viel philosophieren, und da besteht die Gefahr, daß Margits Kehle austrocknet.*

*Der Regisseur, Schauspieler und Autor Orson Welles (er lebte von 6.5.1915 bis 10.10.1985) hat behauptet, es gäbe drei Dinge im Leben, die unerträglich sind: Kalter Kaffee, lauwarmer Champagner und überdrehte Frauen. Bei Champagner kann ich nicht mitreden, ich trink sowas nicht, überdrehte Frauen kenne ich nicht, aber über kalten Kaffee könnte meine Margit mit Orson Welles stundenlang streiten!*

*„Ist Kaffee nicht ungesund", wollte ein dicker Mercedes, der es sich auf der anderen Straßenseite bequem gemacht hatte, wissen. Strolchi grinste sein unnachahmliches Škoda-Grinsen: „Kaffee soll ungesund sein? Mag vielleicht stimmen, aber wenn unsere Margit keinen Kaffee bekommt, ist das extrem ungesund für alle anderen!"*

*An diesem Nachmittag saßen wir noch lange beisammen. Wir philosophierten und ließen die vergangenen Monate Revue passieren.*

*Ob wir eines Tages doch noch das Nordkap besuchen konnten, stand in den Sternen…*

***Mein ganz besonderer Dank** gilt (in Reihenfolge der Geschehnisse):*

*... dem **ÖAMTC** für ...*

1. ... die Einschulung durch Herrn Sabeditsch beim ÖAMTC in der Breitenleer Straße.
2. ... die Geduld, mit der meine zwölfundsiebzigtausend unqualifizierten Fragen beantwortet wurden
3. ... die Leistung, die erbracht wurde, um mich von Halsbrücke (bei Dresden) nach Hause nach Wien zu bringen. (Das Krankentaxi mit Herrn Thomas kam von Zell am See nach Halsbrücke, transportierte mich nach Wien, Herr Thomas half mir, meine Sachen in meine Wohnung zu schaffen und fuhr dann wieder zurück Richtung Zell am See.)
4. ... die Überstellung meines Motorrades Kawasaki EN500A von der Depotstelle der Sächsischen Polizei in Dresden nach Wien in die Werkstätte.
5. Dafür, daß es im Zuge meines Rücktransports zu 'Kalamitäten' in Form von Verlust meiner Reisepapiere kam, kann niemand etwas. Aber daß mir der ÖAMTC die Kosten für eine eventuelle Wiederbeschaffung ersetzt hätte – großartig!
6. Zwar war die Wiederbeschaffung nicht notwendig, ich möchte aber den lieben Menschen, die bei der Schutzbrief-Nothilfe Dienst tun, ganz besonders für ihren Einsatz danken. Die ÖAMTC-Mitarbeiter haben herausgefunden, daß die Raststätte an der D1, an der ich meine Papiere verloren hatte, eine MOL ist und mir, da es der Raststätte nicht möglich war, mir meine Dokumente per Post zuzusenden, anschließend noch den Tip gegeben, mich an die Österreichische Botschaft in Prag zu wenden.

Ich weiß, das liest sich jetzt wie eine Werbung für den ÖAMTC. Es darf auch so aufgefaßt werden! Ohne die tatkräftige Hilfe des ÖAMTC hätte ich ganz schön alt (älter als 66!) ausgesehen.

~ ❃ ~

… Herrn **Lukáš Lev**, der mir viel Wissenswertes nicht nur über Škoda-Auto vermittelt hat;

~ ❃ ~

… jenem **unbekannten polnischen Trucker** und dem gleichfalls **unbekannten deutschen Autofahrer**, die in der Nacht vom 14. auf den 15.6.2016 an der A17 bei Dresden die Rettungskette in Gang gesetzt haben;

~ ❃ ~

… der **Sächsischen Polizei**, weil sie ‘da waren‘…

~ ❃ ~

… der **Österreichischen Botschaft in Prag**, und hier ganz besonders Frau Eva Slováková, die mir die in Verlust geratenen Reise- und KFZ-Papiere unbürokratisch zugesandt hat, und Herrn Konsul Gerald Hauser, der meinen Horizont, die Tätigkeiten einer Botschaft betreffend, großartig erweitert hat;

~ ❃ ~

Und, besonders wichtig, **EddieFz1,** der verhindert hat, daß ich als ahnungsloses technisches Nackerpatzl speziell in „Schrauber-Belangen“ einen Mist zusammenschreibe!

~ ❃ ~

***<u>Anhang 1:</u>***

*Zu „**15. Mai**“ – Österreicher Staatsvertrag:*

## ***D‘ Reblaus***

*I weiß ned was des is i trink so gern a Flascherl Wein.*
*I sitzt oft stundnlang allein auf einem Fleckerl*
*In einem Weinlokal in einem stillen Eckerl.*
*An anderen Menschen wäre das vielleicht zu dumm*
*Nur ich bin selig dort und ich weiß warum:*

*I muaß im frühern Lebn eine Reblaus gwesen sein,*
*Ja, sonst wär die Sehnsucht nicht so groß nach einem Wein*
*Drum tu den Wein ich auch nicht trinken sondern beißen*
*I hob den Rotn grod so gearn als wie den Weißn*
*Und schwörn könnt ich, daß ich eine Reblaus gwesn bin*
*Ich weiß bestimmt, ich hab gehaust in einem Weingarten bei Wien*
*Drum hab den Gumpoldskirchner ich so vom Herzen gern*
*Und wonn i stirb möcht i a Reblaus wieda werdn*

*Ich hab ma schon als Kind gedacht was kann denn das nur sein*
*Wenn die Mutta mir a Müch gebn hot da wollt ich scho an Wein*
*Ich konnte damals schon die Müli nicht vertragn*
*Mir hob'n sich die Hoar aufstellt und umdraht woar mei Magn*
*Nach langem hin und her studieren kam ich drauf*
*Wann i liaba an Wein wia a Müli sauf*

*I muaß im frühern Lebn eine Reblaus gwesen sein*
*Ja, sonst wär die Sehnsucht nicht so groß nach einem Wein*
*Drum tu den Wein ich auch nicht trinken sondern beißen*
*I hob den Rotn grod so gearn als wie den Weißn*
*Und schwörn könnt ich, daß ich eine Reblaus gwesn bin*
*Ich weiß bestimmt, ich hab gehaust in einem Weingarten bei Wien*
*Drum hab den Gumpoldskirchner ich so vom Herzen gern*
*Und wonn i stirb, bitteschön, möcht ich a Reblaus wieda werdn*

*Ein Lied, das mir immer wieder einfällt:* **Anhang 2:**

## Wie Böhmen noch bei Öst'reich war

*Wie Böhmen noch bei Öst'reich war*
*vor finfzig Jahr, vor finfzig Jahr,*
*hat sich mein Vater g'holt aus Brünn*
*a echte Weanerin.*

*Und keine hat gemacht wie sie*
*die Skubanki, die Skubanki*[*)]
*er hat ihr wieder beigebracht,*
*wie man a Bafleisch macht.*

*A bisserl Wien, a bisserl Brünn,*
*da liegt a gute Mischung drin.*
*entstanden bin zum Schluß dann i,*
*aus diesem Potburri.*
*Wie Böhmen noch bei Öst'reich war...*

*Wenn Böhmen und auch Mähren,*
*nicht mehr zu uns gehören.*
*So denken trotzdem viele Leut'*
*noch an die Zeit.*

*Wie noch ganz Leitomischl*[**)]
*beim Zauner war in Ischl*
*und halbert Wien in Prag*
*beim Katholikentag.*
*Wie Böhmen noch bei Öst'reich war...*

*) **Skubanki**: *Böhmische Mehlspeis (Anhang 3)*
**) **Leitomischl:** *Leitmeritz (Heute: Litoměřice)*

*__Anhang 3:__*

# *__Skubanki á la babička__*
## *__(Skubanki nach Großmutter-Art)__*

Für 4 Portionen:

1/2 kg Kartoffel (Erdäpfel, tschech. Brambory, slow. zemiaky)
50 g Mehl
8-10 Butterflocken
Butterschmalz zum Ausbacken
Zerlassene Butter
150 g Mohn (gerieben)
Staubzucker

Die Kartoffel (Erdäpfel, Brambory, slowakisch: zemiaky) in Salzwasser kochen, noch heiß schälen, vierteln oder achteln und locker mit Mehl bestreuen. Butterflocken darauf setzen und eine Viertelstunde stehen lassen. Dann die Masse mit der Gabel zerdrücken und schnell einen Teig daraus kneten. (Nicht zu lange kneten, sonst wird der Teig brandig!)
In einer Kasserolle ausreichend viel Butterschmalz zerlassen. Mit einem in heißes Fett getauchten Löffel Nockerln abstechen und diese 4 bis 6 Minuten unter mehrmaligem Wenden goldbraun backen.
Skubanki in einer Schüssel nebeneinander schlichten, mit zerlassener Butter beträufeln. Mohn mit Staubzucker vermischen und die Skubanki vor dem Servieren damit bestreuen.

# *Inhaltsverzeichnis*